인공 지능의 시대, 인생의 의미

인공 지능의 시대,

인생의 의미

리하르트 다비트 프레히트 지음   박종대 옮김

일러두기
• 원주는 미주로, 옮긴이주는 각주로 표시하였습니다.

도시 전체를 깡그리 파괴할 수 있는 사이클론도 편지 봉투를 열 거나 실의 매듭을 풀 수는 없다.

폴 발레리(1871~1945)

차례

들어가는 글   9

01 두 개의 선(線)   13
02 인공 지능의 타자로서 인간   29
03 일단 디지털화부터, 의심은 그다음에?   49
04 인간에서 초인(超人)으로   65
05 잘못 측정된 인간   85
06 미리 정해져 있는 것은 없다   105
07 나쁜 기계   127
08 삶과 문제 해결   147
09 기계와 도덕   163
10 차가운 심장   185
11 죽음의 알고리즘   201
12 스마트한 매트릭스   225
13 우주에서   249

주   265
옮긴이의 글   275
찾아보기   279

들어가는 글

이 책은 인공 지능이 우리의 자아상을 어떻게 바꾸고, 우리의 자기실현에 장차 어떤 영향을 끼칠지 묻는 철학자의 에세이다. 여기서 나는 인공 지능이 기술적으로 어떻게 돌아가고, 현재와 미래에 얼마나 다양하게 사용될 수 있는지에 대해선 언급하지 않을 생각이다. 이 책의 핵심은 점점 고도화되는 기술적 세계에서의 인간 실존 문제다. 이 기술적 세계는 단순히 자동 기계처럼 돌아가는 테크놀로지 사회가 아니라 테크놀로지 스스로 자동화 시스템을 구축하고, 그로써 우리 삶에 자발적으로 개입하는 세계다. 이런 발전이 우리에게 뜻하는 바는 무엇일까? 그를 통해 우리에게는 어떤 의미가 생기고, 어떤 의미가 사라질까? 게다가 이게 정말 중요한 문제인데, 미래가 여전히 인간적으로 남으려면 우리는 그 발전에 어떤 한계를 설정해야 할까?

유난히 따뜻했던 올겨울에 쓰기 시작한 이 책은 코로나 바이러스로 모든 것이 정지되어 하루하루가 삭막하기 그지없던 시기에도 끝나지 않았다.

보이지 않는 바이러스로 인한 생명 정치학, 강요된 셧다운, 타인 및 일상과의 강제된 거리 두기, 이 모든 것을 통해 많은 사람이 고통스러운 심정으로 생물학적 존재와 사회적 존재로서의 인간이 얼마나 허약한지를 똑똑히 깨달았다. 다른 한편으론 이를 아직 깨닫지 못하는 사람도 많다. 타인이나 동식물보다 스마트폰에 더 깊은 정서적 유대감을 느끼는 사람들이다.

테크놀로지에 의해 인간은 자연의 속박뿐 아니라 역사의 굴레에서도 벗어난 것처럼 보였다. 하지만 바이러스가 우리에게 가르쳐 준 것은 다르다.

서구인들은 10년 넘게 〈진짜〉 바이러스보다 컴퓨터 바이러스를 더 두려워했고, 자신이 실제로 사라지는 것보다 우발적인 실수로 온라인상에서 자신의 가상 신분이 삭제되는 것을 더 불안해했다. 사실 젊은이들 가운데 바이러스 감염을 통한 건강상의 위험을 걱정하는 이가 몇이나 되겠는가? 사회적 인식으로 봐도 거대한 세계 경제 시스템을 마비시키는 것이 있다면, 생물학적 바이러스가 아니라 컴퓨터 바이러스일 거라고 생각했다. 하지만 이제 우리는 인간 면역계를 무너뜨리는 바이러스는 컴퓨터를 다운시키는 바이러스와는 다르고, 어떤 인간 유기체도 〈재부팅될〉 수 없다는 사실을 다시금 알아야 한다.

코로나 바이러스가 세상을 테크노토피아(테크놀로지 유토피아)의 꿈에서 깨어나게 한 것은 분명해 보인다. 그러나 실리콘 밸리의 환상 속에는(빌 게이츠는 예외다) 계량화할 수 없는 자연은 존재하지 않고, 오직 지속적으로 나아가는 기술화만 존재한다. 모든 지표의 곡선은 〈더 빨리, 더 높이, 더 멀리, 더 많이!〉의 구호 아래에서 기하급수적으로 위로만 향한다. 지루함에 빠진 사람들이 신줏단지처럼 모시는 가속화는 대안 없는 무조건적 팽창을 의미한다. 가치 판단 없이 현실적 이해득실만 따지는 사람들이 성스럽게 떠받드는 테크놀로지도 마찬가지다. 그들은 장차 스마트한 기계들이 예측할 수 없는 위기 상황에서 우리에게 침착하게 해법을 제시해 줄 거라 믿는다. 하지만 그건 틀렸다. 인간들이 코로나 바이러스를 통해 테크노토피아의 단잠에서 깨어나면서, 희망은 무작정 위로 치닫는 발전에 있는 것이 아니라 어쩌면 그 상승을 막는 것에 있을지도 모른다는 것을 깨달았다. 팽창은 그 자체로 결코 가치가 아니다. 감속만이 안전감을 높일 수 있다. 인공 지능은 우리에게 무엇을 해야 하는지 가르쳐 주지 않고, 디지털 기기는 삶의 실존적 위험으로부터 우리를 지켜 주지 못한다.

이 책에서 말하는 인간이란 〈자연의 타자〉가 아니라 〈인공 지능의 타자〉이다. 그건 올봄에 아주 명확하게 드러났다. 우리는 바이러스에 취약한 컴퓨터가 아니라, 우리 자신이 주인공인 영화에서 가장 중요한 버팀목이 되는 인생의 의미를 찾기 위해 서로서로 자신의 삶을 이야기하는, 예민하고 쉽게 상처받고 공감이 필요한 존재다. 공감이 없으면 우리의 일상은 중지되고 혼란스러운 본능의 동요가 시작된다. 이때 현명한 이들에게는 성찰의 감각이 깨어난다.

각자 삶의 이야기가 의문시되면 사람들은(가끔은 사회 전체가) 갑자기 거리를 두고 서로를 바라본다. 그로써 매혹적인 배움의 과정이 펼쳐진다. 정치인들은 국민의 건강을 비롯해 인간의 마음과 사회 심리학적 결과에 대해 전방위적 책임을 느끼고, 경제는 아주 잠깐이지만 기존의 우선권을 잃는다. 자연은 호흡을 가다듬을 시간을 벌고, 인류는 성찰의 시간을 가진다. 이로써 대안을 생각할 창문이 잠시 활짝 열린다. 왜냐하면 우리가 일상에 적응하던 유연성을 잃고 더는 어디로 향할지 모르는 상황에서는 탐색의 시선이 날카롭게 벼려지기 때문이다. 개인적 삶의 설계도뿐 아니라 사회 전체의 설계도에서 우리의 행복한 미래를 위해 경제와 테크놀로지를 다시 그리려는 시선 말이다. 이 책의 시도도 그와 다르지 않다.

01   두 개의 선(線)

내 연설은 처음엔 오해를 불렀다. 2019년 쾰른 문학 축전에 참석한 청중들은 내 토론 파트너인 한스 요아힘 셸른후버와 로베르트 하베크만큼이나 당혹스러워했다. 〈지구는 아직 구할 수 있을까?〉라는 질문에 나는 이렇게 답했다. 진화에는 두 개의 거대한 경향이 있다. 첫 번째 경향은 무자비한 성장 과정의 고리에서 떨어져 나와, 자연을 자원의 차원에서 바라보는 것이 아니라 다른 생명들과 함께 살아가는 자연으로 재발견하려는 시도다. 이는 언제가 됐건 자본주의의 극복으로 나아간다. 하지만 이를 원치 않는 사람은 싫든 좋든 대안을 찾을 수밖에 없다. 이것이 두 번째 경향이다. 즉 자본주의의 극복이 아닌 인간의 극복이다. 호모 사피엔스는 언젠가 생물학적 한계의 사슬을 끊고 〈포스트휴먼posthuman〉으로 거듭날 것이고, 테크놀로지가 제시하는 불멸의 약속을 믿으면서 자신의 개인적·종족적 미래를 대안적 정보 저장 매체에서 〈포스트 생물학적〉으로 찾으리라는 것이다.

　　좌중이 술렁거렸다. 설사 자본주의가 마음에 들지 않는다고 하더라도 이 문학 축전에 참가한 사람들치고 그런 식으로 현재의 인간을 극복하고자 하는 이는 없었다. 그들은 여전히 생물학적인 인간이고 싶어 했다. 하지만 상황은 심각하다. 만일 100년 뒤에도 역사학자가 남아 있다면 그들은 21세기 전반기와 관련해서 한 가지는 분명하게 말할 것이다. 당시 인간들은 신이 되려 했고, 그와 동시에 정말 신들만 이 땅에 남아 살아갈 수 있을 정도로 지구를 무참히 파괴했다고.

    어쩌면 지금이 우리 인간이 무언가를 깨닫고 행동에 나설 수 있는 마지막 시기, 그것도 지극히 짧은 마지막 시기일지 모른다. 나중에는 역사를 기술할 인간이 더는 남아 있지 않을 수도 있으니까. 그렇다면 쾰른 문학 축전에서의 질문은 〈지구는 아직 구할 수 있을까?〉가 아니라 〈인류는 아직 구할 수 있을까?〉로 바뀌어야 할 것이다. 우리는 어둠에 잠긴 뇌를 사진으로 찍어 선명한 그림으로 출력할 수 있고, 오랫동안 숨겨져 있던 유전자를 수백만 조각으로 분해한 뒤 밝은 미래를 창조하기 위해 새로 조합할 수도 있다. 그러나 이는 19세기 말 프리드리히 니체가 인종주의자들의 책을 읽고 만든 〈초인〉의 길이 아닌 인간 몰락의 길 위에서 인간이 해온 수많은 장난질 가운데 마지막 장난에 불과하다.

    인간 동물은 진화를 통해 자신이 습득한 지식을 다른 동물들과는 달리 훨씬 포괄적으로 저장하는 능력을 갖게 되었다(물론 그 과정에서 자신에게 진정으로 좋은 것을 잃고 있다는 사실도 암묵적으로 알고 있다). 호모 사피엔스는 그사이 중력과 전자기(電磁氣)의 비밀을 해독하고, 무수한 종을 멸망시키고,

핵무기를 개발하고, 거기에다 무한 리필 메뉴와 온갖 식이 요법, 기념물 보호 정책, 축구, 원격 조종, 글루텐 없는 국수, 곰돌이 젤리, 이글루, 종교 재판소, 콜라, 코란, 최저 임금, 고정 금리, 피라미드, 전자 결제 시스템, 엑스선 기계, 적십자, 성형 수술, 스포츠 도박, 유엔, 단골 고객 할인 프로그램 등 무수한 것들을 발명했다. 이런 자부심에 취해 눈이 있어도 일상적으로 보이는 것을 보지 못하는 호모 사피엔스가 너무 많다. 다시 말해 현재의 인류세가 결국 돈의 시대이고, 그 속에서 〈인간〉은 지구를 생태적이고 유기적으로 경작해 나가는 것이 아니라 자본의 이익에만 매몰되어 살고 있다는 것이다. 자본이 더 많이 축적되고 유통될수록 파장은 한층 커진다. 수십 년만 더 이런 식으로 맹목적으로 나아가게 되면, 호모 사피엔스는 세계라는 무대에서 더 이상 아무 역할을 맡지 못할 것이다. 언젠가 지구에 온 호기심 많은 외계인에 의해 호모 사피엔스 종의 표준 화석으로 발굴되는 역할 외에 말이다. 여기서 인간은 삼엽충과 필석류, 암모나이트, 유공충으로 이어지는 진화의 긴 사슬에서 마지막 고리밖에 되지 않는다.

호모 사피엔스라는 이름에 걸맞게 사피엔티아sapientia, 즉 지혜를 가진 인간이 이 세상에 더 많아지길 바라지 않는 사람이 어디 있을까? 그러니까 자기 자신을 인식하는 데 그치지 않고 자신의 한계까지도 잘 아는 지혜로운 종 말이다. 우리가 지구의 현 상태에 대해 더 많이 알수록, 그리고 기계적 진보로 대표되는 인간의 성취가 어떤 결과를 만들어 낼지 더 많이 예감할수록 점점 더 분명해지는 것이 있다. 스키엔티아scientia, 즉 과학(또는 지식)은 절대 사피엔티아를 대체할 수 없다는 사실이다. 우리가 앞으로 어떤 존재가 될지는 우리가 만들어 낸 기계와 얼마나 비슷해지느냐에 달려 있는 것이 아니다. 그보다는 오늘날 우리가 경솔하게 위험에 빠뜨리고 있는 생물학적 세계(무엇으로도 대체할 수 없는 것)를 얼마나 잘 이해하느냐에 달려 있다. 사회적 의식은 이 사실을 깨닫고 있을까? 우리는 대개 삶의 토대를 모두 앗아 갈 수 있는 환경 적대적인 산업에 대한 통찰보다 고도로 지능화된 기계의 미래주의적* 시나리오 때문에 더 불안해한다. 어떻게 그럴 수 있을까? 매우 낮은 가능성이지만 설령 인공 지능 기계들이 향후 수십 년 내에 우리의 실존을 박탈한다고 해도, 우리가 지금까지처럼 계속 산다면 그 기계들이 파괴할 것도 어차피 많지 않을 것이다.

　　눈덩이처럼 커지는 기후 위기와 가속화되는 생태적 재앙의 시대에 많은 징후가 바뀌었다. 우리는 더는 과거에 그랬던 것처럼 미래를 말하지 못한다. 테크놀로지의 역할에 대해서도 마찬가지다. 과학 기술의 역사는 우리 인간을 배려하지 않는 자연에 맞서 싸운 호모 사피엔스의 성공사였다. 이제 우리 인간이 자연을 배려해야 할 상황이 된 것은 매우 현대적인 경험이다. 1970년대와 1980년대, 1990년대에 테크놀로지 숭배자들이 목

* 미래주의는 20세기 초 이탈리아에서 일어난 전위 예술 운동으로서 전통을 부정하고, 기계 문명이 가져온 도시의 약동감과 속도감을 미래에 대한 기대와 함께 새로운 아름다움으로 표현한 사조이다.

청 높여 부르짖었던 낙관적인 이야기들 속에는 자연이 없다. 그러다 그 이야기들은 놀랄 정도로 빨리 시대에 뒤떨어졌고 당혹스러울 만큼 생경해졌다. 오스트레일리아계 캐나다인 한스 모라벡을 비롯해 미국인 마빈 민스키, 프랭크 J. 티플러, 버너 빈지 같은 사람들은 혼이 담긴 기계와 인공 초지능, 실리콘 기반의 뇌, 인간의 불멸성, 우주 공간의 급속한 식민지화를 그럴듯하게 지어내고 예언하며 선포한다. 하지만 그들의 환상은 옛 기계 시대에 대해 그랬던 것처럼 새로운 기계 시대의 야누스적 얼굴에는 눈을 감고 있다.

미래주의의 순진함은 배려와 통찰력, 정보가 결여된 것으로서 21세기에는 더 이상 용서할 수 없다. 우리가 지금껏 알고 있는 것처럼, 산업은 더는 남아 있는 것이 별로 없을 만큼 지구 자원을 착취했다. 이는 19세기 초의 프랑스 공상가 샤를 푸리에와 19세기 중반의 영국 철학자 존 스튜어트 밀도 벌써 알고 있던 내용이었다. 그럼에도 디지털 세계의 미래주의자들은 원료의 부족, 쓰레기 산, 환경 파괴, 이산화 탄소 매립장으로 이용되는 대기권에 대해 눈을 감는다. 그들의 완벽한 미래 세계 속에는 얼음이 녹는 북극은 존재하지 않고, 가뭄으로 수백만 명이 고향을 떠나야 하는 일은 벌어지지 않으며, 적도 부근의 대도시가 물에 잠기는 상황도 없다.

이처럼 서로 무척 상반된 발전들이 그들의 의식 속에서 오늘날까지 충돌하지 않고 저장되어 있는 것은 놀랍다. 두 선, 그러니까 한없이 나아가는 기술적 진보의 선과 인간 삶의 토대인 자연을 거침없이 망가뜨리는 파괴의 선은 무한대에 가서야 교차하는 두 직선처럼 보인다. 생태적 삶의 토대를 보존하는 노력과 점점 성능이 개선되는 컴퓨터 및 패턴 인식 기계들의 생산, 그 사이를 잇는 다리는 찾을 수 없다. 인류는 마치 자기 집의 지하실에서 불이 나 불꽃이 점점 빨리 위로 번지는 것을 아는 미치광이 같다. 불을 끌 생각은 하지 않고 하늘에 더 가까워지려고 지붕만 계속 열심히 올리는 미치광이 말이다.

서구 산업 국가에서 정보 기술의 발전사를 환경 의식의 역사와 함께 이야기하는 것은 어렵지 않다. 동일한 시대와 동일한 문화권에서 나온, 그리 다르지 않은 사람들의 이야기이기 때문이다. 〈인공 지능〉이라는 이름이 처음 붙은 물건의 연구와 생산에 시동을 건 때는 1956년 여름이었다. 열 명의 과학자가 미국 뉴햄프셔주 다트머스 대학교의 기품 있는 강당에 모여 진행한 6주간의 워크숍은 미래에 대한 흥분되는 기대로 채워졌다. 〈우리는 1956년 여름 두 달 동안 다트머스 대학교에서 열 명의 참석자와 함께 인공 지능에 대한 세미나를 개최할 것입니다. 이 연구의 출발점은 이렇습니다. 원칙적으로 학습과 지능은 모종의 기계로 그 과정을 시뮬레이션할 수 있을 정도로 정확하게 묘사될 수 있다는 것입니다. 따라서 이 워크숍의 목표는 언어를 사용하고, 개별에서 일반을 추론하고, 개념을 발전시키고, 지금의 인간에게서 보류된 제반 문제를 해결하고, 스스로 기능을 계속 향상시켜 나가는 기계를 어떻게 만들지 밝혀내는 것입니다. 만일 여기 모인 엄선된 과학자들이 여름 한철 동안 공동으로 작

업한다면, 여러 문제 영역에서 유의미한 성취를 이루어 낼 수 있으리라 믿습니다.〉[1]

　　1956년의 그 짧은 여름 이후 60년이 훌쩍 지났다. 기계들이 〈스스로 기능을 계속 향상시켜〉 나간 기나긴 인고의 세월이었다. 처음에는 몇몇 영역에서만 인간의 사고를 시뮬레이션하는 컨트롤 시스템이 개발되었다. 그러다 메모리 상주 프로그램으로 돌아가는 컴퓨터가 등장했고, 곧이어 점점 더 거대한 중앙 처리 장치가 나왔다. 인공 지능 1세대 연구자들은 1950년대 말 미국 생태학자 베리 코모너가 현대 기술의 이면, 즉 핵무기 실험이 가져오는 끔찍한 의학적 손상을 비난한 것과 비슷한 차원의 걱정을 했다. 10년 뒤 출간된 코모너의 책 제목『과학과 생존 *Science and Survival*』은 그것을 간명하면서도 미래 예시적으로 보여 준다. 독일에서도 1950년대 말과 1960년대 초에 동물학자 라인하르트 데몰과 의학자 보도 만슈타인이 비슷한 토양을 마련했다. 두 사람의 책『길들여진 인간: 자연에 맞설 것인가, 자연과 함께 갈 것인가?*Bändigt den Menschen. Gegen die Natur oder mit ihr?*』와『진보의 목 조르기*Im Würgegriff des Fortschritts*』에 하천에 대한 걱정과 대기 오염, 방사선에 대한 불안이 명료하게 담겨 있다.

　　그사이 휴스턴에서는 나사NASA의 IBM 컴퓨터가 열심히 돌아갔고, 데이터 센터와 프로그래밍 언어, 운영 체제, 응용 프로그램이 속속 생겨났다. 1968년에는 컴퓨터가 미국에서만 70만 대에 달했다.[2] 같은 시기 미국과 프랑스, 영국, 스웨덴의 환경 단체들이 모여 지구의 벗Friends of Earth을 결성했고, 1971년에는 원자력 반대론자들과 평화주의자들이 밴쿠버에서 그린피스Greenpeace를 창설했다. 그로부터 1년 뒤 로마 클럽The Club of Rome은 〈성장의 한계〉에 대한 보고서를 발표했고, 매사추세츠 공과 대학교의 연구소도 가속화되는 산업화와 인구 증가, 영양실조, 자원 착취, 생활권 파괴에 대해 암울한 예측과 우려를 내놓았다. 컴퓨터의 에너지 소비와 그로 인한 이산화 탄소 배출은 이 계산서에 포함되지도 않았다.

그 뒤 제록스 팰로 앨토 리서치 센터에서 제1호 개인용 컴퓨터가 탄생했고, 인텔은 마이크로프로세서를 최초로 소개했으며, 1976년에는 스티브 워즈니악과 스티브 잡스가 애플을 설립했다. 이 제2차 기계 시대는 인간의 연산 능력, 패턴 인식 능력, 조합 능력을 훌쩍 뛰어넘는 기계들과 함께 출발했다. 알고리즘은 경험적 지식에 기반을 둔 휴리스틱 탐색을 시작했고, 추상적인 표현뿐 아니라 유연한 표현도 사용할 줄 알았다.

다른 서구 사회에서 컴퓨터가 가정으로 입성하는 동안 원래 걱정이 많은 독일인들은 기독교 민주 연합 정치인 헤르베르트 그룰의 『약탈당하는 행성: 우리 정치의 끔찍한 계산서Ein Planet wird geplündert. Die Schreckensbilanz unserer Politik』를 읽었다. 서유럽에서는 녹색당이 문을 열었고, 원자력 반대를 시작으로 환경 문제에 대한 시위가 일상화되었다. 〈산성비〉, 해양 포유류의 죽음, 오존 구멍, 체르노빌 사고는 서구 산업 국가의 성장과 진보에 대한 생각에 심각한 의문을 제기했다. 그사이 일본에서는 인공 지능 개발에 결정적인 박차를 가하기 위해 〈제5세대 컴퓨터 프로젝트〉에 시동을 걸었다. 〈전문가 시스템〉*은 기업과 대학, 병원에서 이루어지는 결정에 도움의 손길을 건넸고, 1990년대에는 만인을 위한 휴대 전화가 개발되었다. 1989년에 고안된 월드 와이드 웹World Wide Web은 1993년에 이미 공공재가 되었다. 4년 뒤 슈퍼컴퓨터 딥 블루는 체스 세계 챔피언 가리 카스파로프를 눌렀다. 또한 화상 폰이 최초로 출시되고, 이제는 개인도 웹사이트를 구축할 수 있게 되었다. 인공 지능의 새 시스템은 다층 신경망으로 이루어져 있었다. 컴퓨터는 이제 경험을 통해 스스로 〈학습〉이 가능해졌고 일반화 능력도 갖추었다. 이른바 연결주의 시스템은 정보의 양을 획기적으로 늘렸고, 자동으로 모델을 구축하고, 예측을 내놓고, 결과를 제어했다. 금융계는 열광했으며, 2000년대로 넘어가는 시기엔 〈진화적인〉 알고리즘과 〈인공 신경망〉 없는 투자는 상상도 할 수 없는 일이 되었다.

　　인공 지능이 본격적으로 출범하는 동안 환경에 대한 우려는 점점 사적인 영역으로 옮겨 갔다. 유기농 상점, 친환경 마크, 공정 무역은 시장에서 고성장 아이템으로 자리 잡았다. 서유럽의 녹색당들은 연합을 추진했고, 〈사회의 중심 자리〉를 차지하려고 애썼다. 대중의 관심에서 사라지다시피 한 그린피스는 IT 산업계를 정조준하며 친환경적인 IT를 요구했다. 특히 휴렛 팩

* 전문적인 지식이나 문제 해결 방법을 컴퓨터에 넣어 두고 컴퓨터를 문제 해결에 이용하는 시스템.

커드와 애플이 타깃이었다. 독성 화학 물질을 사용했고 폐전자 제품의 재활용에 소극적이었기 때문이다. 그러는 사이에도 인공 지능은 21세기 경제와 사회 시스템을 거미줄처럼 연결했다. 기계 학습, 통계 물리학, 생물 정보학, 조합 최적화combination optimization, 로봇학, 컴퓨터 유전체학은 인공 신경망과 유전 알고리즘, 유전 프로그래밍으로 이루어진 신세계를 창조했다. 인공 지능은 체스, 체커, 백개먼, 오셀로 게임, 스크래블, 퀴즈 쇼 〈제퍼디!〉, 바둑 등에서 인간을 이겼을 뿐 아니라 이제는 언어와 패턴, 얼굴도 인지할 수 있게 되었다. 거대한 데이터 센터는 기업과 군대, 정보기관의 방대한 데이터를 체계적으로 저장했으며, 완전하게 자동화된 무기 체계는 호시탐탐 투입을 기다렸다. 또한 인공 지능 알고리즘은 상품 가격과 추천 상품을 바꾸고, 레스토랑을 예약하고, 초단타 매매를 관리하고, 재고 상태를 점검하고, 지도와 경로를 제시하고, 의료 기술을 비롯해 진단과 결정까지 개선하고, 더 나은 노후를 약속하고, 집 청소까지 했다. 2020년 현재 지구상에 존재하는 로봇은 벌써 1000만 개가 넘는다. 지상에 남은 코끼리가 40만 마리, 코뿔소는 3만 마리, 사자는 2만 마리라는 사실에 비하면 엄청난 양이다.

인간에 의해 만들어진 세계는 점점 늘어나고, 자연의 세계는 점점 감소한다. 한편에선 정치인과 투자자, 기업인이 인공 지능을 통한 새로운 가치 창조를 빈번하게 입에 올리는 동안 다른 한편에선 유사 이래 최대의 가치 파괴가 일어나고 있다. 그사이 힘겨운 학습 과정을 통해 산업계와 발전소, 항공업계, 해운업계에 탄소 배출과 자원 소비, 환경 오염을 날카롭게 따져 묻게 되었지만, 디지털화에 대해선 놀랄 정도로 잠잠하다. 컴퓨터와 랩톱, 태블릿 PC, 스마트폰에는 배터리가 기본적으로 장착된다. 배터리의 재료인 리튬은 칠레, 볼리비아, 아르헨티나 같은 나라에서 생산되고, 그 과정에서 현지 동물과 원주민에게 끼치는 환경적 여파는 엄청나다. 남아메리카의 독성 먼지, 토양 오염, 물 부족 사태는 콩고의 코발트 광산에서 비롯되는 문제에 비하면 양반이다. 군대와 정보기관은 노동자와 징역형 죄수들을 광산으로 밀어 넣고, 아이들은 아름답게 디자인된 디지털 기기를 위해 무거운 광석 보따리를 짊어지고 불볕 속으로 걸어 나간다. 콜탄, 니오븀, 금 채굴의 상황은 더 좋지 않다. 땅 밑에서부터 시작된 심각한 인권 침해는 그들의 삶과 동행한다. 게다가 광산에서 얻은 이익금 중 상당 부분이 피비린내 나는 내전에 사용된다. 남아프리카에서는 백금에 대한 탐욕 때문에 물과 고향, 삶의 토대를 잃고 떠나는 사람이 부지기수다. 그럼에도 IT 기업들은 신제품에 대한 수요를 늘리려고 충전식 배터리의 성능을 고의로 빨리 떨어뜨리고, 오래된 기기는 원료 생산 지역으로 도로 보낸다. 그렇게 가나로 돌려보내진 전자 폐기물이 독일에서만 15만 톤이 넘는다. 세계에서 가장 오염된 아그보그블로시의 전자 제품 폐기장에서는 세상에서 가장 가난한 사람들이 쓸 만한 것을 찾기 위해 쓰레기 더미 속을 하루 종일 헤매고 다닌다. 그런데도 쓰레기를 양산하는 하이테크 대기업들은 매일 세상이 조금씩 나아지고 있다고 선전한다.

원료 외에 운송 문제도 있다. 유통 과정에서 배출되는 이산화 탄소의 양을 정확히 계산하기는 어렵지만, 분명 엄청날 것이다. 지리적인 공간에 제약을 받지 않는 인터넷을 통해 주문한 물건을 운송할 때 역시 막대한 양의 이산화 탄소를 배출한다. 게다가 오늘날 서버와 블록체인이 소비하는 어마어마한 에너지도 결코 무시할 수 없다. 드레스덴 공과 대학교 연구자들의 보고에 따르면, 2030년 인터넷의 전기 소모량은 2011년 전 세계 인구가 사용한 전기의 양과 맞먹을 것이라고 한다.[3] 아직은 전 세계 온실가스 배출량에서 디지털 테크놀로지가 차지하는 비율은 4퍼센트에 못 미친다. 하지만 캐나다 맥마스터 대학교의 물리학자들은 2040년이 되면 디지털 테크놀로지가 배출하는 온실가스의 양이 전 세계 교통수단으로 배출되는 양의 절반에 이를 것이라고 말한다.[4] 스마트폰 생산에서만 매년 125메가톤의 이산화 탄소가 대기 중으로 방출된다.[5]

앞서 말했듯이 이제는 더 이상 미래에 대해 과거처럼 말할 수 없다. 이득을 보는 사람이 아무리 많다고 해도 모든 경제 성장이 인류를 위해 일어난다고 말할 수는 없다. 인류 전체를 염두에 두고 이익과 비용을 종합적으로 따져야 하고, 인간 삶의 질적 상승과 자연 및 자원, 생물학적 환경의 손해 사이에서 균형을 맞추어야 한다. 다른 형태의 진보는 결코 진보가 아니라 광기에 지나지 않는다. 구글 같은 인공 지능 기업이 아무리 서버를 냉각시키고 전기를 절약하는 방법을 강구한다고 해도 그리고 좀 더 합리적인 산업 네트워크가 아무리 에너지를 덜 소비한다고 해도, 이런 개별적인 행동들의 효율성은 에너지와 자원의 전체 소비량이 실제로 줄어들고 또 지금까지처럼 급격하게 증가하지 않을 때만 의미가 있다.

　디지털 테크놀로지, 특히 기계 학습과 인공 지능은 한편으론 오늘날의 자원 소비를 보여 주는 많은 예들 가운데 하나다. 다른 한편으론, 더 중요한 점인데, 디지털 테크놀로지는 인간의 미래를 결정짓고 진보의 손을 들어 주는 새로운 패러다임이다. 이런 관점에서 인공 지능은 이를테면 새로운 도전에 직면한 옛 사고의 상징이 된다.

　스웨덴 철학자이자 IT 연구자 닉 보스트롬은 인공 지능을 통한 〈우주적 유산의 자애롭고 승리에 찬 이용〉에 대해 말한다. 이런 말을 듣다 보면 승리에 대한 지상 명령과 같은 확신에만 놀라는 것이 아니라 〈자애로움〉에 관한 그의 비전 속에 우리 시대의 사회적·생태적 문제가 담겨 있지 않음에 흠칫 겁이 나기도 한다.[6] 보스트롬은 〈지능 폭발*이 전 세계를 화염에 휩싸이게 할 거〉라고 염려한다. 하지만 실제로 그런 일이 일어나는 것에 굳이 인간에게 반기를 드는 나쁜 인공 지능까지 끌어들일 필요는 없어 보인다.[7] 향후 몇십 년 안에 인류를 몰락의 위험에 빠뜨릴 요소는 탈선한 나쁜 컴퓨터 말고도 많다.

　생물학적 생존의 문제와 인공 지능의 기술적 진보의 무

---

　*　인공 지능이 스스로 연쇄 개량을 통해 인간의 지능을 수십만 배 뛰어넘는 초지능 상태를 가리킨다. 기계의 이런 상태가 불러올 위험을 두고 많은 학자들이 우려를 표한다.

제, 이 두 가지에 균등하게 관심을 가진 사람은 너무 적다. 마치 각각 다른 행성에서 일어나는 문제처럼 받아들여지는 듯하다. 환경 문제에서 호모 사피엔스의 인간학적 발전이 거론되는 적은 거의 없다. 인공 지능 논쟁에서도 에너지 소비와 자원 착취, 이산화 탄소 배출의 문제는 다루어지지 않는다. IT 지도자와 테크놀로지 유토피아주의자들은 선진국의 생활 방식에 의문을 갖기보다 인간을 어느 황량한 우주 공간으로 이주시키는 생각에 더 익숙한 듯하다. 그에 대한 이유는 나중에 똑똑히 밝힐 것이다. 생태학과 테크놀로지 비전은 우리 시대의 합치될 수 없는 균열이다.

이런 징조들을 고려하면 우리는 생태학과 기술의 문제에서 방향을 잃었다. 그건 무엇보다 이성의 위기다. 우리는 이성적인 진보가 어떤 것인지 더는 알고 있지 못하는 듯하다.

제2차 기계 시대는 똑똑하고 현명하고 유연해야 할 뿐 아니라 미래의 재앙을 간파하고 피해야 한다. 스스로 학습하는 디지털 기술에 대해 우리는 장차 무엇을 기대할 수 있고, 무엇을 기대해서는 안 될까? 인공 지능은 어떤 면에서 축복이고, 어떤 면에서 중장기적으로 저주일까?

이로써 오래된 질문이 다시 중심에 선다. 인간이란 무엇인가? 이는 오늘날에 특히 강한 폭발력을 가진 질문이다. 인간에 대한 기존의 해석과 자기실현은 수정이 시급하다. 우리는 현실적으로 무엇을 기대할 수 있을까? 우리는 어떤 미래를 좋게 생각하는가? 그 속에는 어떤 의미가 부여되어 있을까? 인생의 의미를 모르는 기술의 진보는 필연적으로 인간을 배제할 수밖에 없다. 의미란 인간이 직접적인 생존과 상관없이 하는 행동을 이해하는 지평이다. 만일 기술적 미래에 대한 물음이 당혹스러운 방식으로 인생의 의미에 대한 물음에서 떨어져 나갔다면, 이제 그 의미를 되찾을 필요가 있다. 그 의미는 두 가지 물음과 연결되어 있다. 〈우리는 어디로 가는가?〉〈우리는 왜 그리로 가는가?〉

02   인공 지능의 타자로서 인간

전환이 제때 이루어진다면 얼마나 좋을까! 그렇다면 이 마지막 역사 단계에서 인간은 자기 자신에 대해 많은 것을 알 수 있었을 것이다. 인공 지능의 시대가 철학에 인간을 완전히 새롭게 보라고 강제하는 것을 지켜보는 건 퍽 매력적이다. 이와 관련해서 노벨 경제학상을 받은 허버트 A. 사이먼이 1977년에 벌써 다음과 같이 말한 것도 흥미롭다. 〈컴퓨터와 관련해서 가장 중요한 물음은, 컴퓨터가 인간의 자아상 및 우주에서 차지하는 인간의 위상에 지금껏 어떤 변화를 일으켰고, 앞으로는 또 어떻게 변화시킬 것이냐 하는 것이다.〉[8]

      인간에 대한 현실적이면서도 새로운 가치 평가, 즉 적절한 자기 이해는 무엇일까? 2,500년 동안 서구 문화권에서 인간은 자연의 타자였다. 자신들에게 이성과 판단력, 언어를 선사했다고 믿는 신적인 로고스에 취해 동식물을 하찮은 대상으로 취급하며 자신들의 반대편에 놓은 것이다. 아울러 기원전 5세기와 4세기에 아름다운 소아시아 해변, 뜨겁게 이글거리는 남부 이탈리아, 또는 에게해에서 멀지 않은 한 작은 도시에 살았던 남자들은 인간의 본질적 특성으로 정신과 사유, 이성, 계산을

내세웠다. 로고스는 인간에게 그들 자신보다 훨씬 위대한 고차
원적인 존재 영역으로 참여하는 것을 가능케 했다. 그로써 하늘
에서 인간의 의식 속으로 스며든 로고스는 만능 무기가 되었다.
예를 들면 사유 방법, 옳고 그름의 심판자, 의미 창조가 그것이
다. 하지만 이건 아마 어떤 척추동물의 작은 뇌 속에서 태어난
허구일지 모른다.

　　　오늘날 우리는 새로운 밀레니엄의 시작점에 서 있다. 인
간은 밀레니엄마다 로고스를 통해 주변 자연과 동물 세계로부터
점점 멀어지고 스스로를 소외시켜 왔다. 로고스는 세계의 탈주
술화를 주도했지만, 동시에 위대한 탈주술사인 스스로에게 마법
을 걸어 이제는 자기 존재를 제대로 바라보는 눈을 잃어버렸다.
현재의 로고스 신도들은 〈에뮬레이션emulation〉을 통해 막대한
잠재력을 가진 뇌를 꿈꾼다. 실리콘 밸리의 대제사장들은 기계
가 불완전한 인간이 아니라 인간이 불완전한 기계라고 가르친다.
이 로고스는 무결함을 추구하기 때문에 모든 형태의 우연적 요소
와 자연적 방해물, 유한한 육신의 한계를 집어던진다. 인간의 뇌
는 스캔되어 컴퓨터 속에서 모형화되고, 뇌 성능을 향상시키는
약물인 누트로픽nootropic은 뉴런과 시냅스를 춤추게 하고, 최적
의 정자는 체외 수정을 통해 최상의 난자와 결합하고, 뇌 이식 수
술은 뛰어난 사이보그를 만들어 낸다.

　　　기술의 무한한 발전에 대한 욕망과 기술적 사고의 터무
니없는 환상은 인간의 깊은 상심(傷心)으로 더욱 고무된다. 기
계는 인간보다 보고 듣고 계산하고 평가하는 능력이 한층 뛰어

나다. 우리가 우리의 본질을 앞으로도 계속 로고스를 통해 정의 내리고, 기계를 기준으로 측정하려 든다면 우리가 낙오하지 않기 위해 할 수 있는 일이라고는 최적화밖에 없다. 그런데 그 세계는 지극히 단조롭다. 즉 〈감흥이 없고〉 진부하다. 바로 여기에 포인트가 있다. 인간에게서 진부하지 않은 점을 새로 발견해서 인간에 대한 정의를 새로 내리고, 인간을 자연의 타자가 아닌 인공 지능의 타자로 보는 것이다.[9] 이는 컴퓨터가 자기 방식으로 점점 더 똑똑해질수록 우리에게 어쩔 수 없이 강요하는 새로운 자기 인식이다. 스탠퍼드 대학교의 컴퓨터 공학자 도널드 커누스는 이렇게 말한다. 〈인공 지능은 《생각》이 필요한 영역에서는 이미 인간을 훌쩍 뛰어넘었지만, 인간이나 동물이 《아무 생각 없이》 하는 일에서는 아직 한참 멀었다. 사실 그게 한층 더 어려운 일이다.〉[10]

상황은 역설적이다. 인간은 자신을 동물 대신 컴퓨터와 더 비교하게 되면서 컴퓨터의 능력이 인간 지능과 얼마나 비교가 되지 않는지 깨달았다. 다트머스 대학교의 워크숍에 참여한 과학자들과 그 후계자들은 머잖은 시기에 기계가 인간 지능의 차원으로 진입할 거라고 희망했지만, 그것은 공염불이었다. 그 과정에서 늘 똑같은 일이 반복되었다. 1960년대부터 오늘날까지 인공 지능 환상가들은 번번이 목표가 코앞이라고 믿고 또 믿었으며, 앞으로 10년 안에 인간에게 적합한 지능이 나타날 거라고 예측했다. 하지만 기대는 늘 실패로 돌아갔다. 아무리 패턴 인식이 정밀해지고 통계 시스템의 성능이 개선되어도 진짜 지능은 생겨나지 않았다.

　　스위스의 발달 심리학자 장 피아제의 유명한 표현에 따르면 인간 지능은 〈우리가 무엇을 해야 할지 모를 때 투입하는 것이다〉. 그런데 이런 상황에서 논리와 계산이 하는 역할은 많지 않고, 설사 그 역할을 한다고 하더라도 특정 연령대 이후부터다. 인간 지능 속에는 감정과 직관, 자발성, 연상이 스며들어 있다. 〈건강한 인간 오성Common Sense〉은 합리성과 동의어가 아니다. 여기선 공감 능력도 합리성만큼이나 중요하다. 인간은 인공 지능 연구자들이 생각하는 것보다 훨씬 덜 논리적으로 사고한다. 아니, 논리적일 때가 드물다. 인간성을 이루는 것은 결코 논리적 사고가 아니다.

　　인공 지능의 미래를 논하려면 〈대뇌 피질과 이성에 대한 비판〉이 필요하다. 인간 지능이 논리적이고 엄격한 합리성으로 구축되어 있다는 주장은 잘못된 해석이자 터무니없는 과장이다. 그렇다 보니 독일의 IT 전문가 중에는 〈인공 지능〉의 개념을 마케팅 정도로 여기는 사람이 많다. 컴퓨터와 달리 인간은 〈규칙을 기반으로〉 사고하지 않는다. 인간이 결정을 내릴 때 그 세계는 세심하게 경계 지어져 있지 않고, 특정 목표의 실현을 위해 엄격하게 확정되어 있지도 않다. 인간의 정신은 프로그램화된 시스템으로 작동하는 것이 아니라 감정과 사고, 단어와 문장을 통해 매일 가변적으로 움직인다. 인간을 자신과 세계에 대한 성찰로 이끄는 것은 바로 자신 안의 프로그램화되지 않은 요소다. 반면에 컴퓨터는 자신이 무엇을 알고 있는지 모르고, 자신의 앎을 비판할 줄도 모른다. 2016년 한국의 바둑 챔피언 이세돌을 격파한 구글 딥마인드의 알파고는 자신이 무엇을 했는지 알지 못하고, 자신의 행동을 설명할 수도 없다. 인공 지능은 바둑이 무엇인지 모르고, 인간이 왜 바둑을 두는지도 모른다. 인간이 놀이와 게임을 하는 이유를 기계가 어떻게 이해하겠는가?

오늘날 인공 지능의 능력은 퍽 인상적이지만 형식적으로든 내용적으로든 인간 지능을 닮지는 않았다. 물론 지능과 어느 정도 관련이 있는 건 사실이다. 하지만 오성과는 거리가 멀고 이성과는 아무 관련이 없다. 게다가 이런 상황이 가까운 시일 안에 바뀔 것 같지도 않다. 컴퓨터가 곧 우리를 대체하리라는 전망은 보이지 않는다. 오히려 컴퓨터가 우리를 대체하지 못하리라는 사실만 계속 확인하게 된다. 컴퓨터는 우리에게 환상적인 다층성과 예측 불가능한 복잡성 속에서 아날로그를 재발견하라고 가르친다. 그런 다양하고 훌륭한 능력은 인간들끼리만 서로 어느 정도씩 구분하는 것이 아니라, 원칙적으로 인간과 기계도 구분한다.

바둑 챔피언을 무너뜨린 인공 지능은 감정적이지 않다. 감정은 많은 고대 그리스 철학자와 이마누엘 칸트 같은 여러 계몽주의 철학자들이 생각한 것처럼 인간의 비합리적인 결함이 아니다. 우리의 오성은 감정 없이는 무엇을 해야 할지 모른다. 행복감을 근본적으로 결정짓는 것도 감정적 의지의 충동과 그것의 충족이다. 의무감조차 감정에서 비롯된다. 인공 지능이 센서를 통해 인간의 감정을 감지하고 목소리나 행동으로 흉내 낸다고 해서 감정적인 존재가 되는 것은 아니다. 감성 컴퓨팅*과 실제 감정의 관계는 만화 영화 주인공 도널드 덕과 실제 청둥오리의 관계와 비슷하다. 게다가 인공 지능은 인간의 감정을 모두 읽어 낼 수도 없다. 감정은 마음의 움직임이 관념을 불러일으킬 때 생겨난다. 자기 연민, 후회, 외로움 같은 슬픔의 복잡한 형태는 읽어 내기 어렵다. 고소함, 자부심, 확신 같은 기쁨의 복잡한 형태도 마찬가지다. 또한 감각적으로 파악한 정보가 당혹스러움인지 놀라움인지는 그 감정을 느끼는 사람조차 제대로 분간하지 못할 때가 있다. 기계는 실제 감정의 뉘앙스와 즉흥성을 느끼지 못하고, 그것을 이해하거나 생산해 내지도 못한다.

세심한 감수성은 인간을 앞으로도 계속 동물로 만든다. 이 감수성 측면에서 보면 우리는 기계보다 오히려 식물에 더 가깝다. 인간의 생물학적 취약성을 공포스럽게 깨달은 이번 코로나 바이러스 사태로 많은 사람이 그 점을 생생하게 느꼈을 것이다. 그런데 우리의 동물적 감수성을 새로 발견한 건 충분히 납득할 수 있는 불안만 불러일으키는 것이 아니라, 생물학적으로 아직 폭넓게 미지의 상태로 남아 있는 영역으로의 환상적인 여행이기도 하다. 우리 장 속에서 살아가는 약 100조 개에 이르는 수천 종의 미생물을 떠올려 봐도 알 수 있다. 그것들의 전체 무게는 심지어 뇌의 무게를 초과한다. 인간보다 훨씬 오래된 이 미생물들은 소화 과정만 돕는 것이 아니라 우리의 사고에도 영

* 인간의 고유 영역으로 여겨지던 감정을 표정과 말, 행동 등을 통해 읽고 흉내 내면서 인간과의 교감을 가능하게 하는 기술.

향을 끼치고, 더 나아가 우리의 행동에도 영향을 끼치는 것으로 보인다. 결국 자연의 다른 많은 것이 그렇듯, 미생물군은 우리가 아직 모르고 있는 엄청난 다양성을 지닌 생태계인 것이다.

생물 철학Philosophy of Biology은 다른 생물체가 인간에게 어떤 의미인지에 대해선 별 관심이 없다. 대신 각 생물에게 지각과 감정, 삶이 어떤 의미인지를 이해하고자 노력한다. 박쥐가 인간에게 어떤 의미인지는 박쥐로 살아가는 것이 박쥐에게 어떤 의미인지와는 완전히 별개의 문제다.[11] 찰스 다윈은 개코원숭이를 제대로 이해하는 사람은 존 로크보다 더 위대한 철학자라고 말했다. 여기서 개코원숭이를 제대로 이해한다는 것은 개코원숭이로 살아가는 것이 개코원숭이에게 어떤 의미인지 이해한다는 뜻이다. 이런 방향의 연구에선 결코 생물체를 관찰하지 않는다. 대신 그 생물체가 어떻게 관찰하는지를 관찰한다. 이 방면의 선구자 야콥 폰 윅스퀼은 20세기 초에 동물들은 하나의 동일한 환경 속에서 살아가는 것이 아니라 각각 자기만의 환경 속에서 살아간다는 사실을 인지했다.[12] 다시 말해, 내 환경은 내가 나의 환경으로 지각하고 만들어 나가는 환경인 것이다. 그런 점에서는 진드기도 인간과 다르지 않다. 또 내 지각의 한계는 나에게 특별히 맞추어진 내 환경의 한계인 것이다. 그런 의미에서 공간과 시간, 행동과 의미는 지극히 주관적이다. 윅스퀼은 어떤 생물학이든 바로 이 인식을 중심에 놓아야 한다고 생각했지만, 오늘날까지도 그 요구는 실현되지 않고 있다.

10년 전에야 낯선 환경 속의 낯선 생명체를 어떻게 이해할 수 있을지에 대한 문제가 다시 대두되었다. 애틀랜타 조지아 공과 대학교의 동물학자 이안 보고스트는 『에이리언* 현상학 *Alien Phenomenology*』을 통해 이 문제를 소생시킨다.[13] 라이스 대학교의 문예학자 티모시 모턴은 〈낯선 이방인〉으로서 동물과 식물에 대해 말한다. 우리가 다른 인간에게 느끼는 〈친숙한 이방인〉에 대비해서 사용한 개념이다.[14] 콜린 칼리지의 철학자 레비 브라이언트는 이것을 〈초월적 경험주의〉라 불렀다.[15] 칸트에 따르면 초월론 철학은 어떤 것이 갖고 있는 가능성의 조건에 대한 물음이다. 초월적 경험주의는 인간과 다른 경험 주체에게도 이 질문을 던진다. 다른 생물체의 경험 가능성을 조건 짓는 것은 무엇일까?

인간의 감수성 및 그에 수반하는 지능은 다른 무수한 조건 가운데 하나일 뿐이다. 만일 우리가 〈합리성〉의 한 부분만 떼어 그 가능성을 증폭시킨다면 어떤 존재가 만들어질까? 바로 인공 지능이다. 컴퓨터의 완전히 다른 〈경험 세계〉가 오늘날 에이리언 현상학에 대한 물음에 불을 지폈다. 인간과 동물, 자연과 문화, 주체와 객체처럼 우리가 정말 좋아하는 구분은 덜 중요해지고, 가끔은 시야에서 완전히 사라지기도 한다.[16] 대신 식

---

* 여기서 에이리언이란 〈모기, 나무, 바위, 컴퓨터 게임 같은〉 인간 외의 존재를 가리킨다. 여기에 〈현상학〉이 붙은 것은 이 에이리언들이 주변 세계를 경험해 나가는 방식을 탐구한다는 의미. 예를 들어 두꺼비가 우리에게 무슨 의미인지 묻기보다 세계가 두꺼비에게 어떤 의미인지 묻고, 저기 기어가는 두꺼비가 무엇이냐고 묻는 대신 기어갈 때 두꺼비의 배에 닿는 바닥의 느낌이 어떨지 물으면서 인간 중심주의, 주체와 객체, 자연과 문화의 이분법에서 벗어나자는 말이다.

물과 동물, 인간은 인공 지능의 타자로서 점점 가까워진다.

에이리언 현상학 내에서도 차이는 크다. 예를 들어 〈원숭이에게 세계는 어떻게 보일까?〉[17] 하는 책은 쓸 수 있지만, 〈컴퓨터에게 세계는 어떻게 보일까?〉 하는 책은 기껏해야 개그 소재일 뿐이다. 인공 지능은 어떤 〈세계〉도 구축하지 못하고, 자기가 어떤 세계에 살고 있다는 감정도 없다. 마르틴 하이데거가 20세기 전반기에 내세운 〈세계 내(內) 존재In-der-Welt-Sein〉는 모든 인간적 경험의 근본 토대다. 여기서부터 인간은(다른 생물도 마찬가지다) 자신에게 무엇이 중요하고 무엇이 중요하지 않은지 구분한다. 엄청난 이 무언의 지식이 우리의 일상을 관통하고, 행동과 언어를 결정한다. 의미는 논리적으로 발견되는 것이 아니라 맥락과 관계 속에서 포착된다. 우리의 사고에는 분위기와 뉘앙스, 복잡한 관련성을 온몸으로 느끼는 섬세한 감각이 포함되어 있다. 모든 주제는 개인적이고 문화적인 선행 지식의 지평 속에서 나타난다. 매사추세츠 공과 대학교의 철학자이자 랜드 연구소 회원인 휴버트 드레이퍼스는 1960년대부터 철학의 이러한 귀중한 지식을 컴퓨터 공학의 동료들에게 지칠 줄 모르고 설명해 오고 있다.[18]

나중에 자세히 설명하겠지만 인간의 사고는 결코 논리적 문제 해결과 동일하지 않다. 인공 지능과는 달리 인간에게는 무엇을 보느냐만이 아니라 어떻게 보느냐도 중요하다. 우리가 사물을 중립적으로 지각하지 않고, 사실 판단과 관련해서도 중립적이지 않다는 것은 〈세계 내 존재〉의 불가피한 특성이다. 우리가 맞거나 틀렸다고 생각하는 것은 전반적으로 믿음의 문제다. 그것도 우리 자신이 생각하는 것보다 훨씬 더 광범하게 말이다. 삶은 대부분 어차피 해명될 수 없거나 정말 갖은 수고를 들여야 만 해명될 수 있다. 명확한 증거를 근거로 삶의 방향을 잡아 나 가는 일은 지극히 드물다. 대신 신뢰와 불신에 기대는 일이 훨 씬 많다. 인간과 사물, 미디어는 결국 항상 감정적으로 채색된 채 인지되고 평가된다. 무언가에 대해 평가를 내리자면 어쨌든 그 평가를 가능하게 하는 가치가 존재할 수밖에 없다. 실제로 인간 세계를 구성하는 것은 물질로서의 원자가 아니라 가치 평 가다. 우리 행성에 사는 대다수 사람들이 인정하듯이 우리는 신 뢰, 진실, 자유, 우정, 존경, 충성, 이웃 사랑 등을 중요한 가치로 평가한다. 그렇다면 우리는 그것들을 주관적인 가치가 아닌 객 관적으로 옳은 것으로 여기는 셈이다. 분석 철학자들은 난처해 하겠지만 심지어 우리는 특정한 우정과 특정한 진리가 있다고 믿는다. 언어 철학 저편의 실제 삶에서는 주관적으로 느끼는 가 치가 상위 개념으로서 정말 막대한 역할을 한다. 그 가치는 세 계 내에 우리와 함께 존재하고, 우리는 그것을 세계 내의 사물 만큼이나 객관적인 것으로 여긴다.

그에 반해 인공 지능은 어떤 가치도 느끼지 못한다. 설사 인간의 가치를 프로그래밍해서 입력한다고 해도 인공 지능은 그것을 소유하지 못한다. 직접 느끼지 못하는 가치는 가치가 아 니기 때문이다. 사랑, 우정, 매력, 배려 같은 가치는 감정 없이 는, 모든 감각의 온전한 참여 없이는 설명할 수 없다. 한 인간의 카리스마를 개나 돌고래, 코끼리가 인공 지능보다 더 쉽게 느끼는 것도 그런 이유에서다. 컴퓨터에 입력한 가치는 천연의 미묘한 차이가 사라지고 똑같은 인위적인 냄새만 폴폴 풍기는 합성 방향제에 지나지 않는다. 소중한 친구와의 우정은 함께 보낸 시간의 총량이나 서로 나눈 단어의 수, 주고받은 호감이나 선물의 양으로 측정될 수 없다. 많은 시간을 쏟을 정도로 어떤 일이 소중한 이유도 인공 지능은 알지 못한다. 스스로 알아내기도 어렵다. 그 일이 소중한 이유는 자신이 직접 한 일이기 때문이다. 손으로 직접 그린 그림과 몸소 겪은 경험은 나 자신의 자발적 주체성에서 특별한 가치를 이끌어 낸다. 특히 자신이 잘한 일이라면 자존감과 함께 그 일의 가치도 높아진다.

인간은 세계의 사물과 〈가치 관계〉로 엮여 있다. 이것은 현상학자 막스 셸러의 화두였다.[19] 그가 볼 때 가치를 느끼는 것은 색깔을 보는 것만큼이나 자연스러운 일이었다. 가치든 색깔이든 감각적으로 느끼면 그에 대한 감정이 생길 수밖에 없다. 그런 점에서 가치는 색깔만큼이나 객관적이다. 셸러는 심지어 가치에도 자연스러운 서열이 있다고 생각했다. 맨 아래 단계는 감각적인 느낌과 관련이 있는데, 여기서는 유쾌한 것과 불쾌한 것으로 나뉜다. 더 높은 단계는 〈삶의 가치〉로서 고결한 것과 저속한 것으로 구분된다. 그 위는 정신적으로 느끼는 단계로서 아름다운 것과 추악한 것, 정의로운 것과 불의한 것, 성스러운 것이 있다. 모든 문화권에서는 이런 구분이 공통적으로 나타나고, 긍정적인 가치(유쾌하고 고결하고 아름답고 정의롭고 성스러

인공 지능의 타자로서 인간

운 것)가 부정적인 가치(불쾌하고 추악하고 불의한 것)보다 더 높이 평가된다. 이건 오늘날의 모든 인류학자와 민속학자들이 동의하는 내용이다.[20] 물론 그렇다고 해서 이것들을 〈선험적으로〉 〈타당한 것〉으로 여겨야 할지는 또 다른 문제다.

가치가 객관적으로 존재하는지를 두고는 논쟁을 벌일 수 있지만, 가치가 인간에게 가장 중요한 의미가 있다는 사실에 대해선 이론의 여지가 없다. 하지만 한 문화권의 기본 가치가 전반적으로 동일하다고 해도, 정확하게 어떤 것을 아름답거나 공정하다고 느낄지는 사람마다 다르다. 어떤 사람은 피카소의 작품을 아름답게 느끼지만, 다른 사람은 그렇지 않다. 또 누군가는 모두에게 몫이 똑같이 돌아갈 때만 공정하다고 생각하지만, 누군가는 각자가 받는 몫의 차이가 엄청나게 크더라도 자기 몫에 이르는 기회와 과정이 공평하다면 공정하다고 생각한다. 가치는 비슷할 수 있고 심지어 똑같을 수도 있다. 하지만 항상 개인이나 문화적인 면에서 큰 차이를 보이는 것이 사실이다. 그 때문에 가치는 프로그램화할 수 없다. 최소한 개인적인 자유가 오늘날 서구 문화권의 수준으로 유지된다면 말이다.

인간이 자신의 경험을 높이 평가하거나 등한시한다면, 그러니까 존중하거나 배척한다면 그것은 자신의 행동에 큰 영향을 준다. 인간은 환경을 논리적으로 분류하는 것이 아니라 자신의 성향에 따라 호불호를 결정한다. 식물이 자연스레 햇빛으로 몸을 뻗듯 우리가 무언가로 향하는 것은 호모 사피엔스의 특질 때문만이 아니라 개인적 성격도 큰 역할을 한다. 쾌락을 추구할지 아니면 최대한 괴로움을 피하는 쪽을 우선할지는 객관적인 삶의 위기와 통계의 문제가 아니다. 그림이나 음악, 철학, 운동, 혹은 컴퓨터 프로그래밍에 매력을 느끼는 것도 합리적·논리적 결정에 따른 것이 아니다. 심지어 논리학자가 되는 것도 논리적 이유가 있어서가 아니다. 그보다 훨씬 중요한 요소는 어떤 교육을 받았고, 무엇에 민감하게 반응하느냐이다. 미적으로 섬세한 감각을 가진 사람이 컴퓨터 공학자가 되는 일은 드물고(물론 그런 일도 당연히 가능하다), 감정적으로 너무 메마른 사람이 예술가가 되는 일도 별로 없다. 가치를 어디에다 두느냐는 지극히 개인적인 센서의 문제다. 그 센서 때문에 우리는 세상의 사물을 매우 상이한 강도로 인지하고, 다양한 가치를 개인적으로 가꾸어 나간다.

아무것도 없는 텅 빈 세계에서 관심과 가치를 가꾸어 나가는 것이 아니다. 인간은 사회적 동물이다. 무언가에 끌리고 무언가를 추구한다면, 그건 계산에 따른 것이 아니라 타인의 영향을 받아서다. 타인이 설사 개인적으로 알지 못하거나 이미 이 세상 사람이 아닌 예술가, 정치인, 학자라고 하더라도 영향을 받을 수 있다. 사회적으로 공유된 관심과 가치는 공유되지 않은 가치와는 완전히 다른 의미로 발전할 때가 많다. 반면에 인공지능은 공동체를 모른다. 인간 심리에 정말 중요한 인정과 존경의 문화도 알지 못한다. 우리는 자신이 누구인지 타인의 눈을 통해 느끼고, 타인에게 자신에 대해 이야기하면서 스스로를 어떤 사람으로 여기고 있는지 드러낸다. 인간은 기계와 달리 이야기 속에서 자신과 관계를 맺고, 그로써 이야기에 의존한다. 우리는 일상의 대부분을 현재에 사는 것이 아니라 과거나 미래에 있을 법한 장면을 불러내어 하나의 의미 관계로 연결시킨다. 그때 이 장면들이 직접 경험한 것인지, 아니면 그냥 다른 데서 읽었거나 영화에서 본 것인지는 중요하지 않다. 인간은 허구를 현실만큼이나 강렬하게 경험할 때가 많고, 심지어 가끔은 현실보다 더 강렬하게 경험하기도 한다. 영화의 내용이 〈사실〉이 아님을 알면서도 함께 울고 웃는 이유도 그 때문이다.

인간이 현재에만 살지 않지 않는다는 사실을 인공 지능은 모른다. 한편 인간은 자신이 하나의 시간 속에 살고 있음을 안다. 체험은 아무리 비슷하게 반복될지라도 늘 각각의 특별함을 갖고 있다. 똑같은 강물에 발을 두 번 담글 수 없다는 헤라클레이토스의 깨달음은 우리의 시간과 체험을 소중하게 만든다. 얼마나 많은 것이 올바른 순간, 즉 타이밍에 좌우되는가? 삶은 시간의 지평 속에서 일어나고, 솔로몬의 말처럼 〈만물에는 자기만의 시간이 있다〉. 이 시간은 한정되어 있고, 산술적으로 경험되지 않는다. 어릴 때는 시간이 좀 더 천천히 흘러가고, 노년에는 더 빨리 지나가는 것처럼 느껴진다. 만일 우리가 영원히 산다면 80세까지만 살 수 있을 때와 비교해서 분명 많은 결정을 다르게 내릴 것이다. 심지어 많은 사물에서 가치를 얻는 데도 상당히 큰 문제가 생길 수 있다. 인생에서 치료 불가능한 것이 권태다. 이 병은 인간이 영원히 살게 되면 필연적으로 나타난다.

감정, 추구, 가치, 시간 감각이 중요한 이유는 나 자신이 그것들을 나의 감정으로, 나의 추구로, 나의 가치와 시간 감각으로 체험하기 때문이다. 자신의 온 감정과 의식은 〈자아〉 주변에 몰려 있다. 〈자아〉는 뇌 연구자와 철학자조차 그 실체를 명확히 규명할 수 없음에도 나 자신이 나로 느끼는 중심부다. 또한 나의 모든 정신적·정서적·의지적 행동이 들락거리는 꼭대기 방이자, 인생의 온갖 부침에도 무너지지 않는 아성이자, 내가 나 자신을 수십 년 동안 동일한 것으로 느끼게 해주는 편집되지 않은 영화다.

　　이 모든 것은 가치 평가와 행동에 막대한 영향을 끼치고, 그로써 도덕에서도 막중한 역할을 한다. 우리가 자신의 행위를 반성하고 그에 대해 책임을 질 수 있는 것도 스스로를 〈나〉로 자각함으로써 가능하다. 어떤 동물에게 얼마만큼 도덕적 능력이 있는지는 우리가 그 동물들을 생각하는 위상에 달려 있다. 예를 들어 〈자의식〉이 있는 것으로 추정되는 원숭이와 돌고래는 올챙이나 진딧물보다 도덕적 능력이 크다. 물론 의도적으로 〈선하게〉 행동할 수 있는 동물은 지극히 드물다. 아니, 좀 더 정확히 말하자면 인간밖에 없어 보인다. 우리는 다른 동물과 달리 정신이 건강한 상태라면, 비록 모든 인간이 그것을 행동으로 옮기지는 않더라도 특정 연령대부터 도덕관념이 생긴다. 그러나 기계는 도덕을 모른다. 자유롭게 결정을 내리지 않고, 항상 자신에게 입력된 〈인공 정자의 프로그램〉에 따라서만 움직인다. 처리할 수 있는 정보량이 아무리 많고, 패턴이 아무리 세분화되고, 픽셀이 아무리 미세하더라도 기계는 일관되지 않게 행동할 능력이 없다. 인간은 모순을 견딜 수 있고, 일부 문제는 결정을 내리지 않은 채로 내버려 두기도 한다. 반면에 인공 지능은 터널 시야밖에 없다. 즉 다른 건 고려하지 않고 오직 목표물만 일직선으로 바라본다. 따라서 인간 사이에서 일어나는 문제에서는 쉽게 과부하가 걸린다.

우리의 감정, 가치, 시간 감각, 자의식, 도덕관은 진화 과정에서 그 실효성이 입증되었기에 지금의 모습을 띠고 있다. 이것들은 지상에서 우리의 유한한 실존에 대한 의도치 않은 적응이며, 이것들의 도움으로 복잡한 물리적·생물학적·문화적 환경을 무사히 뚫고 나갈 수 있었다. 미국 심리학자이자 철학자 윌리엄 제임스가 20세기 전환기에 확인해 주었던 것처럼, 그 과정에서 팩트는 대개 부차적인 역할밖에 하지 않았다. 그보다 상위의 역할은 우리가 최대한 불안에 떨지 않으면서 나아가고자하는 소망이다. 만일 인공 지능이 직접 인간에게 삶의 방향을 정립하는 틀을 제공하고 상황을 바꾸고자 한다면, 인간은 장기적으로 가장 기초적인 삶의 본능을 잃을 뿐 아니라 자신을 인간으로 만들어 준 매우 중요한 요소를 상실하게 된다.

인식은 인간 심리와 무관한 가치가 아니고, 환경에 대한 적응에 이용된다. 인간 지능은 훌륭하다. 물론 객관적인 세계를 꿰뚫어 볼 만큼은 아니지만 그 세계 속에 자리를 잡고 살아갈 만큼은 훌륭하다. 또 인간 지능은 인공 지능보다 내용이 어마어마하게 풍성하다. 단순히 몇몇 정선된 목표 기능을 하는 데만 최적화되어 있지 않기 때문이다. 하나의 세계를 구축함과 동시에 그 속에 우리가 존재한다는 감정을 선사하는 의식의 능력은 일상에서는 대개 명확하게 드러나지 않는 무수한 〈무언의〉 능력을 전제한다. 이 능력들은 오성과 마찬가지로 우리를 인간으로 만드는 데 기여한다. 우리는 컴퓨터보다 계산을 못하고 보고 듣는 능력도 훨씬 떨어지지만, 무한히 복잡한 상황에서 정말 멋진 방식으로 방향을 잡아 나갈 때가 많다. 반면에 인공 지능의 데이터는 오직 인지해야 하는 것만 인지할 뿐이다. 인공 지능의 세계는 인간의 세계보다 훨씬 작다. 그 세계에는 커누스가 말한 것처럼 〈아무 생각 없이 하는 일〉이 존재하지 않는다.

인공 지능은 제3차 세계다. 제1차 세계는 객관 현실(또는 세계 자체)로서, 제한된 의식의 방에 갇힌 인간에게는 필연적으로 미지의 영역으로 남을 수밖에 없다. 감각 지각 능력이 한정된 척추동물의 뇌는 그 세계를 파악할 수 없고, 단지 필요에 맞게 의식 속에서 제2차 세계의 형태로 가공할 뿐이다. 우리가 만일 제2차 세계를 비트와 바이트, 메가바이트, 킬로바이트로 모사해서 재생산해 내면 인공적인 산물이 창조된다. 그것이 바로 제3차 세계다. 이 세계는 인상적인 특수한 능력에도 불구하고 그렇게 복잡하지 않고, 대신 질서 정연함을 자랑한다. 그것을 이루는 것은 정수와 이진법, 확고한 논리학, 정밀한 규정, 알고리즘이다. 이로써 인간들이 원하는 방식 그대로의 세계가 탄생한다. 일목요연하게 배치되고, 세심하게 계획되고, 수학적으로 설명할 수 있고, 효율적이고, 자기만의 방식으로 최적화된 세계다. 계몽주의 이전의 철학자들, 특히 고트프리트 빌헬름 라이프니츠가 제1차 세계를 그런 식으로 묘사하고 싶어 했는데, 그 꿈을 오늘날의 우리가 이루어 냈다. 신이 사라지고 인간이 세계의 중심에서 변두리로 밀려난 19세기의 큰 좌절 이후, 우리의 모든 요구와 갈망을 명확하고 체계적으로 충족시키기 위해 우리 자신이 만들어 낸 세계다.

흥미로운 과제는 우리가 헷갈리지 않으면서 이 세 가지 세계를 섞는 것이다. 철학자 마르틴 젤의 명제에 따르면, 세계의 측정할 수 있는 측면은 인공 지능을 통해 세계가 되는 것이 아니라, 단지 세계의 측정할 수 있는 한 측면이 되는 것뿐이다.[21] 만일 인공 지능이 우리의 삶으로 진입해서 세계를 대체한다면 인간을 인간답게 만든 모든 차원은 머잖아 싹둑싹둑 잘려 나갈 것이고, 그로써 우리는 불완전하고 인간적인 결함이 있는 복사본의 세계를 원본으로 선포할지 모른다. 그러나 완벽한 질서와 절대적 명료성, 투명한 일의성(一意性)은 제3차 세계에서만 가능할 뿐 달빛 내리는 우리 행성에는 어울리지 않는다. 컴퓨터의 정연한 세계는 우리의 무질서한 복잡성을 조금도 바꾸지 못하고, 그저 우리 세계에 하나의 허상만 쏟아붓는다.

인간 손으로 만든 완벽하게 정연한 세계는 자연의 세계보다 복잡하지 않다. 구조는 일목요연하고, 문맥은 한눈에 들어올 정도로 명확하다. 그러나 인간, 코끼리, 문어, 개코원숭이의 불예측성은 존재의 결함이 아니라 속성이다. 하나같이 예측할 수 있는 존재들만 살아가는 세상은 얼마나 지루하겠는가? 만일 이 세계가 점점 컴퓨터로 대체된다면 인간에게 장기적으로 의미가 있던 많은 가치는 서서히 사라질 것이다. 기억력은 외부에 위탁되고, 일상에서는 더 이상 훈련되지 않는다. 과거를 현재와 연결함으로써 현재의 삶을 다양하게 만들던 질적 풍성함이 사라진다. 그로써 내적 세계는 풍요로움을 잃을 뿐만 아니라, 다방면의 기술적인 가능성과 속도감은 오히려 사물의 가치를 떨어뜨린다. 자신의 일상적 세계를 기계로부터 오락용으로만 제공받는 사람은 점점 감각이 둔해지고, 자기만의 가치를 가꾸어 나가지 못한다. 이런 상황이 지속되면 우리의 세계에 존재하는 엄청나게 풍부한 의미를 과연 인식할 수 있을까?

　　바로 이러한 통찰이 컴퓨터가 인류에게 주는 교훈이다. 기술의 진전은 기껏해야 일시적 만족감만 안길 뿐 인간을 자동으로 더 행복하게 해주지 않는다. 또한 인간은 기계와 완전히 다르고, 그런 인식하에 우리 자신을 찾아 나서는 흥미진진한 여행이 목전에 있다는 사실을 깨닫는 것은 참으로 매력적인 일이다. 인공 지능은 우리에게 기계가 무엇을 할 수 있는지, 그와 동시에 무엇을 할 수 없고 혹은 무엇을 완전히 할 수 없는지 보여 준다. 게다가 우리가 좋은 미래를 위해 기술적 성취를 어떻게 다루어야 하는지, 그리고 그것을 인간 세계와 환경 속으로 어떻게 조심스럽게 편입시켜야 하는지도 알려 준다. 우리가 기계에 도움이 되는 것이 아니라 기계가 실질적으로 우리에게 도움이 되기 위해서 말이다.

　　기업가와 정치인들이 줄기차게 반복하는 〈인간이 중심에 서야 한다〉는 말은 지금까지 앞만 보고 달려온 우리의 사고에 혁신과 혁명을 요구한다. 인간이 실제로 중심에 서게 되면 기술과 매출액, 이윤, 거대 IT 기업들의 패권, 그리고 무작정 〈더 많이〉만 외치는 목소리는 설 자리가 없다. 그 뒤에 찾아올 미래는 자기 파괴적인 나르시시즘의 시대가 아니라 사람끼리 즐거움을 누리는 시대, 배려와 존중이 함께하는 생물학적 공존의 시대, 더 이상 훼손되지 않는 지속 가능한 환경의 시대가 될 것이다. 인간이 정말 자신을 제대로 이해하고 진정으로 자신을 위하는 시대는 가능할까? 세상을 점점 더 인공 지능의 세계로 몰아가는 세력은 누구인가? 다시 한번 묻는다. 우리는 왜, 무엇을 위해 점점 더 똑똑해지는 기술을 원하는가?

21세기 산업 사회는 인식에 대해 어떠한 관심도 없고, 그것으로 골머리를 앓지도 않는다. 그러다 보니 그렇게 훌륭한 초지능이라면 충분히 해결할 수 있을 문제도 해결하려 들지 않는다. 게다가 초지능이 아무리 좋은 대안을 내놓아도 인간이 마음에 들지 않으면 그만일 뿐이다. 예를 들어 기후 변화 협약에서 탈퇴하고 이란과의 핵 협정까지 파기한 도널드 트럼프, 열대 우림을 불태운 남아메리카의 나치 자이르 보우소나루 브라질 대통령은 초지능의 권고 따위에는 신경도 쓰지 않는다. 돈이 지배하는 시대에 세상의 운명을 결정하는 것은 훌륭한 통찰과 혜안이 아니다. 초지능이 설령 자본주의를 극복하라고 인류에게 충고하더라도 반갑게 그 충고를 들으며 실천으로 옮길 사람이 누가 있겠는가? 인류의 진짜 문제를 해결하려면 우선 이윤만 추구하는 파괴적이고 근시안적인 자본주의로부터 세상을 해방시켜야 한다. 그러나 그런 목표는 인공 지능의 대제사장이나 투자자들의 머릿속에는 애초에 존재하지도 않으며, 생각할 수도 없다. 거의 모든 인공 지능의 목표는 인간과 세상을 더 강력하게 통제하면서 더 큰 이익을 얻는 데 있다. 의료 기술이나 군사 기술을 통해서건, 효율적 생산이나 저렴한 비용을 통해서건, 아니면 시민과 고객에 대한 더 많은 정보의 확보를 통해서건 말이다. 〈인공 지능 연구의 95퍼센트가 인간의 수명을 늘리고 인간의 삶을 더 건강하고 더 편리하게 만드는〉 쪽으로 진행되고 있다는 주장은 입 발린 소리에 지나지 않는다.[22]

오늘날 점점 성능이 좋은 인공 지능을 대량으로 투입시키려는 동력을 이해하려면, 자본주의의 발전 과정을 돌아보아야 한다. 18세기와 19세기에 1차 산업 혁명이 진행되는 동안 서유럽 곳곳에서는 자유주의적 자본주의가 봉건 시대의 중상주의를 몰아냈다. 봉건 국가는 급속도로 발전하고 변화하는 시장을 더는 통제할 수 없었다. 1차 산업 혁명의 서막을 열게 한 증기 기관과 방적기 덕분에 점점 더 많은 상품이 점점 더 저렴한 비용으로 생산되었다. 영국의 식민지에서 들여온 면화로 짠 상품은 유럽 시장에 넘쳐흘렀고, 그와 함께 새로운 구매자가 더 많이 필요해졌다. 독점과 무역 수지로 돈을 벌었던 옛 경제적 성공 모델은 무너졌다. 대신 자유 시장에 대한 요구가 봇물처럼 터져 나왔다. 그런데 1830년대에 벌써 구조적인 문제점이 드러났다. 섬유 제품을 구입할 계층이 생산력만큼 성장하지 못한 것이다. 이유는 분명했다. 공장주들이 노동자들에게 쥐꼬리만 한 임금만 주었기 때문이다. 그들 입장에서는 경쟁자보다 싼값으로 물건을 생산하려면 그 방법밖에 없었다.

과잉 생산 문제와 동시에 대량 빈곤이 발생하며, 19세기에는 대불황을 비롯해 폭동과 사회주의 및 공산주의 운동이 일어났다. 각국 정부는 공장주들의 자유 시장에 대한 요구, 시장에 대한 불개입과 〈사회 복지 정책〉의 필요성 사이에서 과부하가 걸린 채 어쩔 줄 몰라 했다. 사실 사회 복지 정책 없이는 내수 시장의 번창과 사회적 안정은 기대할 수 없는 상황이었다. 두 차례의 세계 대전이 막을 내리고 공산주의와 자본주의의 체제 경쟁까지 끝나자 마침내 프라이부르크 학파의 〈사회적 시장 경제〉가 나타났다. 이제 자유 시장에 대한 자유주의적 요구와 모든 국민의 기본 생계를 보장하는 〈사회주의적〉 이념은 동일한 비중으로 고려되었고, 국가는 자본주의의 위험으로부터 사회 질서를 지키기 위한 〈조정자로서의 역할〉로 돌아섰다. 이후 프라이부르크 학파에 의해 강력한 사회적 책임을 가진 자유주의로 규정된 신자유주의가 승리의 진군을 시작했다.

독일을 중심으로 한 사회적 시장 경제의 엄청난 성공사는 1970년대, 그러니까 전자 제품과 자동차 같은 상품의 공급과 수요가 정확히 일치하던 시점까지 계속되었다. 시간이 지나면서 수요를 충당하는 방향은 시장에 불을 지피기 위한 소비를 촉진하는 방향으로 바뀌었다. 이를 합리화하는 과정에서 생산은 자동화되었고, 가치 사슬은 린 경영Lean Management, 즉 최대한 〈날씬하고〉 효과적이고, 무엇보다 비용을 대폭 줄이는 생산의 원칙을 따랐다. 광고 산업의 눈부신 비상과 함께 당장 필요하지 않은 상품에 대한 소비가 획기적으로 늘어났다. 이런 식으로 많은 산업 국가의 성공은 계속 이어졌다. 구조 조정으로 인한 사회적 비용, 개발 도상국으로의 공장 이전, 높아지는 실업률, 급속하게 불어나는 국가 부채를 차치한다면 말이다. 합리화 과정과 세계화에 이어, 금융 산업이 눈덩이처럼 몸집이 불어난 것은 논리적 귀결이었다. 자본은 이제 지극히 단기적이고 유연할 뿐 아니라 도깨비처럼 여기저기를 휘젓고 돌아다니면서 엄청난 수익을 올렸기 때문이다. 그와 함께 성공적인 인생에 대한 고전적 이야기는 단기적인 성공에 대한 경탄의 목소리에 자리를 내주어야 했다.

금융 산업의 비약적 발전은 컴퓨터와 자가 학습 프로그램 없이는 상상할 수 없다. 사회학 이론은 디지털화를 점점 더 복잡해지는 현대의 해결책으로 설명한다.[23] 세계가 한눈에 보이지 않을 정도로 복잡하게 얽혀 있을수록 지능적인 패턴 인식은 점점 중요해진다. 심지어 워싱턴 대학교의 인공 지능 연구자 페드로 도밍고스는 자연 과학이 컴퓨터 없이는 더 이상 거대한 진전을 이루지 못할 거라고 말한다.[24] 그런 점에서 디지털화의 진군은 논리적 귀결이었고, 그 덕분에 세계화로 엄청나게 복잡해진 이 세상에서 자본주의 경제는 폭발적 팽창과 효율성 향상을 이룰 수 있었다. 기업과 행정에서의 데이터베이스 트랜잭션 Database Transaction과 프로세스는 이제 점점 더 효율적이고 더 저렴하게 처리될 수 있다. 아날로그 데이터는 디지털 데이터로 변환되었고, 프로세스와 모델, 시뮬레이션, 예측은 점점 일목요연해지면서 신뢰할 수 있게 되었다.

현재의 기술적 진보는 예전의 것들과는 완전히 구분되는 새로운 성격을 띠고 있다. 오늘날 기술은 자동화를 자동화하기 때문이다. 인공 지능 기반의 테크놀로지는 우리가 아는 물건들, 그러니까 전화기나 자동차, 폭탄이나 로켓처럼 좋거나 나쁜 도구가 아니다. 이제 기계들은 〈독자적〉 행동이 가능해졌고, 그로써 역사상 처음으로 〈주체〉가 되어 지금껏 예상하지 못한 가능성으로 우리의 세계 속으로 거침없이 파고든다. 기술이 우리의 삶과 동행하는지, 아니면 우리의 삶이 기술로 만들어지는지는 동일한 문제가 아니다. 그건 정말 중요한 차이다. 미래에 사물이 혼자서 능동적으로 사고해 움직이게 된다고 가정해 보자. 인공 지능은 우리의 생각을 읽는다. 의류에 부착한 센서는 사람의 땀과 체온을 파악해 감정 상태로 전환해서 상업적 기업에 넘긴다. 얼굴과 목소리, 구매 행태도 감시 카메라의 눈을 벗어날 수 없다. 주식과 화폐, 보험, 개인연금도 초단타 매매에 사용되는 알고리즘에 의존한다. 정말 말 그대로 인간의 모든 것이 상품화될 수 있으며, 이는 상상을 뛰어넘는 매출과 이윤을 약속한다.

21세기가 시작하고 20년이 지나는 동안, 우리는 경제 분야에서 발생한 일을 지금도 제대로 이해하지 못하고 있는 듯하다. 제2차 기계 시대는 점점 강력해진 컴퓨터를 통해 디지털의 가속화와 글로벌 커뮤니케이션, 경제적 효율성의 제고만 낳은 것이 아니라 구글과 페이스북, 아마존, 그리고 부분적으로 애플 같은 기업들을 통해 완전히 새로운 형태의 경제를 세상에 불러들였다. 이른바 플랫폼 자본주의는 자유주의적 경제에 혁명을 일으키고 예전의 규칙을 싹 바꾸어 버림으로써 이제는 자유주의 경제나 자유 시장이라는 말조차 무색할 지경이 되었다. 다들 알고 있듯이 현재 몇몇 소수 기업이 가장 중요한 시장의 대부분을 지배하고 있을 뿐 아니라 그 기업들 자체가 시장이 되어 버렸기 때문이다.[25]

오늘날 소비자에게 상품을 팔려면, 페이스북이나 구글에 광고를 올리는 행위는 거의 필수적인 일이 되었다. 세상에서 가장 큰 온라인 시장을 만든 기업은 아마존이다. GAFA(구글, 아마존, 페이스북, 애플) 중에서 주요 하드웨어 제품(스마트폰)의 생산자는 애플이 유일하다. 반면에 다른 기업들은 고전적인 방식, 즉 제품을 생산함으로써 성장한 것이 아니라 플랫폼을 제공하거나 구글처럼 검색 엔진을 제공함으로써 비약적으로 성장했다. 플랫폼의 중요성과 함께 이 기업들은 스스로 시장이 되었고, 수많은 제조업체는 이 시장에 참여하는 대가로 돈을 지불한다. GAFA는 예전에 포드가 어마어마한 생산 시설을 갖고 있던 것과는 달리 많은 기계를 갖고 있지 않다. 다만 그들이 소유한 것은 시장이다. 일상적인 삶으로부터 나오는 엄청난 정보가 그들의 권력을 눈에 띄게 확장시킨다. 포드가 자동차로 돈을 벌었다면 구글은 전자동 주행이 가능한 미래에 운전자와 교통 데이터로 돈을 번다. 이제는 구글의 막대한 데이터를 소유한 사람만 교통을 조망하고 조종할 수 있다. 그와 동시에 모든 운전자와 모든 운행은 정보의 양을 더욱 늘리고, 그로써 구글 지도의 서비스 질은 높아진다. 이런 상호적인 프로세스는 점점 강화되며 서비스와 플랫폼, 교통을 융합시킨다. 전자동화된 교통의 세계는 거대 기업이 만든 거대 시장이다.

이로써 세계 경제의 발전은 간명하게 다음과 같이 표현할 수 있다. 강력한 시장 참여자에서 스스로 시장이 된 거대 기업의 급속한 혁명! 이건 자유주의자들에게는 자유 시장 경제의 토대를 이루는 모든 것을 무너뜨리는 악몽이다. 심지어 사회학자 필립 슈타프는 디지털 경제를 중상주의, 즉 통제 경제에 비교했다. 다만 이번에 이득을 보는 쪽은 점점 힘이 빠지는 국가가 아니라 글로벌 민간 투자 자본이다. 이제 시장을 통제하는 것은 국가 정책이 아니라 사용자의 행동을 조종하고 사용자 스스로 정보를 만들어 바치게 하는 인터페이스, 순위 평가 시스템 Rating, 기록 추적 시스템Tracking 같은 일련의 교묘한 수단이다.

관료주의나 다른 전통적인 통제 수단 대신 알고리즘에 기반한 새로운 지배 형태에 대한 명칭은 이미 나와 있다. 위스콘신 대학교의 사회학자 A. 아니쉬는 그것을 〈알고크라시 Algocracy〉, 즉 알고리즘 지배 체제라고 불렀다. 아날로그 사건을 장차 디지털 방식으로 더 잘 통제하면서 그 영역을 확장하려면, 인공 지능의 막대한 투입은 필수적이다. 지금까지 접근할 수 없었던 인간의 내밀한 영역에서 정보를 빼내 시장에 내놓기 위해, 보건 분야건, 아니면 교통이나 〈사물 인터넷〉 분야건 인공 지능은 진격하고 또 진격하면서 영토를 넓혀 나간다. 지상의 모든 공간이 개척되고 지난 세기의 로망이던 우주와 해저 공간까지 별로 매력적으로 비치지 않자, 이제는 인간 의식을 뚫고 들어가는 길에 눈을 돌린다. 검색 엔진, 온라인 결제 시스템, 소셜 네트워크, 게임, 온라인 거래 등 지금까지 발명된 디지털 기술들은 하이테크 기업들의 야망에 견주어 보면 아직 소박하기 그지없다. 그 야망은 다음과 같을 것이다. 옷 속에 부착된 센서는 그 센서를 착용한 사람의 기분을 인지하고 스캔하고 측정한다. 또 뇌와 몸의 스캐너는 감정 세계를 샅샅이 훑는다. 온갖 형태의 충동과 미세한 감정적 움직임, 그리고 모종의 욕망까지 이제는 상업화된다.

자유 시장이 소수 거대 기업의 손안에서 놀아나는 사적 시장으로 변하는 과정을 보면서 자유주의 계열의 정치인들은 당연히 깊은 우려를 표해야 한다. 하지만 독일 자유 민주당(FDP) 같은 정당들은 터무니없게도 〈일단 디지털화부터, 의심은 그다음에〉라는 구호만 꾸준히 외치고 있다. 이유가 뭘까? 한편으론 지금까지 진행되어 온 이 과정을 제대로 이해하지 못한 것이 틀림없기 때문이고, 다른 한편으론 독일 기업도 디지털화에 동참하는 데 대한 압박이 크기 때문이다. 일각에서는 GAFA로부터 배우자고 한다. 그래야 승리하는 법을 알게 된다는 것이다. 게다가 텐센트, 알리바바, 화웨이 같은 중국 경쟁자들을 염려하는 사람도 많다. 이 기업들 역시 실리콘 밸리처럼 글로벌 벤처 캐피털로 무장한 채 거의 모든 경제 부문에 침투하고 있다. 미래의 사유화된 시장에서 살아남으려면 독일 기업도 줄기차게 업그레이드해야 한다. 그 때문에 장차 기존의 노동자들 대신 인공 지능이 처리하게 될 노동의 비율은 계속 증가할 것이다. 일단은 독일이 선도적인 역할을 하는 공업 생산에서, 다음은 은행과 보험에서, 앞으로는 행정과 서비스업에서, 그리고 언젠가는 교통 영역에서까지 말이다.

디지털화를 다룬 대부분의 책에서는 자본주의와 자본주의적 규제가 거의 언급되지 않는다. 디지털화가 마치 자연 현상인 것처럼 인간의 성취를 서술할 따름이다. 그러나 인공 지능의 발전을 이끄는 것은 앎에 대한 동경도 아니고 자연법칙도 아닌, 경제적 과정이다. 즉 인공 지능을 활용해 세계와 인간 속으로 깊이 침투하려는 목적은 인간의 삶을 개선하는 것이 아니라 이윤을 증대하는 것이다.

고도로 팽창한 경제와 이를 수반한 삶의 변화는 디지털 미래의 환상가와 대부분의 결정권자들에게는 처음부터 주어진 것처럼 지극히 자연스럽게 받아들여진다. 심지어 너무나 자명해서 그에 대한 논의도 이루어지지 않는다. 그래도 의심을 잠재우려고 기업과 경영진은 의도적으로, 또는 가끔은 무의식적으로 두 가지 이야기를 즐겨 퍼뜨린다. 목적은 둘 다 똑같다. 그들의 일이 사회적으로 받아들여지는 과정에서 문제가 되지 않도록 하기 위해서다. 그중 첫 번째 이야기는 혁신과 진보의 동일시다. 하이테크 콘체른의 선전가와 전 세계 추종자들은 자신들이 하는 일이 진보라는 사실에 추호의 의심도 하지 않는다. 그것도 인위적으로 만들어진 진보가 아니라 자연스럽게 〈찾아온〉 진보라는 것이다. 그렇다면 우리는 적응하는 수밖에 없다. 첫 번째 이야기에 따르면 모든 기술적 혁신은 자동적으로 진보이고, 우리는 그것을 멈출 수 없고, 그것을 멈추려는 시도는 실패한다.

그러나 이 이야기는 혁신과 진보의 관계를 오인하고 있

다. 두 개념은 동의어가 아니다. 둘 사이를 가르는 중요한 기준
도 존재한다. 예를 들어 종교 재판소, 스탈린주의, 기관총은 개
발될 당시에는 의심의 여지없이 지극히 혁신적이었다. 그렇다
고 그게 진보일까? 무언가를 진보라고 평가하는 것은 말 그대
로 하나의 평가일 뿐이다. 파시즘과 스탈린주의는 스스로를 명
명백백하게 진보적인 것으로 보았다. 그것도 천년 동안 지속될
인류의 미래 또는 역사의 종착점으로서 말이다. 하지만 오늘날
대부분의 사람은 다르게 본다. 당시에 아무리 새로웠다고 해도
휴머니즘의 파괴는 결코 진보가 아니라는 것이다. 새로운 것이
자동으로 옛것보다 나은 것은 아니다. 그럼에도 그렇게 가정하
는 것은 앞으로 무슨 일이 일어나든 상관없이 새로운 것이면 무
조건 진보적인 것으로 평가하는 과도한 이데올로기적 착각
이다.

　　옛것에도 당연히 가치가 존재할 수 있고, 파괴적 혁신으
로 반드시 더 나은 것이 나오지 않는다는 사실은 현재의 혁명을
지켜보는 많은 사람도 느끼고 있다. 자유 시장이 왜 몇몇 대기
업의 손아귀에 놓아나는 사적 시장보다 더 낫다고 생각해서는
안 될까? 새롭다는 이유만으로 꼭 진보라고 불러야 할까? 새롭
지만 자세히 들여다보면 오히려 역행하는 것도 있지 않을까?
오늘날 온라인 거래는 도심 문화의 진보일까? 혹시 다채로운
도심 문화의 상실은 아닐까? 온라인 거래를 통해, 그리고 언젠
가는 완전히 자동화된 냉장고를 통해 인간이 점점 더 편리해지
는 것이 과연 진보일까? 오프라인 쇼핑도 만남과 교류의 장으

로서 매력이 있지 않을까? 자율 주행차가 장기적으로 교통사고 사망률을 떨어뜨릴 거라는 전망이 아무리 그럴싸하더라도 꼭 그 방법밖에 없을까? 자동차 주행 자체를 줄여도 교통사고 사망률은 떨어질 수 있다. 수많은 방법 중 하나에 불과한데도, 교통사고 사망률을 줄이기 위해 자율 주행차를 개발한다는 말만 앵무새처럼 계속 읊조린다.

　지속적인 진보에 대한 열정은 그게 옳든 옳지 않든 이미 우리 사회와 떼어 놓을 수 없는 것이 되었다. 방금 도달한 것에 대해서도 불만을 갖게 되는 것이 바로 자본주의의 속성이기 때문이다. 심리학적·생태학적 측면에서 보면, 그건 우리 문화의 병리학이다. 이 대목에서 하인리히 뵐의 멋진 단편 소설 「일할 의욕을 떨어뜨리는 일화*Anekdote zur Senkung der Arbeitsmoral*」(1963)가 떠오른다. 한 여행객이 지중해 연안의 항구에서 꾸벅꾸벅 졸고 있는 어부에게, 왜 부지런히 바다에 나가 물고기를 잡아서 작은 어부의 왕국을 만들 생각은 하지 않고 졸고만 있느냐고 묻는다. 그러자 어부는 왜 그래야 하느냐고 되묻는다. 여행객은 그래야 햇볕을 쬐며 편안히 잘 수 있다고 답한다. 그러자 어부는 태연히 툭 내뱉는다. 자신은 지금 벌써 그러고 있다고.

　이 두 가지 관점 모두 일리가 있다. 또 둘을 반드시 대립시킬 필요도 없다. 하지만 무한 성장의 이데올로기에 의심을 품으면, 매번 극단적인 대립이 벌어진다. 이때 대개 아무도 돌아가고 싶어 하지 않는 〈석기 시대〉가 반사적으로 거론된다. 만일 누군가 기술 혁신의 축복에 의문을 표하면 신속하게 그에게는 기술에 적대적인 사람이라느니 미래를 두려워하는 사람이라느니, 아니면 심지어 진보를 거부하는 사람이라느니 하는 비난이 쏟아진다. 게다가 만인이 물질적으로 풍족하게 살고 성장이 환경에 더는 피해를 주지 않으면서 진행되는 〈안정적인 상태〉를 꿈꾼 사람은 바로 19세기 중반의 유명한 자유주의 철학자 밀이었다고 말한다. 또한 〈겸손함〉이 사적 영역에서는 지금도 미덕으로 칭송받지만 경제적인 측면에서는 무능력과 부족한 야망의 증거이자, 심지어 악덕이라는 점도 상기시킨다.

여기서 이미 두 번째 이야기가 나왔다. 인간을 포함해 세상 만물을 이용하라는 지상 명령이 그것이다. 그에 따르면 인간이 자연을 유익한 것으로 전환하고, 땅을 경작하고, 가축을 키우고, 병을 치료하는 약을 개발하고, 도구와 기술로 인간 생존을 보장하고, 삶을 편리하게 만드는 일은 지극히 자연스러운 행동이다. 문제는 지구를 자신의 이익에 따라 사유화하는 것이 정말 한없이 용인되어야 하느냐이다. 자본주의 경제에서는 이 문제가 제기되지 않는다. 자본주의 본질에 맞지 않는 고민이기 때문이다. 이 경제 체제의 본성에 따르면 각각의 이용은 항상 다음 단계로 이어지는 이용을 위한 중간 단계일 뿐이다. 과거 수백 년을 돌아보면 이런 성공적인 경제 방식은 점점 극단적인 형태를 띤다. 이 체제의 목표이자 수단은 좋은 삶이 아니라 자본의 축적이다. 삶의 질에는 관심조차 없는 이 시스템에서 더 나은 삶은 그저 마케팅 수단에 지나지 않는다. 페이스북이 내건 〈세상을 더 가깝게Bring the world closer together〉라는 슬로건은 이웃 사랑이 아닌 글로벌 팽창에 대한 명령이다. 구글의 구호 〈사악해지지 말자Don't be evil〉도 이 기업의 잠재적 위험성을 고려하면 〈회사에 도움이 되는 일이라면 무엇이건 제대로 하자〉 라는 문장으로 바뀌어야 한다. 아마존의 사명 〈열심히 일하고 재미있게 살고 역사를 만들자Work hard. Have fun. Make history〉 도 늘 열악한 처우에 시달리는 그 회사 노동자들에게는 냉소적 으로 들릴 수밖에 없다. 만일 이 기업들의 관심사가 정말 이웃 사랑이고, 올바른 일이고, 역사를 만드는 일이라면 전 세계 투 자자들은 분명 그런 기업에 수십억 달러를 투자하지 않을 것 이다.

사실 그들의 유일한 관심사는 경제적 이익이다. 더 많은 매출을 올려 더 많은 돈을 벌자는 것이다. 그런 기업들과는 달 리, 우리는 다른 형태의 이익에 대해서도 안다. 예를 들어 도덕 적 이익, 정치적 이익, 사회적 이익, 미적 이익 같은 것들이다. 물론 자본주의 경제에서는 모두 하위에 속하는 이득이다. 카를 마르크스는 『자본론Das Kapital』에서 자본의 속성에 대해 다음 과 같이 적확하게 설명했다. 〈자본은 (……) 천성이 원래 겁이 많아 혼란과 다툼이 있으면 도망친다. 이건 맞는 말이긴 하지만 완전한 진실은 아니다. 자본은 이윤이 아예 없거나 아주 적은 것을 두려워한다. 자연이 텅 비어 있는 것을 두려워하듯이 말이 다. 만일 이윤이 보이면 자본은 대담해진다. 10퍼센트의 이윤이 확실히 보장되면 자본은 어디든 움직이고, 20퍼센트면 활기를 띠고, 50퍼센트면 적극적으로 뛰어들고, 100퍼센트면 인간의 법 따위는 모두 무시해 버리고, 300퍼센트면 교수형의 위험이 따르는 범죄라도 모험을 마다하지 않는다. 혼란과 다툼이 이윤을 불러온다면 그것도 격려하고 부추기는 것이 자본이다.)[26] 자본주의 역사를 시초부터 오늘날까지 추적해 온 사람이라면 여기에 더 보탤 말은 없을 듯하다.

서구의 자본주의와 중국의 국가 자본주의는 디지털화의 핵심 동력이다. 이 사실이 인공 지능 같은 테크놀로지의 가치에 대해 말해 주는 것은 없다. 다만 그것은 테크놀로지 자체에서 투입 영역으로 시선을 옮기게 하고, 그에 대한 이유를 살피게 할 뿐이다. 여기서 테크놀로지와 테크놀로지의 적용이 어떻게 일반적인 경우처럼 분리되지 않고 마치 유기적으로 결합된 것처럼 보이는지 관찰하는 것은 퍽 흥미롭다.

하이테크 기업들의 테크놀로지는 원칙적으로 항상 효율적이고 진보적이다. 그러나 효율성과 진보는 그 자체로 당연한 목표가 아니라 각각 그 문맥 속에서 이해되어야 한다. 두 개념은 야생 환경에서 생겨난 것이 아니다. 자연에서는 효율성을 꼭 장점으로만 볼 수 없다. 효율성은 다른 가치들을 잘 몰라서 수단을 목표로 설명하는 것 말고는 다른 생각이 떠오르지 않는 사람들이 총애하는 가치일 때가 너무 많다. 게다가 효율성은 더 많이, 더 빨리, 더 높이, 더 멀리를 위한 필수적인 주문도 아니다. 폴란드 작가이자 철학자 스타니스와프 렘의 말을 빌리자면, 해조류가 햇빛에서 에너지를 얻는 능력은 독수리가 멋지게 하늘을 비행하면서 힘들게 토끼를 잡는 능력보다 수천수만 배는 더 효율적이다. 이렇듯 고도로 발달한 생물일수록 일반적으로 더 비효율적이다.

인간 사회에서 효율성을 추구하는 것은 결코 자명한 일이 아니다. 우리는 와인을 효율적으로 마시지 않는다. 사람들이 좋아하는 축구도 효율적이지 않다. 축구는 90분 동안 열심히 슈팅을 날리지만 상대 팀 골문으로 공이 들어가는 일이 드문 경기다. 이를 좀 더 효율적으로 만들려면 손을 사용하거나 좀 더 많은 선수들을 투입하거나 골문을 넓히면 된다. 그러나 사람들은 끊임없이 골이 들어가지 않는 실패의 예술에 열광한다. 그런 실패가 없다면 골의 가치도 없다. 게다가 효율성을 모두 긍정적으로 볼 수도 없다. 예를 들어 효율적인 범죄나 급진 정당의 효율적인 정치적 선전은 바람직하지 않다. 어떤 목표가 효율적이냐 하는 문제도 대답하기 어렵다. 반드시 국내 총생산을 높이는 것이 효율적일까, 아니면 그것을 포기하는 것이 장기적으로 사회에 더 효율적일까? 이처럼 〈진보〉와 〈효율성〉은 무척 까다로운 개념이다. 게다가 우리가 도달하려는 목표가 긍정적이고 현명한 것이라는 사실을 전제로 한다. 진보와 효율성의 제고는 그 자체만으로는 의미가 없다. 이 개념들 자체를 목표로 삼는 것은 이데올로기다. 즉 인간이 무엇이고, 무엇이어야 하는지에 대한 하나의 일방적인 시각이다.

진보와 효율성에 대한 요구는 자연이 아닌 경제의 규칙에서 비롯되었다. 만일 그 중심에 인간이 서 있었다면 평온과 관용, 영혼적 힘의 균형, 깨어 있는 감각 같은 삶의 질도 함께 떠올랐을 것이다. 이것들은 고대 그리스뿐 아니라 극동아시아 문화권에서도 자주 발견되는 가치로서 많은 이들에게 효율성과 가속화보다 더 중요한 욕구로 여겨진다. 오늘날에도 〈더 빨리!〉를 원하는 사람만큼이나 〈더 느리게!〉를 원하는 사람도 많다. 그들은 인간적인 냄새가 나지 않는 기술적 해결책 대신 자신에 대한 더 많은 공감과 이해를 원하고, 팽창보다 인정을 구한다.

굉장히 효율적이고 합리적인 미래 세계에 관한 이 두 가지 이야기는 우리가 생각하는 것보다 더 취약하다. 수단과 목표는 장기적으로 동일시될 수 없기 때문이다. 현재와 미래의 생태 위기를 고려하면 더더욱 그렇다. 무조건적인 성장이라는 이데올로기와 삶의 토대 파괴라는 현실은 점점 멀리 떨어져 표류하고 있다. 이 둘은 미래 세계에 적응하기 위해 빨리 기계와 비슷해져야 하는 인간에게는 더더욱 어울리지 않는다. 하지만 인간이 거기에 맞춰야 할까? 이 비전은 인공 지능의 저명한 환상가들의 머릿속에 실제로 존재하고 있다.

문화는 스스로에게 말하고 앞으로도 계속 말해 나갈 이야기들이다. 지구가 오직 인간에 의해서만 사용될 수 있도록 만들어졌다는 이야기는 그리스 로마 시대 스토아학파의 유산으로서 나중에 초기 기독교로 흘러들었다. 기술을 통한 무조건적인 진보에 대한 이야기는 중세 후기 로저 베이컨에 의해 탄생했다. 17세기 초 그와 성이 같은 프랜시스 베이컨이 그것으로 이데올로기를 만들기 전에 말이다. 어쨌든 그와 함께 고대인들의 총체적인 지혜는 자연 과학의 진격과 만물의 기술적 사용에 자리를 내주고 사라졌다. 인간에게는 자신의 한계를 극복할 사명이 주어져 있다는 이야기는 이탈리아 르네상스 시대에 발명되었다. 이탈리아 북부와 중부 도시들이 쟁취한 상업의 자유는 행위의 자유를 이끌었다. 그렇다면 한계는 어디에 있을까? 아니, 한계가 있기는 한 것일까? 신에 대한 믿음을 버리고 돈에 대한 믿음으로 돌아선 인간이 현재는 물론 미래에도 가능한 모든 것을 할 수 있고, 또 해도 되는 것일까?

    이런 상황에서 인간이 무엇이냐는 질문에 대한 확신에 찬 글들이 쏟아진다. 솔로몬의 말처럼 인생은 불행과 저주일까,

아니면 영광과 축복, 자유일까? 인간 존엄성을 다룬 수많은 사상가들 중에서 가장 열정적인 인물은 지아노초 마네티였다.[27] 그는 1452년에 이렇게 쓴다. 〈인간은 하늘에서 내려온 천사이자, 세계의 자유로운 설계자이자, 창조자이고, 예술가이다.〉 인간의 길은 점점 더 높은 곳을 향하고, 문화는 점점 더 화려해진다. 르네상스 도시들의 웅장함은 교회에 대한 도전과 모독이 아니라 인간에 내재한 신성(神性)의 표현이다. 이로써 속세의 모든 번다한 활동과 과시욕, 자기표현뿐 아니라 폭발적으로 성장한 금융 산업에도 정당성이 부여된다. 그로부터 34년 뒤 젊은 이탈리아 귀족 조반니 피코 델라 미란돌라는 한 걸음 더 나아간다.[28] 그는 인간을 속박하는 도그마적인 모든 종교를 비판하면서 각 교리의 공통적인 참된 핵심을 드러내고자 한다. 인간의 신성에 대한 믿음이 그것이다. 인간은 신에 의해 확정된 존재가 아니라 스스로 만들어 나가는 존재이다. 그에 따라 품위 있고 자유롭게 결정을 내리고, 자기 자신을 실현해 나간다. 인간은 정신적으로 명확하고 맑아질수록 동물적 속성을 극복하고 초월한다. 그로써 인류는 지상 세계에서 점점 신적인 영역으로 높이 올라간다. 물론 마네티가 말한 것처럼 상업과 변화, 교량, 궁전 같은 것을 통해서가 아니라 관조와 고도의 정신적인 삶을 통해서다.

　인간이 본성에 따라 더 높은 곳을 지향한다는 것은 인본주의의 핵심이다. 인간은 자유로울수록, 그리고 역동적으로 발전할수록 중세 교회의 좁은 교리적·도덕적 틀에는 맞지 않기 때문이다. 그렇다고 해서 마네티와 피코가 교회에 속박된 인간을 기술적 수단으로 극복하려 하지는 않았다. 그들은 인간이 문화적·정신적 발전을 통해 천사나 신적이 존재가 될 수 있다고 믿었다. 게다가 인간에게는 애초에 최적화가 필요 없다. 인간은 이미 그 자체로 신의 모사이기 때문이다. 인간에게 부족한 것은 자기 속의 신성을 인지하는 것이다. 피코가 인간의 극복에 대해 말했다면, 그건 기술적인 조종이 아닌 인간 정신의 자유로운 발산을 뜻한다.

인간은 자기 자신을 자유롭게 만들어 나갈 수 있고, 더 고결한 존재로 발달할 수 있다는 이 이념에 기댄 목적론은 신학과 분리된다. 마네티와 피코는 기독교 신자였지만, 구원과 인간 완성에 대한 그들의 이념은 인간의 내면을 향해 있었고, 거기선 신의 개입이 더 이상 필요 없었다. 대신 인간이 자기 자신의 주인이 되었다. 이로써 완벽함에 대한 생각이 뿌리를 내렸고, 인간에게는 더 완벽해지라는 주문이 떨어졌다. 그런데 어떤 길이 인간을 완벽하게 이끌지에 대해선 의견이 갈렸다. 장 자크 루소는 무엇보다 열정, 섬세한 영혼적 움직임, 감각을 가꾸어 나가야 한다고 생각한 반면에 프리드리히 실러는 창조적으로 자기 자신을 넘어서려면 인간에게 미적 감각을 〈교육해야〉 한다고 생각했다. 바뤼흐 스피노자, 피에르 벨, 칸트 같은 철학자들은 인간을 더 나은 존재로 만들려면 무엇보다 이성을 벼리고 자기 성찰의 길로 나아가야 한다고 믿었다.

계몽주의 시대에 접어들면서 경계가 모호해졌다. 자신을

닦아 나가는 주체가 개인일까, 아니면 거기에 인류도 포함될까? 〈인류〉는 고대 그리스 로마 시대에는 낯선 개념이었다. 따라서 완벽함 역시 개인에 대한 주문이었다. 생물학이 개선되면서 판도가 바뀌었다. 칼 폰 린네의 생물 분류법, 조르주 루이 르클레르 드 뷔퐁 백작의『자연사Histoire naturelle, générale et particulière』, 장 바티스트 라마르크의 생물학, 조르주 퀴비에의 동물학과 함께 철학자들도 인간을 종으로 보기 시작했다. 이로써 생물학적으로 명확하게 경계를 짓고 분명하게 정의 내릴 수 있는 단위로서의 인류, 즉 호모가 갑자기 계몽주의 시대에서 사유의 중심으로 떠올랐다. 린네가 호모 사피엔스에 관해 정의를 내린 지 6년 뒤 스위스 철학자 이자크 이젤린은『인류사에 대한 철학적 추정 Philosophische Muthmassungen über die Geschichte der Menschheit』 (1764)을 내놓았고, 괴팅겐의 철학 교수 크리스토프 마이너스는『인류사 개요Grundriß der Geschichte der Menschheit』(1785)를 집필했다. 극작가 고트홀트 에프라임 레싱은 〈인간 종〉을 교육시키려 했고, 작가이자 문화 철학자인 요한 고트프리트 헤르더는 방대한 작품『인류사에 관한 이념Ideen zu einer Geschichte der Menschheit』을 출간했다. 자연 연구자이자 계몽주의자 요한 게오르크 포르스터는『국가 경영과 인간 행복의 관계Über die Beziehung der Staatskunst auf das Glück der Menschheit』를 숙고했을 뿐 아니라 시선을 미래로 돌려『미래 인류 역사에 관한 실마리 Leitfaden zu einer künftigen Geschichte der Menschheit』를 발표했다.[29] 교육학자 카예탄 바일러는 〈일반적이고 영속적인 인간의 고결화)를 꿈꾸었고, 다음 작품에서 현재와 미래의 인류를 성찰했다. 『현재와 미래의 인류: 현재에 대한 우리의 판단과 미래에 대한 우리의 희망을 바로잡는 요강 *Ueber die gegenwärtige und künftige Menschheit: Eine Skizze zur Berichtigung unserer Urtheile über die Gegenwart und unserer Hoffnungen für die Zukunft*』(1799)이 그것이다.

프랑스 계몽주의 철학자 니콜라 드 콩도르세 후작은 전체 〈종〉으로서의 인류를 개선하고자 했다. 그는 『인간 정신의 진보에 관한 역사적 개요 *Esquisse d'un tableau historique des progrès de l'esprit humain*』(1796)에서 과학이 새로운 나침반 역할을 해준다면 만인을 위한 찬란한 미래가 펼쳐질 거라고 예언했다. 합리성과 논리학, 연구와 교육이 인간의 지적·도덕적 기질을 완성시키리라는 것이다.

콩도르세의 낙관주의는 이른바 〈이데올로그〉라고 불리던 젊은 지식인층에 불을 지폈다. 그들은 인간의 본성에서 출발해서 인간에게 가장 잘 맞는 이상 사회로 이끄는 정치 도덕 과학, 즉 보편 과학을 열망했다. 지금껏 사변과 자의성, 전통, 우연이 자리하고 있던 곳에 역사상 처음으로 〈과학〉이 들어섰다. 그와 함께 인간의 모든 관심사, 그중에서도 특히 인간의 사회적·경제적 욕구를 선입견 없이 연구하면 인간에게서 유례없는 최고의 성과를 내게 할 수 있다는 믿음이 생겼다. 여기서 프랑스 섬유 공장의 주인이자 투기꾼이던 장 바티스트 세라는 인물을 통해서 인간 완성에 대한 요구가 처음으로 경제와 만난다.

그에 따르면 인간의 감정과 행동을 철저히 연구하면 부(富)가 됐건, 아니면 가치나 사회적 접착제가 됐건 만들어 낼 수 있다.

인간 심리에 대한 이런 〈객관적〉 조사는 값비싼 대가를 치러야 했다. 계몽주의의 근본 가치인 자유를 뿌리째 흔들어 놓았기 때문이다. 바로 여기에 〈이데올로그들〉의 〈맹점〉이 있었다. 만일 인간의 행동을 예측하고, 그로써 조종까지 가능할 정도로 인간 심리를 정확히 조사할 수 있다면 통치자는 당연히 본인이 원하는 대로 인간을 조종하려 들 것이다. 20세기의 행동주의, 인공두뇌학, 그리고 넛지(원하는 행동을 얻으려고 팔꿈치로 슬쩍 찌르듯이 부드러운 자극을 주는 것)를 동원한 행동 경제학의 출발점이 여기에 있다.

조종과 통제라는 이상의 가장 열렬한 대변자는 프랑스 엔지니어이자 철학자인 오귀스트 콩트였다. 그에게 사회학의 목표는 문제 해결이었다. 그것도 지금껏 철학이 알지 못했고, 원하지도 않았던 전방위적 차원으로 말이다. 개인의 자유는 관심의 대상이 아니었고 오직 전체로서의 사회만 중요했다. 콩트의 관심사는 인간이 어떤 존재인지, 그리고 어떻게 인지하고 어떻게 행동하느냐가 아니었다. 그의 관심사는 인간의 작동 방식이 무엇이냐에 있었다. 막 동트는 기계 시대는 자기 욕망에 맞게 사회적인 것의 과학, 즉 사회 과학을 만들어 냈다. 그와 함께 무엇이건 만들어 낼 수 있다는 가능성에 대한 무조건적인 믿음도 태동시켰다. 심리학도 좋은 식으로든 나쁜 식으로든 대중을 움직이게 하는, 사회 심리학적 측면에서만 관심의 대상이 되었다. 파리 같은 도시도 그 냉철한 시각 속에서는 아주 복잡하면서도 독특한 기계에 지나지 않았다. 프로그램의 목표는 프로그래밍이었고, 정치의 목표는 조종이었다. 심지어 사랑이나 종교 같은 형이상학적인 것조차 전체의 기능에 이바지할 때만 의미가 있었다.

〈실증주의자〉 콩트는 조종과 엄격한 통제가 자유라는 시민적 가치와 배치된다는 사실을 기꺼이 감수했다. 사회 전체를 순조롭고 안전하게 돌리는 것이 그보다 더 중요했기 때문이다. 따라서 어떤 것에도 굴하지 않고 미래로 나아가는 사람은 개인의 욕구를 배려해서는 안 된다. 그건 스탈린주의, 마오쩌둥 사상, 국가 사회주의의 생각도 같았다. 무조건적인 진보는 적응과 복종을 요구한다. 창의성도 진보의 이상과 맞을 때만 좋은 것이고, 다른 창의성, 예를 들어 대안에 대한 창의적인 생각은 진보에 방해만 될 뿐이다.

진보의 폭압적 강요는 훗날 생물학으로부터 재차 수혈을 받으며 야만의 정점에 다다른다. 인류를 집단, 종, 인간 종족, 또는 민족의 몸Volkskörper으로 이해하는 것을 넘어 19세기 후반에는 〈배양〉의 이념까지 등장한다. 다윈이 이름 붙인 성 선택, 즉 번식할 상대를 고르는 일은 상호 매력의 룰렛 게임이다. 이 게임에서는 아름답고 부유하고 강하고 건강한 자들이 밋밋하고 가난하고 약하고 병든 자들보다 번식에 성공할 가능성이 더 크다. 관건은 그런 마땅한 상대를 찾는 일이다. 인류를 한 단계 더 고결한 종으로 업그레이드하려면 사육사가 비둘기와 개, 말을 개량하듯이 그 번식 과정을 엄격하게 통제하는 수밖에 없다. 이런 사회 다윈주의적 저술들은 영국과 프랑스, 독일에서 유행한다. 〈건강 유전자론〉이 발명되고, 〈후생학 프로그램〉이 개발되고, 〈인종 배양〉이 공공연히 거론된다. 이 이념들은 나치 범죄이후에는 인류사의 어두운 뒷골방으로 내쳐졌지만, 그럼에도 오늘날까지 특히 니체의 말년 저서 속에서 여전히 살아 있다. 천재적인 예술가이자 인류의 사도로 여겨지는 이 철학자의 후광에 힘입어 사람들은 이 이념을 독극물이 아닌 도발적인 인류의 문화 자산으로 간직한다. 〈초인〉과 인간의 관계가 인간과 원숭이의 관계와 비슷하다는 이 이념은 지극히 비정상적인 나치의 목록에 있는 것이 아니라 그 불쾌한 환상가의 머릿속에 있다. 〈나는 너희에게 초인을 가르치노라. 인간은 극복되어야 할그 무엇이다. 너희는 그것을 극복하기 위해 무엇을 했는가? (……) 인간에게 원숭이는 무엇인가? 웃음거리 아니면 뼈아픈수치다. 초인에게 인간이 그렇다. 웃음거리 아니면 뼈아픈 수치다. 너희는 벌레에서 인간으로의 길을 걸었고, 그렇기에 너희속에는 아직도 많은 벌레가 남아 있다. 예전에 너희는 원숭이였다. 지금도 인간은 어떤 원숭이 한 마리보다 더 원숭이다. 너희중에서 가장 현명하다고 하는 자도 식물과 유령의 불화이자 잡종에 지나지 않는다. 그렇다고 내가 너희에게 유령이나 식물이되라고 해야 할까? 보라, 나는 너희에게 초인을 가르치노라! 초인은 대지의 뜻이다. 너희의 의지로 말하라. 초인은 대지의 뜻이라고!〉[30]

우울증을 앓고 사회적으로도 실패한 그 병약한 철학자
는 스위스 엥가딘에서 사회 다윈주의적 저술과 인종주의적 책
을 읽으면서 기운을 얻고 감동했다. 그때 그의 내면에서 실제로
어떤 일이 벌어졌는지는 누가 정확히 알 수 있겠느냐마는 분명
한 건 있다. 니체를 평생 짓눌러 온 절망과 과도한 요구, 삶에
대한 불안이 이 냉혹한 텍스트들로 가벼워지고, 고단한 현실이
물러가고, 찬란한 미래가 눈에 보였다는 것이다. 그는 이 책들
을 1880년대에 읽었다. 서유럽이 한창 인간성의 새로운 발현
을 위해 자본주의를 어떻게 문명화할지(사회 자유주의), 혹은
어떻게 철폐해야 할지(사회주의)를 두고 격하게 대립할 때였
다. 이런 상황에서 사회적 문제를 오직 생물학적 문제로만 설명
하고, 인간성 대신 배양과 선택, 초인의 개념으로만 상상의 나
래를 펼친 것은 모든 변종 가운데 최악이며 비인간적인 변종이
었다.

　　니체의 이 이념은 실제적인 문제를 회피하고 사회적 갈
등으로부터 도망쳐, 판타지 속에서 새로운 지배 인종의 출현에
감동하는 한 패배자의 뻐딱한 열정과 별로 다르지 않다. 지금도
모든 초인 이념은 불안에 떠는 이들의 도피구로써 특히 현실적
이해 갈등과 불예측성, 과반 획득의 어려움, 난감한 설득 작업,
고차 방정식처럼 복잡한 정치적 상호 작용 때문에 골머리를 앓
는 사람들을 매료시켰다. 그 이념을 받아들이면 세계는 종합적
으로 아주 단순해지고, 현대의 복잡성은 획기적으로 감소한다.
처음에는 생물학에서, 다음에는 철학에서, 그리고 20세기 후반

부터는 무엇보다 사이언스 픽션에서 말이다. 과학 기술적 유토
피아와 디스토피아는 현실과 관련된 정치적 유토피아를 점점
변두리로 내몰고 그 자리를 판타지로 채운다.

테크놀로지 유토피아주의는 진보에 대한 열정과 인간을
종으로 보는 시각, 이 두 가지 요소가 디지털 자본주의 속으로
진입하고 점점 더 급속하게 자본주의를 밀어붙이면서 본격적
인 비상을 시작한다. 우리의 내밀한 영역에 대한 침범과 측정은
초인 판타지에 새로운 가능성만 열어 준 것이 아니다. 테크놀로
지 유토피아주의는 자본이 팽창할 수 있도록 한다. 오늘날 하이
테크 환상가들 사이에서 유행하고 있는 세계관인 트랜스휴머
니즘*과 포스트휴머니즘**은 과거의 이데올로기를 미래의 경제
적 이익에 맞춘다. 인간의 내밀한 영역, 그리고 인간의 감정과
생각 속으로 점점 깊이 들어가 그것들을 상업적으로 이용하려
면 그에 대한 정당성이 필요하기 때문이다. 이 정당성에 꼭 필
요한 것이 새로운 인간상이다. 다시 말해, 우리가 인간의 자유
와 존엄이라는 전통적 가치를 희생시킨다면, 그것은 과거에 콩
트가 그랬듯이 더 높은 목적, 즉 인류를 위한 위대한 발전을 위

* Transhumanism. 미래의 인공 지능에 지배당하지 않으려면 과학 기술로 인간의
정신적·육체적 능력을 기계에 버금갈 정도로 향상시켜야 한다고 믿는 지적·문화적
신념.

** Posthumanism. 인간은 진화의 정점이자 세계의 중심이기에 다른 모든 생명체와
지구 자원을 무한정으로 사용해도 된다는 휴머니즘적 세계관을 부정하면서, 미래에는
많은 영역에서 인간을 훌쩍 뛰어넘는 인공 지능의 틀 안에서 또 다른 삶이 펼쳐질 거라
고 믿는 신념. 여기서 인간은 중심에서 주변부로 밀려나 기계에 종속된다.

해서라는 것이다. 인간을 최종 목적이 아닌 진보의 수단으로 이해하는 실증주의적 세계관은 미래를 위해 과거의 휴머니즘을 몰아내야 한다.

이 모든 생각은 얼마나 진지할까? 실리콘 밸리의 디자이너 사무실이나 몬테소리 파라다이스(놀이 공간과 채식 바가 있다)를 지나가다 보면 인류를 최적화하려는 트랜스휴머니스트나 인공 초지능으로 인류를 극복하려는 포스트휴머니스트는 어디서도 찾을 수 없다. 기껏해야 많은 무신론자나 불교도 또는 일부 카발라(유대교 신비주의) 신도나 만날 뿐이다. 이들은 대부분 자기 분야에서 능력을 인정받고 많은 돈을 벌며 똑똑하고 다정하다. 이 전 세계 젊은이들에게 레이 커즈와일 같은 하이테크 환상가의 이름을 대면서 의견을 물어보면, 많은 사람이 싱긋 웃거나 손을 내젓는다. 그런 사람의 열광적인 팬이라고 말하는 사람은 일부에 지나지 않는다.

디지털 자본주의는 무척 다정한 미소와 구글 폰트처럼 천진난만한 표정, 과거 자유 독일 청년당(FDJ)*의 젊은 선구자들처럼 순진한 진보 낙관주의를 품고 있다. 구글의 마운틴 뷰와 페이스북의 멘로 파크, 애플 파크, 시애틀의 아마존 스피어에서는 휴머니즘 세계상과 모든 인간을 자극과 반응의 메커니즘으로 보는 행동주의 세계상 사이에서 담판을 지으려는 시도는 전혀 보이지 않는다. 테크놀로지의 본산들에서는 영국의 정보 공학자이자 예술가 제임스 브리들이 예고한 〈미래의 종말〉을 품

* 동독의 지배 정당이던 독일 사회주의 통일당 산하의 청년 조직.

은 〈새로운 암흑시대〉는 예감할 수 없다.[31] 그들은 자신들은 인류를 위해 일한다고 말한다. 그것도 인류에게 최상의 것을 안겨주길 원한다고 말이다. 디지털화의 선봉에 선 사람들, 즉 IT 기업의 CEO와 CTO(최고 기술 경영자), 프로그램 개발자와 연구자들은 기회만 되면 〈인간이 중심에 있다〉고 강조한다.

그런데 어떤 인간을 말할까? 인간이 무엇이고, 우리는 미래에 어떤 인간이 되고 싶고, 어떤 인간이 되어야 하는지는 누가 판단할까? 디지털 콘체른에서 〈트랜스휴머니즘〉이나 〈포스트휴머니즘〉의 개념은 더 이상 낯설지 않다. 그들에게는 위협적인 개념이 아니라 매혹적인 발전의 개념인 것이다.

이때 눈에 띄는 점이 있다. 이들은 어떤 것에 대해선 의문을 표하지만, 어떤 것에 대해선 아예 질문조차 하지 않는다. 미래 AI 사회의 선구자들은 우리가 아는 인간에 대해 회의를 품고 있다. 이를 바탕으로 인간의 자기 이해에 대한 획기적인 전환과 의식의 무한 확장, 지능의 폭발적인 발전에 대해 이야기한다. 그러면서도 효율성과 속도의 향상, 지구뿐 아니라 심지어 우주 공간으로의 확장과 팽창에 대한 믿음처럼 별로 알맹이 없는 문제들에 대해선 의문을 표하지 않는다. 그러나 이 목표들은 그 자체로 이성적이거나 자명한 인류의 목표가 될 수 없다.

만일 오늘날 인간이 천사와 비슷한 존재가 되기 위해 스스로 극복되어야 한다면, 우리에게 그런 임무를 부여하는 것은 마네티나 피코의 이념처럼 신이나 인간의 본성이 아니라 바로 자본의 이익이다. 또한 무조건적인 진보 사회에서 미래의 패권을 장악하는 것은 콩트의 경우처럼 국가가 아니라 하이테크 콘체른과 기계들이다. 그럼에도 현재의 기술이 우리를 구원할 거라는 판타지 역시 종교 없이는 돌아가지 않는다. 우리가 아는 현세보다 더 중요한 것은 그 이후의 시간, 즉 파라다이스이기 때문이다. 실리콘 밸리의 환상가들은 이 파라다이스에서 인간이 자신의 의식을 기계와 융합하고, 그로써 스스로 초지능이 되어 영원히 죽지 않는 상태를 꿈꾼다. 이러한 진보를 위해서는 필연적으로 삶의 토대인 자연이 파괴될 수밖에 없다는 점에서 사이비 종교의 냄새가 물씬 난다.

자본주의가 더 중요할까, 아니면 호모 사피엔스가 더 중요할까? 실리콘 밸리의 선구자들은 이 질문에 선뜻 대답하지 못한다. 의견은 하나로 모이지 않는다. 향후 몇백 년에 걸쳐 컴퓨터와 융합된 인간이 중심에 설지, 아니면 지능화된 기계 자체가 중심에 설지는 소망과 가치관에 따라 나뉜다. 여기에는 두 가지 시나리오 방향이 존재한다. 한편엔 인간 2.0, 3.0, 4.0 또는 그 이상의 버전으로 변신한 채 계속 조정되고 업데이트되는 유기체들이 존재한다. 다른 한편엔 인간이 더 이상 어떤 역할도 하지 못하는 미래가 존재한다. 애플 창업자 워즈니악이 말하는 아름답고 좋은 미래 세계에서 초지능 컴퓨터의 〈가축〉으로만 존재하는 인간을 제외하면.[32]

두 시나리오의 요체는 항상 동일하다. 오직 더 빨리, 더 높이, 더 멀리, 더 많이라는 목표하에 〈의식적으로〉 행동하는 기계들을 통해 무한대로 이용하고 최적화하고 확장하자는 것이다. 미래 세계는 폭발하는 금융 시장, 즉 지금 벌써 늘어나고 있는 비(非)장소*와 비슷하다. 전능한 인공 지능은 클라우드에서 세상을 돌아가게 하고, 어둠 속에서 일어나는 모든 것을 보고, 돈 되는 것은 모두 손아귀에 틀어쥐고, 전 세계의 돈 흐름을 쫓고, 그 과정에서 스스로를 부단히 무한한 수준으로 최적화한다. 워즈니악, 도밍고스, 커즈와일, 캘리포니아 대학교의 정보 공학자 스튜어트 러셀 같은 IT 환상가들에 따르면 이 모든 것은 머잖아 모든 삶의 영역으로 확장될 것이다.

　　목표가 정해졌다면 올바른 방법에 대한 문제가 남는다. 초지능을 만들기 위해 반드시 로봇을 제작할 필요는 없다. 트랜스휴머니스트들은 지난 수십 년 동안 프랑켄슈타인의 실험실을 꿈꾸어 왔다. 죽은 천재의 뇌를 아주 얇게 잘라 전자 현미경으로 스캔한 뒤 그 자료를 완벽한 뇌를 위한 모델로 사용하지 못할 이유가 있을까? 뇌가 일단 컴퓨터 속에 들어가면 뇌의 무한한 최적화에 걸림돌이 되는 것은 없다. 그것이 가까운 시일 내에는 불가능하더라도 언젠가 그런 일이 일어나지 않을 거라고 누가 장담하겠는가?

　　인간 배양을 꿈꾼 이들의 방법은 더 고전적이다. 그들은

---

* Non-Lieu. 프랑스의 인류학자 마르크 오제가 정립한 개념으로서 매일 수많은 사람이 쉴 새 없이 오가지만 공간 및 타인과 관계 맺지 않고 그저 스쳐 지나가는 장소를 가리킨다. 전통적인 공간과 달리 관계성, 역사성, 정체성이 상실되어 있다. 예를 들면 쇼핑몰, 공항, 지하철역, 드론으로 찍은 도시 같은 곳들이다.

1870년대 이후 인간을 유전적으로 더 건강하고 더 똑똑하게 만들려는 꿈을 키웠다. 그것도 인공 지능을 투입하지 않고 말이다. 보스트롬은 만일 배아 줄기세포에서 생존 능력이 있는 정자와 난자를 추출할 수 있다면 〈훨씬 전도유망한 배아를 이식할〉 수 있을 거라고 열광적으로 토로한다. 그리되면 경제적 능력이 있는 사람은 자기 자식의 지능을 단순히 우연에 맡기지 않을 것이다. 또한 사회적으로는 시민의 건강을 돌보는 데 드는 비용을 획기적으로 줄일 수 있을 뿐 아니라 〈평생의 기대 수익을 늘리고〉, 〈좀 더 똑똑한 노동력〉도 생산할 수 있을 것이다. 물론 보스트롬에게는 이 마지막 내용이 가장 중요해 보인다. 그는 다음과 같이 말한다. 〈이 방법이 사회적으로 받아들여지기만 한다면 가장 올바르고 유일한 해결책으로 보인다. 몇몇 국가는 적절한 속성의 선택을 통해 인력 자원의 질을 개선하고, 장기적으로는 사회의 안정성을 높이기 위해 시민들이 유전을 선택하도록 유도할 수 있을 것이다.〉[33]

여기서도 가장 중요한 것은 어떤 희생을 치르더라도 자본주의는 계속되어야 한다는 사실이다. 그러나 지능은 킨더 위버라슝* 속의 장난감처럼 정자와 난자 속에 들어 있지 않고, 부모에게 더 중요한 것은 어차피 다루기도 어려운 초지능이 아니라 아이의 좋은 성격이다. 게다가 자식을 가진다는 의미는 고도로 똑똑한 노동력을 생산하고 인력 자원의 질을 높이는 데 있지 않

* Kinder Überraschungsei. 아이들이 좋아하는 군것질거리로 계란 모양의 초콜릿 속에 자그마한 장난감이 깜짝선물로 들어 있다.

다. 특출한 지능은 노동 시장에서 항상 장점으로 작용하는 것이 아니라 단점일 때도 많다. 예를 들어 정치권에서도 아주 똑똑한 사람은 일반적으로 거의 기회를 잡지 못한다. 그런데도 그 스웨덴 환상가의 머릿속에는 이런 생각이 떠오르지 않는 모양이다.

물론 보스트롬도 유전적으로 최적화된 자본주의가 하룻밤 사이에 오지 않는다는 사실을 잘 안다. 생식 세포 계열과 유전자에 대한 개입은 21세기 후반부에나 가능할지 모른다. 그렇다면 이보다는 뇌-컴퓨터-인터페이스를 통해 목표를 달성하는 것이 경쟁력 면에서 유리해 보인다. 방대한 정보를 가공하고 더 이상 어떤 것도 잊어버리지 않기 위해 인간에게 컴퓨터의 장점을 장착하는 신체 이식 방법이 그것이다. 그런데 이들이 노동 시장에서 〈다른 경쟁자들을 능가하려면〉[34] 모든 사람이 사이보그화에 이르지 못하고, 그 과정에서 막대한 건강상의 위험이 존재하지 않을 때만 가능하다. 그럼에도 커즈와일은 인간과 컴퓨터를 융합시키는 전망에 매료되어 인간 의식의 업로드가 머잖아 이루어질 거라고 예측한다. 하지만 그리되면 인간은 집단화된 네트워크 존재, 예를 들어 영화 「스타트렉Star Trek」에 나오는 보그*처럼 하나로 연결된 매트릭스의 부품으로 전락하고 말 것이다.

비현실적인 예언으로 악명이 높은 테슬라 창업주 일론

---

* 원래 이름은 보그 컬렉티브Borg Collective로서 여왕을 중심으로 하나를 이룬 외계 군집체이다. 사이보그화된 이 집단의 구성원들은 완전한 생명체를 이루기 위해 온라인으로 연결된 채 모든 정보를 공유한다.

머스크는 2020년이면 자신의 회사 뉴럴링크Neuralink가 인간 뇌를 전극으로 컴퓨터와 연결시킬 수 있을 거라고 장담했다. 그 이유가 어처구니없다. 그래야만 인간은 인공 지능을 장기적으로 따라잡아 통제할 수 있고, 그렇지 않으면 인간의 통제에서 벗어난 인공 지능이 인류를 파괴하리라는 것이다. 이 공포에 대해서는 나중에 상세히 다룰 생각이다. 트랜스휴머니즘이 인류를 사이보그로 만들려는 이유는 이뿐만이 아니다. 또 다른 목표도 있다. 신경 질환이나 락트인 증후군*을 앓는 사람이 생각만으로 커서를 움직여 남들과 소통하는 것은 실험을 거쳐 이미 성공을 거두었다. 그런데 이 기술이 큰돈을 벌려면 의학 분야에 국한되어서는 안 된다. 하이테크 환상가들은 컴퓨터가 다운로드를 하듯 뇌에서 뇌로 생각이 전송되는 세계를 꿈꾼다.[35] 하지만 인간의 뇌를 제대로 모르고 하는 소리다. 정보가 많다고 생각이 많아지고 깊어지는 것은 아니다. 그 말이 사실이라면 감각적 자극에 더 많이 노출될수록 더 많은 생각을 해야 하는데, 실제로는 대개 그 반대다. 사고 재료와 그 재료의 처리는 동일한 것이 아니다. 그렇다고 사고 과정이 더 빨라지지도 않는다. 정보는 결코 의미와 같지 않으며 의미 없이는 생각도 없다. 더구나 의식은 지극히 개인적이다. 어떤 뇌도 다른 뇌와 똑같이 작업하지 않는다. 그렇다면 생각이 어떻게 정확히 이전될 수 있겠는가?

* 감금 증후군이라고도 한다. 의식은 있지만 전신 마비로 외부 자극에 반응하지 못하는 상태를 이른다.

4 인간에서 초인(超人)으로

81

80

머스크의 말과 같은 호기로운 예고의 배경에는 당연히 언론의 주목을 받고 싶은 압력이 도사리고 있다. 벤처 기업에 돈을 넣은 투자자는 늘 불안에 떨 수밖에 없는데, 그렇다면 수시로 그들을 안심시킬 필요가 있다. 애초에 과장된 약속의 미끼에 넘어간 사람들이기 때문이다. 다만 많은 하이테크 유토피아주의자들이 인간을 점점 더 컴퓨터처럼 생각하는 것은 단순한 과장이 아니다. 그러나 인간의 뇌는 컴퓨터에 전기를 연결하듯 피만 공급해 주면 돌아가는, 몸과 분리된 기관이 아니다. 뇌와 나머지 몸 사이에는 굉장히 섬세한 과정이 끊임없이 일어나고, 이 과정이 없으면 생각하는 것은 불가능하다. 뇌가 육신이라는 기계 속의 유령 같은 거라고 여긴 프랑스 바로크 철학자 르네 데카르트의 상상은 단언컨대 명백하게 틀렸다. 그렇다면 인간 의식을 기계 속으로 이전시킬 수 있다는 상상도 오류다. 호모 사피엔스는 몸을 떠나서는 살 수 없으며 몸을 기계로 환원하는 것은 영원한 허구다. 언어를 완전히 포기하고 뇌에서 뇌로 생각을 직접 전송하는 꿈은 거의 모든 인간관계와 사업 관계의 빠른 종말을 의미할 뿐 아니라 삶을 더 가난하게 한다. 언어를 포기하는 것은 효율성의 증가가 아니라 막대한 문화적 퇴보이자 상실이다.

모든 하이테크 지도자가 무한정으로 최적화된 몸을 21세기의 상징으로 보는 건 아니다. 트랜스휴머니스트들에 의해 최적화된 호모 사피엔스는 실리콘 밸리의 포스트휴머니스트들이 그리는 미래 세계에서는 단순히 종속적인 역할을 할 때가 많다.

그들의 구호는 〈따라가지 말고 추월하라!〉이다. 20세기 동독 정치인 발터 울브리히트가 사회주의의 우수성을 보이고자 외쳤던 구호다. 어쨌든 포스트휴머니스트들에게 초지능 기계 세계는 인간을 훌쩍 뛰어넘어 목적이 된다. 정보 공학자 위르겐 슈미트후버는 스스로 재생산하는 인공 지능이 인간을 무시하고 은하계까지 정복하는 시대를 벌써부터 기대하고 있다.[36]

인간은 무조건적인 팽창을 하기엔 너무 나약하지만 인간이 지능을 불어넣어 준 기계는 그렇지 않다. 머스크는 인류를 인공 지능 기계의 산파로 본다. 성서에 비유하자면 인류는 인공 지능의 어머니인 마리아이고, 세례 요한은 인류보다 무한히 숭고한 영적 존재의 선지자이다. 머스크는 인류는 부트스트랩 로더, 즉 운영 체제를 구동시키는 프로그램이라고도 말한다. 그것도 이 프로그램 자체보다 훨씬 위대한 무언가로 출발시키는 부트스트랩 로더 말이다. 이 위대하고 숭고한 무언가는 바로 디지털 초지능이고, 인간 없이는 결코 탄생할 수 없다. 머스크는 〈물질적 재료는 스스로 하나의 칩으로 구축될 수 없지만, 만일 하나의 복잡한 생물학적 존재로 조직화되면 스스로 알아서 칩을 생산할 수 있다〉고 설명한다.[37] 인간은 위대한 지능의 탄생에 복무하는 진화의 작은 보조 도구이자, AI 우주를 환하게 밝히기 위한 추진 장치다. 커즈와일과 보스트롬도 영혼이 깃든 기계를 꿈꾼다. 스코틀랜드 철학자이자 경제학자인 애덤 스미스가 18세기 말의 자본주의를 〈아름다운 기계〉로 묘사했다면, 포스트휴머니즘 선각자들의 뜻에 따르면 결국 실제로 남는 것은 기계뿐이다. 만일 인간이 그때까지 존재한다면 기계 지배자들에게는 개미(슈미트후버)나 가축(워즈니악)에 불과하다. 그로써 세계가 더 나은 곳이 될지는 당연히 논란의 여지가 있지만, 어쨌든 분명한 점은 있다. 그런 주장을 펼치려면 상당한 인간 혐오와 냉소가 필요하고, 실제로 그 주장을 믿으려면 그보다 더 큰 양의 물정 모르는 순진함이 필요하다는 것이다.

05   잘못 측정된 인간

오늘날 우리가 알고 있는 인간은 해결이나 구원이 필요한 문제 덩어리가 아니다. 만일 그런 인간을 획기적으로 바꾼다면 얻는 것보다 잃는 것이 훨씬 많다. 왜냐하면 그것을 시도하는 트랜스휴머니즘적 또는 포스트휴머니즘적 혁명은 인간의 본질을 이루는 요소, 즉 인간성을 감소시킬 게 분명하기 때문이다. 완전화와 냉정한 합리성, 그리고 막대한 정보의 신속한 처리는 정말 놀라운 일이기는 하지만, 그것이 인간을 원칙적으로 행복하게 해주고 인생에 의미를 부여할지는 아무리 신중하게 생각해도 개연성이 없어 보인다. 자기 자신을 점점 기계화하는 것이 목표라는 생각은 정신 나간 인간들에게나 통할 이야기다.

그럼에도 한편에선 극단적인 인간 배양론, 인간과 기계의 융합론, 〈다운로드된〉뇌 이념을 주장하는 이들이 있고, 다른 한편에선 자율적인 인공 지능의 이념을 주장하는 이들이 있다. 그들이 내세우는 목적은 오직 하나다. 인류의 문제점을 해결하겠다는 것이다. 이 목적을 위해 예전의 인간을 극복하거나, 아니면 최초의 포유류가 거대한 파충류에 밀려난 것처럼 인간이 슈퍼컴퓨터를 통해 무대 가장자리로 밀려나는 일은 인공 지능의 선지자들에게는 당연한 대가로 여겨진다. 죽음에 대한 공포로 인해 스스로 목숨을 끊는 행위와 비슷하다고 할까? 여기서 의문이 든다. 하이테크 환상가들은 인간의 어떤 문제점을 해결해야 한다고 생각할까?

이들의 말에 유심히 귀를 기울일수록, 그들이 생각하는 문제라는 것이 인류의 구체적인 문제와는 별 상관이 없음이 더더욱 분명해진다. 트랜스휴머니스트와 포스트휴머니스트들은 환경 파괴, 바싹 타들어 가는 들판, 해양 오염에는 별로 또는 전혀 관심이 없다. 분쟁과 학살, 전쟁, 그 원인들로부터도 눈을 돌리고, 매년 굶주림이나 전염병으로 죽어 가는 수백만 명의 운명에 대해서도 신경을 안 쓴다. 인간에 대한 모든 비판은 오직 하나로 모아진다. 인간이 현재 자신들의 문제를 해결하기엔 지적으로 충분치 않고 너무 비합리적이라는 것이다. 이런 판단의 기준은 인류의 모든 거대한 문제에 대해 아는 것이 전혀 없는 기계에서 비롯된다. 기계가 아주 똑똑해서가 아니라, 생명체가 아니고 몸이 없기 때문이다. 컴퓨터는 굶주리지도 않고 전쟁을 일으키지도 않고 환경을 파괴하지도 않는 반면 컴퓨터를 만든 인간은 그런 행동을 한다는 것이다. 인간은 광산에서 코발트와 콜탄, 금, 백금을 채굴하고, 그 과정에서 경악할 만큼 열악한 노동 조건을 조장하고, 부패한 정부에 뇌물을 주며, 아무렇지도 않게 아프리카의 환경을 망가뜨린다. 또 리튬을 무분별하게 채굴하려고 칠레와 아르헨티나, 볼리비아의 생태 환경을 파괴한다.

이 모든 것은 당연히 인간의 결함에 대한 증거로 해석될 수 있다. 설사 특정 인간들의 잘못된 행동, 특히 그중에서도 존재적 결함 때문에 인간을 최적화하려는 사람들의 잘못된 행동에서 비롯된 것일지라도 말이다. 사실 내면의 이기심과 우유부단함, 비합리성을 극복하고 분별력과 공동선으로 대체하고자한다면, 자기 자신에서부터 시작해야 한다. 만일 세계의 운명이더는 육체적으로 허약하고 유한하고 기회주의적이고 부정확한인간이 아닌, 지금의 금융 시장에서처럼 감정이 없고 정확한 기계들에 의해 결정된다고 해서 정말 더 나은 세상이 될까?

이처럼 인류의 문제를 해결하겠다는 주장은 기술을 통한인간의 개선, 그러니까 효율성의 관점에 따라 인간 상품을 최적화하겠다는 이념에 대한 올바른 근거가 될 수 없다. 그렇다면인간의 개선이 자연스러운 본능에 따른 것이라는 근거는 어떨까? 우리의 내면에는 스스로를 개선하지 않으려는 욕구가 뿌리깊이 박혀 있다. 개인뿐 아니라 전체 종으로서의 인류도 마찬가지다. 르네상스와 계몽주의, 실증주의의 많은 철학자들도 인간을 향해 지속적인 개선을 부르짖었다. 인류는 바람에 흩날리는나뭇잎처럼 우연의 변덕에 의해 움직여서는 안 된다. 대신 자신의 실존에 의미를 부여하는 목표를 확고하게 설정해야 한다. 풍요로움, 평화, 법치, 형제애, 자유 같은 목표들 말이다. 이런 목표를 실현하려 애쓰고, 그 과정에서 노예, 노동자, 여성, 이주 노동자로 범위를 확대하는 것이 인간 본연의 사명이다.

트랜스휴머니스트와 포스트휴머니스트들도 이 사명과자신의 생각을 연결하길 좋아한다. 그들에게도 인류의 행복은 중요하기 때문이다. 그럼에도 큰 차이를 보인다. 인본주의자들과는 달리 그들의 미래 구상에는 의미에 토대를 둔 목표가 없다. 오히려 끊임없이 중간 목표, 즉 유용성만 따진다.[38] 예를 들어 초지능 컴퓨터는 득이 되고, 인간 스스로를 점점 더 똑똑하고 건강하게 만드는 우생학은 유용하고, 기계와 인간의 융합은 인류에게 유익하다는 것이다. 하지만 어떤 목표를 위한 유익함인가? 목표를 설정하는 것은 하이테크 구루뿐 아니라 최종 목표 없이 부단한 증가만 추구하는 자본주의 이데올로기에도 무척 어렵다. 모든 것은 그저 계속 추진되고 최적화되며 완벽화의 길로 나아갈 뿐이다. 그 마지막이 어디든 상관없이 말이다. 커즈와일의 비전에서 미래는 2099년 인간과 기계의 궁극적인 융합으로 끝난다. 그다음엔 모두가 행복해질까? 그에 대한 답은 없다. 다만 〈수천 년 뒤〉 〈똑똑한 존재들〉이 〈우주의 운명〉을 결정하는, 이제껏 존재하지 않았던 가장 의미 있는 일이 펼쳐질 거라고 말한다.[39]

이런 식의 역사 철학적 이념은 근거가 부족하다. 만일 근거가 진보라면, 사람들이 어떤 점에서 그에 반대하는지 해명해야 할 뿐 아니라 진보를 찬성하는 합당한 이유도 대야 한다. 트랜스휴머니스트와 포스트휴머니스트들에게 왜 그런 목표를 좇느냐고 물으면 걷잡을 수 없는 호기심을 거론할 때가 많다. 인간의 호기심은 사실 좋은 것이기는 하지만 항상 그런 것은 아니다. 예를 들어 개구리의 배가 언제 터지는지 알아보려고 몸속에 공기를 계속 주입하는 호기심은 결코 좋지 않다. 나치 강제 수

용소에서 자행된 잔인한 인간 실험도 결국 호기심에서 비롯되었고, 여자의 치마 밑을 카메라로 몰래 찍는 남자들의 행동도 호기심에서 시작했을 수 있다. 이런 점들을 고려하면 호기심이 인간의 자연스러운 욕구라는 이유만으로 정당화될 수는 없다. 사회는 존중과 경멸의 기준으로 인간의 호기심을 평가한다. 단순히 호기심을 행위의 근거로 내세우는 것은 현실에선 용납되지 않는다. 이유에 대한 논거치고는 초라하기 그지없다.

기술 개발의 원동력은 불특정한 호기심이 아니라 새로운 사업 모델을 유도해야 할 미래 테크놀로지에 대한 특정한 호기심이다. 대학과 산업체에서 진행되는 대부분의 기술 연구는 그런 동기에서 출발한다. 돈과 이익에 대한 약속 없이는 몇몇 한갓진 구석에서만 연구를 진행할 수밖에 없다. 돈 되는 테크놀로지를 개발해 시장에서 성공을 거두려면 처음엔 트랜스휴머니즘이든 포스트휴머니즘이든, 어떤 이데올로기도 필요하지 않다. 물론 커즈와일, 머스크, 워즈니악, 보스트롬처럼 앞만 보고 달려가는 이들에게 테크놀로지 근본주의는 특정한 기술 개발의 의미와 무의미, 그리고 사회에 대한 잠재적 파장에 대한 비판적 문제를 신속히 잠재우는 데 도움이 된다. 그와 함께 인공 지능과 같은 특정 테크놀로지가 왜 추진되어야 하고, 어디에 투입되어야 하는지에 대한 문제는 더 이상 거론되지 않고, 오직 인공 지능에서 기술적으로 가능한 것은 무엇이고 얼마만큼 더 가능한지에 대한 물음만 제기될 뿐이다. 트랜스휴머니즘과 포스트휴머니즘의 이데올로기에서 〈목적〉은 처음부터 정해져 있다. 어떤 방법으로든 인류가 자신의 한계를 뛰어넘어 성장하게 하자는 것이다.

작가이자 철학자인 귄터 안더스의 유명한 표현을 빌리자면, 하이테크 선지자들은 〈불안의 문맹자〉로서 아무것도 분명하지 않은 문제들에 분명함을 부여한다.[40] 그들은 차안대(遮眼帶)*를 쓰고 있어서, 놓치는 것이 많다. 눈앞에 일직선으로 보이는 물체들과 마찬가지로 실제로 존재하는 것임에도. 그런데 차안대로 주변 사물이 가려짐으로써 전방을 향한 시선은 더욱 선명해진다. 하지만 이는 다양한 가능성과 기회, 길들을 보지 못하게 만들어 지금 자신의 환경을 전체적으로 보지 못하게 된다. 차안대가 효율적으로 의지를 형성할수록 전체를 조망하고 생각을 적절히 배치하는 일은 점점 비효율적으로 변한다.

트랜스휴머니즘과 포스트휴머니즘에서 세 가지 문제점을 간략하게 지적하면 다음과 같다. 첫째, IT 구루들이 말하는 〈인간〉은 대체 누구인가? 둘째, 그 뒤에는 인간의 삶에 관해 어떤 사회학적 관념이나 이론이 숨어 있는가? 셋째, 지금의 심각한 생태학적 도전을 어떻게 생각하는가?

인류에게는 역사 철학적 전망을 내세우고, 개인에게는 지상 또는 우주에서의 더 많은 행복을 약속하는 사람은 일반적으로 인간에 대한 이해의 폭이 아주 넓어야 한다. 지금 그들이 이해하는 폭보다 한층 더 넓게 말이다. 사실 인간 심리에 대해

---

* 경주마의 양쪽 눈 가장자리에 부착한 눈가리개로, 좌우 시야를 차단해 불안감 없이 앞만 보고 달리게 하는 장구.

조예가 깊은 전문가들은 대체로 미래 예측을 꺼린다. 행복한 미래에 대한 전망이 급격할수록 개인적인 소망과 애착, 불안을 가진 인간 개개인은 점점 상처를 입고 뒷전으로 밀리기 때문이다. 실증주의, 스탈린주의, 마오쩌둥 사상, 국가 사회주의, 그리고 모든 종교적 근본주의에서도 마찬가지였다.

트랜스휴머니즘과 포스트휴머니즘의 환상가들도 바로 이 문제에 직면해 있다. 한편으로 개인의 행복은 촉진되어야 한다. 트랜스휴머니즘에서 개인은 끊임없이 최적화되고, 그로써 표면적으로 더 행복해진다. 포스트휴머니즘에서는 전능한 기계의 귀여운 애완견이 된다. 다른 한편으로 이들이 초점을 맞추는 건 종(種)으로서의 인간, 즉 호모 사피엔스다. 문제는 개인과 종이 같지 않다는 사실이다. 종으로서의 인류는 개별 욕망으로 무장한 개인들의 총합이 아니다. 또한 개인은 매일 스스로를 호모 사피엔스 종의 개별 표본으로 인지하지도 않는다. 나 자신이 영장류 중 인간의 전형적인 몸을 갖고 있고, 인간적인 욕망을 품고, 생식력이 있고, 몇몇 전형적인 인간 영장류의 행태를 보인다고 해서 이런 생물학적 특성이 곧 나의 정체성을 이루는 것은 아니다. 오히려 늘 스스로를 특별한 존재로 꾸미고 타인들과 구별하는 행동 속에서 나 자신을 느끼고 정체성을 확인한다. 게다가 가족의 운명도 무척 중요하다. 피붙이이자 자신이 사랑하는 사람들이기 때문이다. 그에 비하면 인류의 미래 운명은 상대적으로 크게 중요하지 않다. 스코틀랜드 출신의 철학자 데이비드 흄은 말한다. 〈인류의 멸망보다 내 손가락 하나 다치는 걸 더

05 잘못 측정된 인간

91

90

걱정하는 존재가 인간이다.〉[41]

　　　한편으론 인류를 대변하고, 다른 한편으론 개인까지 대변하는 건 터무니없다. 둘은 정언적으로 서로를 배제한다. 그러나 이를 보스트롬 같은 하이테크 환상가들은 모른다. 그들은 여기선 이 말을, 저기선 저 말을 한다. 어떤 때는 개인이, 어떤 때는 인류가 그때그때 수준에 맞게 최적화되어야 한다고 말한다. 게다가 어떤 때는 초지능이 되는 것이 얼마나 멋진 일인지에 초점을 맞추고, 어떤 때는 경제를 위해 최적화된 노동력을 내세우고, 또 어떤 때는 머나먼 행성에서의 인류 생존을 중심에 둔다. 그들의 커서는 하나의 관점으로는 버틸 수 없을 만큼 요란하게 옮겨 다닌다. 이렇게 항상 다르게 측정된 인간은 구체적인 몸을 얻을 수 없고, 그로써 실제적인 것이 되지 못한다. 다만 〈그런 인간〉은 결코 극복될 대상이 아니라는 사실만 분명해진다. 그들의 〈인간〉은 실체가 없기 때문이다. 따라서 보스트롬처럼 〈인류의 미래〉를 상상하는 사람의 목표 설정은 수상한 의혹을 받는다. 철학자 카를 슈미트는 〈인류를 말하는 사람은 사기꾼이다〉라고 말하며 동료들의 문제점을 명료하게 지적한다. 설령 사기를 치려는 의도가 없다고 하더라도 말이다.

　　　그들이 생각하는 〈인간〉은 은유다. 즉 현실적인 경험을 하는 대상과는 일치하지 않는 이미지이다. 그런 이미지를 무슨 수로 기술적으로 극복하겠는가? 게다가 이미지는 우리가 대변할 수도 없고, 임무를 줄 수도 없다. 구체적인 요구와 기대는 개인이나 단체, 기관에만 해당될 뿐 인류처럼 애매한 것에는 제기할 수 없다. 인간은 본성상 이익을 탐하고, 항상 〈더 많이〉를 외친다. 자신의 한계를 극복하고자 한다는 일반적인 추정은 착각이다. 그건 호모 사피엔스의 일반적인 특성이 아니다. 인간은 보편과는 거리가 먼 존재다. 21세기 서유럽 인간들에게는 당연한 것들이 아마존과 뉴기니 원주민에게는 수천 년 동안 낯선 것이었다.

그럼에도 트랜스휴머니즘과 포스트휴머니즘의 이데올로기는 오직 앞만 보고 달리게 하는 차안대에 의해 지탱된다. 그들은 인간의 완전화를 원시 민족은 감히 꿈도 꾸지 못한 인류의 비밀스러운 길로 여긴다. 그들의 눈에는 부단히 이익만 탐하는 호모 이코노미쿠스Homo Economicus, 즉 경제적 합리성에 따라 이기적으로 행동하는 경제적 인간밖에 보이지 않는다. 심지어 그들은 이 인간을 인류에 전이한다. 개인이 〈더 많은 것〉을 얻으려고 점점 멀리 나아간다면 인류라는 전체 유기체도 마찬가지라는 것이다. 그렇다면 남은 길은 하나다. 모든 은하계를 정복할 때까지 기술적으로 계속 팽창하는 수밖에 없다. 인간에 의해서건 독립적인 기계에 의해서건 말이다. 그러다 보니 인간에게는 더 많은 것을 탐하는 그칠 줄 모르는 욕망 외에 다른 동인이 있을 뿐 아니라, 인간 사회가 전염병이나 유행병처럼 반드시 확장하지는 않는다는 사실도 그들에게는 존재하지 않는 세계상이다. 그러나 진실은 다르다. 어떤 과학도, 어떤 경제 심리학이나 행동 경제학도, 어떤 사회 심리학이나 사회학도 그런 관점의 손을 들어 주지 않는다. 이 학문들에 따르면 기본 욕구가 충족되었을 때 인간의 가장 큰 추동력은 팽창 욕구가 아닌 인정 욕구다. 부유한 사람들은 계속 팽창하려고 무수한 자녀를 낳지 않는다. 물질적인 욕구가 충분하게 충족될수록 생물학적 팽창 욕구는 적어진다. 더 많은 것을 탐하는 욕구는 결코 근원적인 충동이 아니라 경제 논리일 뿐이다.

지속적인 자기 마모적 사용, 즉 끊임없이 스스로를 최적화함으로써 자기 자신에게 유익한 일을 하라는 지상 명령도 동일한 논리에서 나온다. 하지만 자기 마모적 사용은 오스트리아 철학자 야니나 로의 말처럼 낙원으로 이끄는 것이 아니라 〈자기 의미의 상실〉로 이어진다.[42] 왜냐하면 다른 동물과는 달리 더 완벽해지려고 자신을 어떤 목적을 위한 수단으로 삼는 사람은 성형 수술에 중독된 일부 사람처럼 끝없이 자신을 마모시킴으로써, 좀 더 고결한 의미를 찾지 못하기 때문이다. 개인의 모든 신체 정보와 일상적 행동 데이터를 수치로 측정하자는 〈자기 정량화Quantified-Self 운동〉처럼 지속적으로 최적화된 이들은 주변 사람들에게 자기중심적 인간으로 비칠 때가 많지, 인류의 은인으로 보일 때는 지극히 드물다. 칸트의 정언 명법은 다음과 같다. 〈너 자신이든 타인이든 항상 그 속의 인간을 수단이 아닌 목적으로 대하도록 행동하라.〉 그러나 트랜스휴머니즘의 정언 명법은 다르다. 〈너 자신이든 타인이든 항상 그 속의 인간을 목적이 아닌 수단으로 대하도록 행동하라.〉[43]

인간이 진정으로 도착해야 할 곳이 상상의 미래에 있다면 현재는 늘 불만스럽고 부족한 모습으로 남을 수밖에 없다.

그러니까 더 나은 무언가를 위한 전 단계나 중간 단계로서, 항상 불완전하고 개선이 필요한 결핍 상태인 것이다. 그러다 보니 현재의 세계를 좋아하고, 어떤 식으로든 더 이상 발전하고 싶지 않고, 미래의 슈퍼 테크놀로지가 달갑지 않은 사람들은 퇴행적 존재로 비친다. 트랜스휴머니스트와 포스트휴머니스트들에게 그들은 지금 여기에만 만족하는 인류 진보의 훼방꾼이다.

트랜스휴머니즘의 숨겨진 혹은 솔직한 요구는 다음과 같다. 너 자신을 특정 목적의 수단으로 삼고 인류의 진보에 복무하라! 현재에 만족하는 사람은 커즈와일, 머스크, 보스트롬, 워즈니악 같은 이들이 주입하고 싶어 하는 미래의 진보를 거부한다. 하지만 그건 인류의 미래를 위해 뛰는 사람들에 대한 예의가 아니다. 트랜스휴머니스트와 포스트휴머니스트들에게는 인간 존엄성과 개성, 개인적 행복보다 더 높은 가치가 있다. 인간 종의 계속적인 발전이다. 그러므로 개인적 취향과 선호, 강점, 약점은 중요하지 않다. 하지만 현재든 미래든 슈퍼 자본주의는 권력과 성공, 야망을 손에 넣기 위해 어떤 짓도 마다하지 않는 사람들에 의해서만 추동되는 게 아니다. 사회 통합과 사회 평화에 크게 기여하는 다정하고 온화한 수많은 사람들이 있기에 유지된다. 풍자 예술가 폴커 피스퍼스의 말처럼 자본주의 사회에서는 누구나 부자가 될 수 있지만 모두가 부자가 될 수는 없다. 모든 개인이 인정사정없이 최적화된다면 그 사회는 얼마 안 가 무너지고 말 것이다.

트랜스휴머니즘과 포스트휴머니즘의 관점에 따르면 현

상태에 완벽하게 만족하는 사람은 엄밀히 말해서 인간이 아니다. 그런 사람은 기술을 이용해서 부단히 더 높은 곳을 지향하는 호모 사피엔스의 본성에 배치되기 때문이다. 이 지점에서 그들이 쓴 차안대가 얼마나 두껍고 어두운지 분명해진다. 호모 사피엔스는 한편으론 결함이 있고 〈시대에 뒤떨어지지만〉 다른 한편으론 운명적으로 팽창해야 하기에, 종으로서 자신을 최적화해야 한다는 주장은 20세기 전체주의와 비슷한 면이 있다. 〈너는 아무것도 아니다. 너의 민족이 모든 것이다〉라고 외치는 위험한 이데올로기인 것이다. 경영 정보학자 사라 슈퍼커만은 이렇게 쓴다. 〈자신을 긍정적으로 보지 못하게 하고 인간성에 대한 믿음으로부터 떼어 낸 뒤 우리 자신과 인간성을 초라한 것으로 여기게 하는 것을 나는 정신사의 가장 부정적인 성과라고 느낀다.〉[44] 인류에 대한 최적화의 주문에서 무시되는 것은 개인의 측면이다. 개인은 사용자나 소비자로서는 개별적일 수 있지만, 기술적으로 최적화되지 않겠다는 결정 면에서는 그럴 수 없다. 보스트롬도 비슷한 생각을 갖고 있는데, 그것을 거부하는 사람은 이 사회에서 심각한 약점을 노출한다. 그런 약점으로는 최소한 고급 일자리를 찾기 어렵다.

개인의 행복은 기술의 진보가 개인에게 무슨 의미가 있느냐는 물음과 관련이 깊다. 인류에게 무슨 의미가 있느냐는 물음과 관련이 있는 게 아니다. 의미를 정말 의미 있게 물어보는 유일한 차원으로서 개인을 발견한 것은 실존 철학의 업적이었다. 실존 철학의 아버지 쇠렌 키르케고르는 생물학적 종으로서의 인간에는 관심이 없다. 그는 정확한 지점을 꿰뚫으며 묻는다. 인간은 자기 자신과 자신의 세계 내 존재를 어떻게 인지하는가? 이 지점은 객관적이지 않고 주관적이다. 주관적인 것만이 실제로 〈참되기〉 때문이다. 반면에 객관적인 것은 모두 주관적인 경험에서 파생되고 그로써 주관적인 체험보다 하위에 위치한다. 맨 앞에 서는 것은 나 자신과 세계와의 관계이다. 다른 철학자들은 삶이란 무엇이냐고 묻는 반면에 키르케고르는 삶이 나에게 무슨 의미가 있느냐고 묻는다.

그 덴마크 철학자가 볼 때 인류에 대해서는 역사만큼이나 의미 있게 말할 게 없다. 과학도 개인의 인식에는 본질적이지 않으며 모든 경험적 진실에 대해서도 마찬가지다. 키르케고르는 19세기의 거대한 시대 흐름을 거스르는 생각을 가지고 있음에도, 그 역시 급진적으로 현대적이었다. 물론 완전히 다른 방식으로 말이다. 세계가 과학에 의해 특정 방식으로 객관화되면, 인간은 인생의 버팀목 면에서 얻는 것보다 잃는 것이 더 많다. 과학적 객관성은 섬세한 주관성의 집을 황폐화한다. 그렇다고 행복한 삶에 지침을 제공하지도 못한다. 이제 개인은 자기 자신에게로 다시 내던져진 채 자기만의 〈행복〉을 찾으려고 나침반과 지도도 없이 혼자 세상을 헤쳐 나가야 한다. 키르케고르의 생각을 좀 더 현대적으로 이어 간다면, 과연 애플 워치와 구글 지도가 우리에게 도움이 될까?

키르케고르가 전면에 내세운 이념은 훗날 〈현대적 주체의 위기〉라는 개념으로 성공 가도를 달린다. 그 위기는 21세기에 들어서도 줄어들지 않고 있다. 살아갈 방법은 점점 많아지는 데 반해 마땅히 해야 할 의무는 적어질수록 인생의 방향을 정립하기 어려워진다. 왜냐하면 키르케고르가 진보에 도취된 19세기 중반 이전에 확언한 것처럼, 개인의 실존에는 더 이상 질서의 틀이 존재하지 않기 때문이다. 〈실존의 체계는 주어질 수 없다. (……) 어떤 정신적 존재를 위한 실존의 체계도 없다.〉[45] 그럼에도 개인은 세상이나 자신에 대한 객관적 인식을 통해서가 아니라 자기 자신과의 관계 설정을 통해서 행복해지려고 노력해야 한다. 실존에서 본질적인 것은 내 앞에 있는 무엇이 아니라 내가 발명하는 무엇이다. 여기서 발명은 결코 기술적인 것이 될 수 없고, 자기 발견의 과제 역시 객관화할 수 없다. 인간 종의 일부로서 자기 자신을 개선해야 한다는 사명은 나와 상관없는 외부의 일일 뿐 아니라 나의 주관적 선택의 자유를 심대하게 속박한다.

　　휴먼 증강*을 통해 인간을 최적화하려는 사람은 최악의 경우, 인간이 자진하여 지속적으로 절대 행복할 수 없는 길로 들어서게 한다. 계몽주의의 인본주의적 전통이 교육을 정신적인 자기 수양으로 정의했다면 휴먼 증강은 인간을 물질로 강등시킨다.[46] 키르케고르도 마찬가지이지만 자기 수양의 인본주의적 이상은 〈너 자신이 되어라!〉라는 총체적 자기 도야이다. 늘 새롭게 사고하고 스스로를 갈고닦아 더 높은 경지로 끌어올리

---

* Human Enhancement. 특수 장비, 신체 임플란트, 생명 공학적 기술 등을 이용해 신체의 인지적·감각적·물리적 능력을 높이고, 기능성과 생산성을 향상하는 기술.

려는 사람은 단순히 수단이 될 수 없고 그 자체가 이미 목표이다. 즉 자신의 내면을 들여다보면서 성찰하고 반성하는 인간이 목표이다. 휴먼 증강에서는 이런 점들이 모두 배제되어 있다. 과정은 그저 과정일 뿐 목표가 아니기 때문이다. 그들은 스스로가 목표가 되는 자기 수양의 길이 기술을 통해 단축될 거라고 믿는, 한참 빗나간 생각을 한다. 마라톤을 떠올려 보라. 그들의 생각을 따르자면 마라톤 구간은 직접 달리지 않고 비행기구나 자동차를 타고 통과할 수 있다. 하지만 그리되면 마라톤을 마라톤답게 하는 것은 모두 없어진다. 마라톤의 목적은 단순히 공간적인 목표점에 도달하는 것이 아니라 그 과정의 정신적인 성취에 있다.

기계와 인간의 〈융합〉이나 인체 임플란트를 통한 인간 최적화가 장기적으로 사회에 의미하는 바는 트랜스휴머니즘과 포스트휴머니즘의 두 번째 차안대에 해당한다. 그들은 사회학의 복잡한 상호 작용에 대해 아는 것이 전혀 없다. 하이테크 환상가들은 인간을 극복하자는 말만 외칠 뿐 실질적인 사회 개념은 물론 세분화된 사회적 판타지도 없다. 하지만 개인의 최적화는 단순히 개인에게만 의미 있는 것이 아니라 타인에게, 궁극적으로는 전 사회 조직에 막대한 영향을 끼친다. 인간의 몸을 최적화로 이끄는 기술 혁명은 환상적이거나 당혹스러운 실험이나 어마어마한 경제적 이익만 약속하는 것이 아니라, 격렬한 거부에서부터 열광적인 환호에 이르기까지 다양한 사회적 반응도 함께 일으킨다. 테크놀로지의 운명은 바로 여기서 결정되는

05 잘못 측정된 인간

것이지, 기술 자체를 통해서 결정되는 것이 아니다. 수백만 명 또는 수십억 명의 사람이 그런 테크놀로지와는 다른 새로운 방향으로 나아갈 것이다. 이러한 복잡성의 증가는 사회에 막대한 부담을 야기하고, 확실성이 불확실성의 자리를 차지하거나 반대로 불확실성이 확실성을 대신한다. 이 흐름이 어디로 갈지는 전혀 가늠이 안 된다.

트랜스휴머니스트와 포스트휴머니스트들의 판타지 속에는 사회가 없다. 보스트롬은 인구만 생각하는 것 같고 커즈와일은 소비자만 안다. 그런데 제2차 기계 시대의 혁명은 기능적으로 세분화된 고도로 복잡한 사회 속에서 일어난다. 그것도 한 종의 구성원에게서 일어나는 것이 아니라 기관, 단체, 조직, 정당, 공동체, 관습, 전통, 규범, 롤 모델, 사회적 기대와 요구, 복잡한 규칙이 있는 특수 경제에도 해당된다. 엄청나게 복잡한 상호작용의 구조물은 전략적으로 조종할 수 없다. 개인의 자유와 사회적 시스템의 자율성에 대한 막대한 개입 없이는 불가능하다. 21세기 산업 국가처럼 세분화된 사회는 개인들에 의해서만 만들어지는 것이 아니라, 의도하든 의도하지 않든 지극히 다양한 영역에서 발생하는 인간들 사이의 일로부터 훨씬 큰 영향을 받는다. 예를 들어, 별로 위험하지 않은 개인적인 최적화 행위라고도 할 수 있는 성형 수술만 보더라도 현재 막대한 사회적 압력과 파장을 불러일으키고 있다. 성형 수술을 하는 사람이 많아질수록 성형 수술을 하지 않는 사람은 점점 더 수세적으로 몰린다. 선호하는 외모에 대한 규범은 급속도로 변하고 있다. 부모는 딸에게 오똑한 코와 큰 가슴을 선물하고, 인플루언서는 최적화된 용모로 바꾸면 최상의 삶이 펼쳐진다는 말로 사람들을 유혹한다. 영화와 TV에 나오는 배우들도 수시로 얼굴에 손을 대는 일을 피할 수 없다. 성형 수술로 자신의 용모를 최적화하는 자유는 정말 순식간에 제발 너도 아름답게 꾸미라는 사회적 압력으로 변했다.

개인의 결정은 이런 식으로 사회적 결정이 된다. 21세기 부유한 사회에서는 장애가 있는 아이를 낳는 것이 더 이상 날벼락 같은 가혹한 운명의 시련이 아니라, 앞으로 닥칠 일을 부모가 잘 알고 내리는 의식적인 결정인 경우가 점점 많아진다. 그럴수록 오늘날 논쟁은 더욱 격해진다. 공공 의료 보험의 부담을 줄이려면 장애가 있는 아이를 낳지 말아야 한다는 것이다. 휴먼 증강의 가능성이 늘어날수록 논쟁도 점점 많이 벌어진다. 언젠가 사회에 부담이 되는 지적 장애가 있는 아이에게도 압력이 가해질 수 있으며, 그 범위는 점점 확대될 것이다. 그러다 보면 사회적으로 적합하지 않거나 이상하거나 남들과 다르게 보이는 아이들은 점점 강고해지는 좋음과 아름다움의 규범에 밀려 더이상 설 자리가 없어진다.

19세기의 제1차 기계 시대가 어떤 엄청난 사회적 결과를 불러왔는지를 생각해 보면, 21세기의 변혁이 사회에 또 어떤 깊은 파장을 일으킬지는 충분히 상상이 가고도 남는다. 농경 사회에서 산업 사회로의 변화는 기하급수적인 생산 증대의 시작일 뿐 아니라 2,000년 동안 세상을 지배해 온 교회 및 귀족 사회의 종말을 의미했다. 그와 함께 자본주의적 성과 사회와 임금 노동 사회라는 새로운 사회적 청사진이 제시되었다. 그와 관련해서, 온갖 우려와 환영의 목소리가 터져 나왔고, 자유주의, 민족주의, 인종주의 같은 이데올로기와 사회주의, 공산주의 같은 반대 이데올로기가 대두되었다. 이런 점들을 고려하면 휴먼 증강의 거침없는 발달과 점점 똑똑해지는 AI의 투입이 전체 사회를 요동치게 하리라는 염려는 결코 쓸데없는 공상이 아니라 충분히 납득할 만한 상상이다.

　　그런데도 복잡한 사회적 상호 작용과 그 위험에 관련해 현재의 트랜스휴머니스트와 포스트휴머니스트들의 생각은 구식이다. 그들은 1950년대와 1960년대 진보에 대한 확고한 믿음으로 똘똘 뭉친 기술 열광자들의 충직한 아들이자 손자로서 예전의 사고방식에서 한 치도 벗어나지 못하고 있다. 다른 것에는 눈 돌리지 않고 오직 기술만 바라보는 시선이 그렇고, 무한 성장과 자원의 무제한 이용만 강조하는 사고가 그렇다. 여기서 이 책의 서두에서 이미 개괄한 바 있는 세 번째 차안대가 나온다. 트랜스휴머니스트와 포스트휴머니스트들은 생태학적 문제점을 모른다. 동물도 그들에게는 인지적으로 결핍된 존재일 뿐이고, 환경도 그저 인간이 무한정 사용할 수 있는 〈자원〉에 지나지 않는다. 그들에게는 인류의 목표를 설정하는 데 있어 갈등은 존재하지 않고, 서로 모순되는 태도나 세계관도 없다. 오직 전진할 것이냐 퇴보할 것이냐 하는 선택밖에 없다. 모든 것이 수직적이고, 직선적이고, 아니면 기하급수적이다. 세계 역시 다이어그램이나 좌표계다. 복잡한 현실이 수학적으로 묘사되지 않으면 현실에 더욱 좋지 못하다고 본다. 보스트롬은 환경 파괴나 민주주의의 위험을 일절 언급하지 않고도 인류의 미래에 대한 책을 500페이지나 쓸 수 있는 사람이다. 트랜스휴머니스트들의 대담한 미래 속엔 문제가 담겨 있지 않다. 왜냐하면 그 미래의 방향을 가리키는 주체가 인간이나 유권자가 아닌 테크놀로지이기 때문이다.

어쩌면 핏기 없는 차가운 미래에 대한 시각이 일부 사람에게 먹힌 것도 사회 문제에 대한 그런 순진함, 그리고 복잡하고 어려운 실제 삶으로부터의 해방 때문일지 모른다. 현재 직면하고 있는 모든 문제는 현실로 예고된 사이언스 픽션을 보고 있으면 아무 의미가 없다. 게다가 인류사가 정말 본질적으로 기술의 역사일 뿐이라면 인류의 역사는 얼마나 단순하고 직선적이고 선명하고 명쾌하고 정연하고 예측 가능하겠는가. 그리되면 세계사의 모니터에는 다채로운 기술적 상징들이 나타나고, 기술 혁명에 따라 역사는 파일로 저장되고 미래는 예측될 수 있다. 이 모든 것은 정말 논거가 강력하지 않은가? 그 자체로 의심할 수 없을 만큼 명징하지 않은가? 만일 인류가 머잖아 강력한 인공 지능을 개발하고, 인류 스스로 최고 수준으로 최적화되고, 그래서 머나먼 은하계로 출정을 떠난다면 인간상은 전적으로 불변의 법칙, 즉 확고부동한 진화의 힘이 명령하는 법칙을 따르지 않겠는가? 이것이 그들의 생각이다.

06 미리 정해져 있는 것은 없다

그 이야기는 수백 년 동안 진실로 여겨졌다. 노스트라다무스의 예언도 그에 대하면 아무것도 아니다. 수도승 학자 몬머스의 제프리가 쓴 방대한 연대기에 실린 짧은 텍스트 「마법사 멀린의 예언*Prophetiæ Merlini*」을 두고 하는 말이다. 멀린은 12세기 영국과 프랑스에서는 무척 친숙한 인물이었다. 사람들은 아서왕을 둘러싼 많은 전설과 민담을 통해 그를 백발의 현자로 알고 있었다. 따라서 이 인물이 제프리의 『영국 왕들의 역사*Historia regum Britanniæ*』제7권에 등장한 것은 결코 놀랄 일이 아니었다. 제프리 역시 정복자 윌리엄 이후 영국 왕들이 했던 일을 답습했기 때문이다. 그러니까 영국 왕가의 뿌리를 전설적인 아서왕을 비롯해 로마 영웅들과 카이사르에서 찾은 것이다.

앵글로·색슨족의 역사는 원래 전혀 관계없는 것들을 허풍스럽게 짜깁기한 과도한 역사 위조에서 시작한다. 그럼에도 로마의 브루투스부터 켈트족의 전설적 인물을 거쳐 12세기의 노르만족 지배자에 이르는 가짜 족보에 의심을 품은 사람은 르네상스까지는 거의 없었다. 자칭 아득한 과거에 쓰였다는 멀린의 예언서는 영국의 역사를 이미 수백 년 전에 생생하게 예측한다. 특히 11세기 말엽과 12세기 초엽의 사건들이 상세히 기술된다. 그러다 제프리가 멀린의 예언을 집필한 1130년대부터 내용이 차츰 모호해진다. 정밀성은 떨어지고, 애매한 넋두리 같은 중얼거림이 미래의 역사 위에 내려앉는다.

　우리 시대의 멀린은 커즈와일이다. 1999년 다음 세기를 내다보며 쓴 그의 예언서는 『영적 기계의 시대』*였다. 미래에 대한 예언이 포함된 이 연대기는 저자의 주장에 대해 정당성을 제시하는 것이 목표였다. 세계 흐름과 인류의 발전, 즉 인류의 진화는 더 높은 힘에 의해 이미 결정되어 있으며 〈혼돈과 시간 법칙〉을 명석하게 꿰뚫어 보는 사람은 연도든 기술적 발명이든, 아니면 그에 상응하는 인간의 발달 과정이든 인류의 발전 과정을 정확히 예측할 수 있다는 것이다. 제프리가 브루투스와 아서왕을 영국 왕들의 계보 속에 짜깁기해 넣었듯이 커즈와일도 진화를 입맛에 맞게 재단한다. 그의 책에서는 인간의 진화사 자체가 마치 AI 엔지니어처럼 행위자로 등장한다. 진화사는 흔들림 없이 〈문제들을 해결하고〉, 자신이 성취한 것을 〈기록의 형태〉, 즉 DNA로 남긴다. 〈진화의 입장에서 DNA는 자신의 성취를 계속 기록으로 남길 수 있는 일종의 컴퓨터 언어다. 이 발명으로 복잡한 실험을 위한 조건들이 만들어졌다.〉[47] 그 뒤로도 진화는 계속 나아갈 것이고, 그 덕분에 기술을 통해 빠르게 움직이는 인간이 탄생한다. 결국 모든 것은 기술적 진보일 뿐이다.[48]

* *The Age of Spiritual Machines*. 우리나라에서는 『21세기 호모 사피엔스』라는 이름으로 출간되었다.

오직 자신의 지능을 높이기 위한 목적으로 이 모든 것을 실행시킨 장본인이 진화라면, 그 의인화된 존재를 꼭 한번 만나고 싶다. 과도한 의인화와 인간 중심주의가 등장하는 곳은 성경 말고는 별로 없을 듯하다. 커즈와일의 경우, 무한히 똑똑한 신적 존재는 자기실현을 위한 과정 속에서 무한히 똑똑한 진화를 하게 되었다. 진화의 들판을 경작하는 과정에서 방해가 되는 것은 모조리 낫으로 베어졌다. 이때 진화는 〈기하급수적으로 증가하는 속도〉를 자랑했고, 그 속도만큼이나 기술의 향상도 최대한 빨라졌다.[49] 식물은 말할 것도 없고 오늘날 지상에 존재하는 대부분의 동물은 수백만 년 전보다 더 똑똑하지도 더 세분화되지도 않았지만, 커즈와일은 과거의 일신교적 전통에 입각해서 오직 인간밖에 바라보지 않는다. 그가 말하는 진화의 논리에 따르면 모든 생명은 점점 더 높은 지능을 추구해야 한다. 그러나 홍합과 양치류, 도롱뇽을 보면 그런 흔적을 발견할 수 없다. 현대 진화론도 진화 자체에 인간이나 초인적 행위자처럼 지능이 있다는 사실을 낯설어한다. 또한 궁극적으로 진화하기 위해서는 기술적 재능을 갖춘 인간이 탄생해야 한다는 진화의 필연성에 대해서도 고개를 절레절레 흔든다.

그러나 커즈와일은 오로지 단 하나의 이념과 단 하나의 목표만 바라보면서 거침없이 진군한다. 기술적 우위는 〈진화의 자연 선택을 통해 촉진되었다〉[50]는 그의 말은 퍽 재미있다. 왜냐하면 다윈에 따르면 고등 척추동물은 자연 선택이 아니라 파트너를 찾는 〈성 선택〉을 통해 지금의 수준으로 발달했기 때문이다. 커즈와일은 〈자신의 환경을 조작할〉 수 있는 존재가 생존 가능성이 높다고 말한다. 하지만 현실은 다르다. 홍합이나 달팽이 같은 동물종은 환경을 조작할 수 없었음에도 아주 오래 살아남았다. 반면에 조작을 잘하는 인간은 환경에 대한 지속적인 개입으로 인해 오히려 단기간에 생존 경쟁에서 탈락할 위기에 처해 있다. 커즈와일에 의하면 인간의 발전사에서는 항상 기술적으로 가장 발달한 호모 사피엔스 종이 승리를 거둔다. 문화사에서 기술적으로 우수한 문명이 승리를 거두어 왔던 것처럼 말이다. 그러나 이 대목에서도 고인류학자들은 그걸 누가 정확히 알겠느냐는 듯 어깨를 으쓱한다. 역사학자들은 고대 도리스인의 이주를 가리키며 간단하게 반박한다. 그리스 북방의 야만족 도리스인이 남부로 내려가 고도로 발달한 미케네와 다른 지역의 문명을 파괴하고 그곳의 주인이 되었다는 것이다. 게다가 반도체 집적 회로의 성능이 2년마다 두 배씩 기하급수적으로 발달한다는 무어의 법칙조차 오늘날에는 더 이상 진화론적 자연 법칙으로 간주되지 않는다. 지금은 발전 속도가 그보다 한층 줄어들었다.

그렇다면 커즈와일의 예언은 마법사 멀린의 예언만큼이나 진실성이 높지 않다. 인류의 과거사에 대한 인식도 그렇지만 미래에 대한 예측은 더더욱 그렇다. 1999년에 구글 이념의 선구자 커즈와일은 2019년의 미래 세계를 다음과 같이 내다본다. 컴퓨터가 우리 몸을 비롯해 벽과 테이블, 의자, 장신구에 부착되고, VR 3차원 디스플레이가 안경과 콘택트렌즈에 장착되고,

종이책과 종이 서류는 거의 사용되지 않는다. 또한 곳곳에서 자동화된 비서들이 동료와 교사, 간병인, 애인 역할을 해준다. 하지만 구글 글라스*의 실패만 떠올려 봐도 알 수 있듯, 이 예언은 정확하지 않다. 커즈와일이 20여 년 전에 예견한 것들 가운데 일부가 오늘날 기술적으로 가능하다고 하더라도 우리 삶에서는 광범한 혁명이 일어나지 않았다.

예측이 빗나갔다고 해서 예언자의 자존심에 금이 갔을 거라고 생각하면 오산이다. 커즈와일의 예언을 중세 말기 제프리의 예언과 동일한 의미로 볼 수는 없다. 그럼에도 둘에게는 공통점이 있다. 진실이 아니라는 점도 중요하나, 그 핵심은 다른 데 있다. 두 신화 모두 높은 망루에서 세상을 내려다보며 특정한 발전 과정을 정당화한다는 점이다. 제프리는 노르만 왕들의 지배를, 커즈와일은 실리콘 밸리의 지배를 정당화한다. 사실의 규범적 힘보다 더 중요한 것은 허구의 규범적 힘이다. 미래의 기술 발전, 즉 완벽한 기계가 지배하는 〈특이점〉으로 가는 길이 실제로 진화의 명령이라면 그것을 거부하거나 반기를 들 바보가 어디 있겠는가?

커즈와일이 보기에, 모든 것을 통제하는 미래 초지능의 비전에 의문을 표하는 사람은 진화가 그저 빙그레 웃으며 지나쳐 버리는 〈네오러다이트〉**, 즉 현대의 기계 혐오주의자일 뿐이

* Google Glass. 구글이 만든 스마트 안경. 스마트폰처럼 안드로이드 운영 체제를 이용해 사진을 찍고, 인터넷 검색을 하고, 길 안내도 받을 수 있다.

** Luddite. 영국에서 산업 혁명이 초래할 실업의 위험에 반대해 기계를 파괴하는

다. 그는 인간과 사회를 자기 결정권이 있는 자유로운 실체로 보지 않고, 인류에게 이미 운명처럼 주어진 결정론적 역사관에 따라 인간과 사회를 대한다. 진화는 진화의 법칙으로 세상을 지배하고, 인간 문명은 그에 따라야 한다. 그의 세계관을 규정하는 건 TINA 원칙, 즉 〈대안 없음There is No Alternative〉의 원칙이다.[51] 문화는 부침을 거듭하고, 통치자와 국가 형태, 사회 체제는 바뀔 수 있지만, 오직 기술적 진보만이 흔들림 없이 인류를 나아가게 하고 필연적으로 초지능의 시대를 선사한다. 물론 인간이 그때도 살아남아서 잘 지내는 것까지 반대하진 않는다. 하지만 그보다 더 중요한 것은 기계의 찬란한 미래다. 인간보다 훨씬 똑똑한 기계는 진화가 가장 아끼는 새로운 장난감이자 선호하는 주체다. 거기서 인간은 필요 없다. 이미 자신의 의무를 다했다.

진화에서 인간의 위치에 대한 이런 입장에도 인간학이라는 이름을 붙여야 한다면, 운동학적 인간학*이라 할 수 있다. 이 인간학은 인간 발전사와 인간 심리, 다양한 인간 문화의 객관적인 연구 대신 사이언스 픽션 장르에서 영감을 얻는다. 그러나 현실은 다르다. 호모 사피엔스는 높은 충동에 이끌려 지속적으로 지능이 발달하는 쪽으로 나아가지 않는다. 구성원들의 마음

등 폭동을 일으킨 직공 단원들을 가리킨다. 이후 첨단 기술의 수용을 거부하는 반기계 운동을 이르는 명칭이 되었다.

* Kinematics. 운동의 원인은 따지지 않고 물리계에서 일어나는 운동의 양상만 다루는 분야.

을 움직이는 것은 확연히 다른 동기들이다. 최고 수준의 지능을 가진 사람은 극소수에 불과하다. 많은 사람들은 자신의 지능을 무한정 높이는 일에 매진하는 대신 오히려 축구 경기를 보고, 해변에서 일광욕을 즐기고, 맥주를 마시고, 범죄 소설을 읽고, 끊임없이 셀프 카메라를 찍길 더 좋아한다. 포스트휴먼이 되려는 충동은 한 줌의 사람들만 느낄 뿐, 대부분의 내면적 욕구에서는 그 충동의 흔적을 찾기가 쉽지 않다. 만일 진화가 정말 그런 충동을 우리의 내면에 뿌리 깊이 심어 놓았다면, 아마 그것을 느낄 수 없을 만큼 깊은 곳에 감추어 놓았을 가능성이 크다.

운동학적 인간학은 희망만 키우는 것이 아니라 하이테크 구루와 IT 환상가들에 대한 두려움도 키운다. 이 인간학은 어리석게도 진보에 대한 두 가지 관념밖에 모른다. 직선적 진보, 아니면 기하급수적 진보인데, 둘 다 수학적으로 묘사가 가능하다. 커즈와일이 생각하는 진화에서는 원칙적으로 모든 것이 기하급수적이다. 캄브리아기 이후 지능의 발달에서부터 무어의 법칙에 이르기까지 말이다. 다른 발전은 존재하지 않는 것처럼 보이고, 어디서도 나타나지 않는다. 모든 것은 더 빨리, 더 높이, 더 멀리를 지향한다. 하지만 그 논리는 오늘날보다 과거에 훨씬 더 크고 다양했던 도롱뇽 동물종만 봐도 벌써 삐걱거린다. 포유동물도 오늘날보다 과거에 월등히 그 수가 많았고 평균적으로 한층 더 컸다. 공룡 같은 일부 종이 왜 멸망했는지도 설명이 안 된다. 그들은 왜 점점 더 똑똑해지고 환경을 조작하는 방향으로 발달하지 않았을까? 설사 진화가 지능을 탄생시킨 것이 사실이라고 해도, 진화 자체에 지능이 있다고 가정하는 것은 미친 짓이다.

커즈와일이 말하는 진화는 현대 진화론보다 완강한 창조론자들의 주장에 더 가까워 보인다. 종교적 근본주의자들은 〈신〉을 지능의 추동력으로 여긴다면 테크놀로지 근본주의자들은 진화 자체에 의도와 소망이 담겨 있다고 본다. 이런 케케묵은 사고가 테크놀로지에 맞지 않고 과학적이지도 않다는 사실을 커즈와일 역시 알고 있을 것이다. 그러나 신화는 결코 진리에 접근하기 위해 만들어지는 것이 아니다. 신화의 동기는 예부터 무척 실용적이다. 높은 수준의 설명이 필요한 사건과 발전에는 깊은 의미가 담겨 있어야 한다는 것이다. 바로 그 때문에 트랜스휴머니즘과 포스트휴머니즘에서 인간이 미화되고, 인간의 기원사는 왜곡되고, 인간의 본질은 일방적으로 해석된다. 이로써 진화 역시 초월적 힘을 통해 확정된 미래의 선전 소설로 변질된다. 트랜스휴머니즘과 포스트휴머니즘의 모든 이야기에는 다음과 같은 모티브가 깔려 있다. 인간 또는 인류의 미래가 어떻게 될지는 논쟁거리가 아니다. 오직 저 높은 곳에서 미리 결정된 일이며 토론은 기술적 발전이 언제 일어날지에 대해서만 이루어져야 한다!

만일 진화에 의해 그 길이 미리 확정되어 있다면 실리콘밸리의 선전가들이 왜 그렇게 요란하게 초지능의 시대를 홍보하는지 당연히 의문이 들 수밖에 없다. 자연법칙으로 정해진 일은 선전할 필요가 없고, 인위적으로 장려할 필요도 없다. 이로써 하이테크 구루들도 과거에 마르크스가 빠진 덫에 걸리고 만다. 이 철학자에게 공산주의로 가는 길은 저 높은 곳에서 미리 결정된 일이었다. 경제적 변증법에 따르면 부르주아 자본주의가 봉건제를 제거했듯이 계급 없는 사회가 자본주의를 다시 무너뜨리는 것은 필연적 결과였다. 그러나 그것이 자연법칙이라면 노동조합이나 노동 운동, 정당 창설 같은 인간적인 수고는 왜 필요할까? 더 높은 곳에서 미리 정해 놓은 일을 인간이 자발적으로 실행해 나가는 것은 앞뒤가 맞지 않는다. 미래는 정해져 있거나, 정해져 있지 않거나 둘 중 하나다.

커즈와일이 진화 속에 만들어 놓은 모든 매듭을 풀려면, 일단 진화론이 실제로 말하는 것과 말하지 않는 것부터 명확히 해두어야 한다. 우리가 오늘날 진화에 대해 아는 것은 의심할 바 없이 우리의 자기 이해에 심대한 영향을 끼친다. 진화가 거의 확실하게 말해 주는 것은 호모 사피엔스는 동물에서 기원했고, 상당히 많은 유인원 가운데 한 변종이라는 것이다. 이 발전은 어떤 특정 목표로 치닫는 과정이 아니고, 어떤 식으로든 정해진 방향이나 정점을 염두에 둔 창조가 아니다. 그렇다면 분명해진다. 진화는 물론이고 어떤 물리학적·생물학적 법칙도 인간을 만들려는 건 아니고, 그렇다면 인간을 뛰어넘으라는 명령 같은 건 애초에 존재할 수 없다.

진화론을 주장하는 대부분의 사람들에게 진화는 구약성경 속의 신도, 인격적 존재도, 행위자도, 전략도 아니다. 무언가를 하고 싶어 하거나 실제로 실행하는 주체가 아니라, 과거의 증거를 통해 재구성할 수 있는 아무 의지 없는 과정이다. 그럼에도 다윈은 모종의 당혹감 속에서 〈자연이 한다Nature does〉라는 표현을 반복적으로 사용한다. 유명한 영국 신학자 윌리엄 페일리의 〈신이 한다God does〉라는 표현을 대체한 것이다. 반세기 전 페일리는 자연을 가리켜 목표가 분명하고, 지극히 슬기롭게 계획된 신의 설계도라고 표현했다. 처음엔 페일리에게 경탄했던 다윈은 나중에 그의 표현 속에 등장하는 행위자를 쓱 바꾸어 버린다. 물론 이 양심적인 생물학자는 〈자연이 한다〉는 것이 은유일 뿐이라는 사실을 아주 잘 알고 있었다. 자연은 계획적으로 행동하지 않기 때문이다. 그러나 신학적 유산을 오해를 살 만하게 사용함으로써, 오늘날까지도 많은 진화론자들이 자연과 진화를 은유적으로 쓰는 데 일조했다. 빅토리아 시대의 영국 철학자 허버트 스펜서를 비롯해 많은 사람들이 진화에 특정 목표를 지향하는 고유한 지능이 있다고 지어냈다. 아주 단순한 초기 단계에서 시작해 필연적으로 점점 완벽을 향해 발전하는 지능이 있다고 말이다. 이것으로 스펜서는 사회 다윈주의의 문을 활짝 열어젖혔다. 인간들 사이에도 자연 선택이 존재한다는 이념이 있었는데, 목적은 분명했다. 가장 강하고 똑똑한 인종, 특히 그런 면에서 가장 앞선 영국인의 세계 지배에 정당성을 부여하기 위해서였다.

이것은 다윈의 견해와는 아무 상관이 없다. 스펜서나 훗날의 커즈와일과는 달리 다윈은 미래를 포함한 인류의 발전사에서 〈자연 선택〉이 결코 결정적인 역할을 하지 못한다고 생각했다. 인간에게 영향을 미치는 결정적인 기준은 오히려 〈성 선택〉이었다. 다시 말해 지진이나 포식자, 전쟁보다 파트너 선택이 월등히 중요하다는 말이다. 가장 매력적인 남자가 가장 매력적인 여자를 취한다. 다만 인간의 매력은 화려한 꽁지깃을 가진 수컷 공작의 매력과는 다르다. 신체적인 장점 외에 경제적·사회적 이점, 품위, 인간적 매력, 유머 같은 것들도 큰 영향을 끼친다. 따라서 인간 사회에서 여성의 선택을 받는 것은 다윈에 따르면 교양 있는 세련된 남자다.[52] 또한 인류의 찬란한 미래를 이끄는 것은 인종 투쟁이나 기술이 아니라 〈도덕〉과 〈사랑〉 같은 모범적인 성격이다.

　　다윈은 〈다윈주의자〉도 〈운명론자〉도 아니었다. 그는 자신이 발견한 자연 선택 이론이 언젠가 인간 극복의 근거로 사용되리라고는 꿈에도 생각하지 못했을 것이다. 인류에게서 감수성과 인간성이 꾸준히 증가할 거라는 그의 예언은 트랜스휴머니즘과 포스트휴머니즘의 온갖 판타지와는 정반대되는 성격을 띠고 있다.[53] 그가 볼 때 진화에서 〈선함〉의 잠재력은 인간 밖이 아니라 인간 속에 잠들어 있고, 인간을 특별하게 만드는 것은 예민한 감정과 섬세한 가치이지 기술적 조작 능력이 아니다. 다윈이 살아가던 19세기 영국에는 고도의 기술을 갖춘 침팬지가 아니라 연극과 오페라를 즐기고 세련되게 옷을 입고 찰스 디킨스와 조지 엘리엇의 책을 읽는 사람들이 살고 있었다. 최소한 다윈이 속한 계층에서는 말이다.

　　그럼에도 운명은 19세기를 살아가는 다윈에게 진화에

관한 두 번째 오해의 문을 열게 했다. 다윈의 일기에서 드러나듯 그 젊은 세계 여행자는 갈라파고스 제도의 핀치새를 관찰하는 방법으로는 자신의 이론에 이르지 못했다. 결국 영국으로 돌아온 그는 다방면으로 관심이 많았던 성격 때문에 인구 통계학과 경제학에 푹 빠졌다. 그러다 다윈은 경제학자 스미스가 쓴 삶과 이론에 대한 책을 읽고 나서야 돌파구를 찾았다. 다윈은 스미스로부터 시장의 치열한 경쟁에서는 항상 최고의 적자(適者), 즉 가장 유연하게 시장에 적응해서 뿌리를 내린 자가 선택받는다는 사실을 알게 된다. 개별 시장 참여자들의 이기심은 자기만의 틈새시장을 찾는, 점점 세분화된 경제적 세계로 이어지고, 결국 수백만 개의 이기심은 보이지 않는 손에 이끌려 다양하게 번창하는 안정적인 경제 생태계를 낳는다는 것이다. 다윈은 전문가들로부터 갈라파고스 제도에 모여 사는 핀치새가 시장 또는 환경에 적응한 동종들의 변종이라는 설명을 듣게 되었고, 이제 더 이상 그의 이론에 걸림돌은 없었다.

다윈의 진화론은 어쨌든 자연에 자본주의를 적용한 것이다. 언뜻 보았을 때 이 전이가 아무리 설득력이 있어 보이더라도 자세히 들여다보면 간과한 것들이 많다. 시장 참여자들은 의도적이고 전략적으로 움직이는 행위자다. 하지만 자연의 생물종은 결코 그만큼은 아니다. 그런데도 영국의 리처드 도킨스 같은 독선적인 진화 생물학자들은 그 차이에 관심이 없다. 1970년대 출간된 그의 베스트셀러 『이기적 유전자 *The Selfish Gene*』를 보면 유전자처럼 미세한 단위도 이미 정교한 전략을 쓰고 있다고 가정한다. 그것들의 〈이기심〉(이건 사실 은유일 뿐이다)이 진화 과정 전체를 하나로 유지하고, 어두운 에너지를 불어넣는다. 이 책이 큰 성공을 거둔 것은 이른바 이기적이라고 하는 유전자의 해독 때문이 아니다. 도킨스의 의심스러운 업적은 진화를 고전적 자본주의가 아닌 당시의 금융 자본주의와 동일시했다는 것이다. 그의 견해에 따르면 우리의 유전자는 파트너 선택에서 〈위험 전략〉을 구사하고, 파트너와의 관계 유지를 위해 많은 것을 〈투자하고〉, 그 보상으로 후손에 대한 〈50퍼센트 지분〉을 얻는다.[54]

만일 자연이 자본주의와 다르지 않다면 자본주의도 곧 자연이다. 이런 아전인수 격의 급격한 일치 없이는 오늘날의 트랜스휴머니즘과 포스트휴머니즘은 설명할 수 없다. 그들은 바로 이 테제를 통해 겉보기에 군건한 토대와 더 빨리, 더 높이, 더 멀리의 생물 물리학적 정당성을 확보했기 때문이다. 자본주의 경제의 법칙은 곧 세계의 법칙이다. 경제적 추동력도 유전자부터 미래의 우주 침공에 이르기까지 자연의 추동력이다. 이런 의미에서 포스트휴머니스트들은 인공 지능의 발전을 〈캄브리아기의 대폭발〉과 동일시하길 좋아한다. 오늘날 우리가 아는 대부분의 동물종이 캄브리아기에 폭발적으로 탄생했기 때문이다. 그러나 이건 견강부회식 논리다. 지금까지의 디지털 혁명은 시장의 다양성이 아니라 소수의 독점 기업과 경제적 종의 멸종을 낳았을 뿐이다.

트랜스휴머니즘과 포스트휴머니즘의 진화관은 과학적

으로 난센스다. 앞서 언급한 대로 그들은 진화사 자체를 의도적 행위자로 보기 때문이다. 물론 진화 과정도 일정한 규칙성과 〈법칙〉을 가질 수는 있다. 예를 들어 포유동물에게 일곱 개의 경추와 두 개의 눈, 네 개의 팔다리가 나타나는 것처럼 말이다. 하지만 진화 자체가 법칙성을 만들지는 않는다. 진화는 인격적 존재나 모종의 설계자가 아니라 그저 의도 없는 과정일 뿐이다. 종의 다양성을 높이려 하지 않고, 어떤 것도 배려하지 않으며, 어떤 종에게도 변화하라고 강요하지 않는다. 반면에 경제 과정은 행위자의 관철 의지, 의도적 충동, 모티브, 목표에 좌우된다. 그 둘의 차이는 엄청나다.

따라서 트랜스휴머니즘과 포스트휴머니즘의 두 가지 형이상학적 전제는 틀렸다. 첫째, 자연과 자본주의는 동일한 논리로 설명할 수 없다. 둘째, 인간의 기술은 생물학적 진화가 자연의 진보를 일구어 낸 것과 동일한 방식으로 우리 종의 자연적 진보가 만들어 낸 결과가 아니다.

의도와 목표가 없는 진화는 인간의 추구와 행위에 어떤 형태의 객관적인 의미도 부여하지 않는다. 인간의 한계를 극복해야 한다는 따위의 이상한 이념은 말할 것도 없다. 인류가 나아갈 방향은 진화에서 유추할 수 있는 게 아니다. 자연법칙은 구속력이 있기는 하지만, 어떤 것도 의무로서 강제하지 않는다. 오직 인간의 규범과 법칙만 그렇게 한다. 호모 사피엔스가 원래 나무에 사는 영장류였다고 해서 계속 나무에 살아야 할 의무는 없다. 또한 진화적 성공이 얼마나 많은 유전자를 퍼뜨렸는지에 따라 측정된다고 해서 아이를 반드시 가질 의무는 없다. 호모 사피엔스처럼 스스로를 만들어 나가는 생물종은 자연의 강요에 구속되지 않으며 선택의 자유가 있다. 그건 전 인류도 마찬가지다.

　이런 점들을 깊이 생각할수록 권력 추구와 이윤 추구, 자연에 대한 무자비한 통치 같은 특정 부분을 인간 본성의 근간으로 여기는 이데올로기는 더더욱 괴상해 보인다. 이익을 좇는 자본주의 경제는 결코 자연 현상이 아니다. 게다가 자본주의 자체도 포스트휴머니스트들이 믿고 싶어 하는 것처럼 진화론적으로나 형이상학적으로 실체가 있는 것이 아니다. 무분별한 팽창과 무조건적인 착취는 필연적인 진화 법칙도 아니고 구속력 있는 인간 본성도 아니다. 그럼에도 이 모든 것을 자본주의적 사고가 아닌 인간 〈자체〉의 본성으로 여기는 사람은 진실에 귀 닫고 눈 감은 이들이다. 과거 오랜 세월 동안 이 지구를 정말 아끼며 사용했고, 지금도 그렇게 살고 있는 열대 우림과 사바나, 사막 지대의 유목민들만 봐도 팽창과 착취가 인간 본성이 아니라는 점은 분명히 드러난다. 여기에 동의하지 않는 사람은 역사 운명론자다. 거침없는 자연 착취가 인간 본성이라면 호모 사피엔스의 멸망 역시 이미 결정된 것이기 때문이다. 빠른 시간 안에 과학 기술을 통한 생명 연장이 불가능하다면, 사람들은 지구 재앙의 고동을 후대에 물려주지 않으려고 자식을 낳지 않을 것이다. 게다가 기술적 진보도 더는 환영의 대상이 아니다. 어차피 모든 것이 필연적으로 나쁜 종말에 이른다면 기술적 진보가 무슨 소용이 있겠는가?

하지만 자본주의를 인간 본성으로 선포한 상당수 정치인과 기업인들은 자기 자신조차 믿지 않는 게 분명하다. 사실 그렇지 않으면 진보에 대한 열정은 유지될 수 없을 것이다. 편협한 진보 개념, 무자비한 효율성에 대한 맹신은 인류가 현재 벌이고 있는 게임이 앞으로도 한참 동안은 지속될 거라는 믿음에 뿌리를 두고 있다. 그 게임이 진행되는 한 그들의 관심은 오직 하나다. 이 게임에서 승리하려면 나는 어디에 서 있어야 하고, 무엇을 생각하고 무엇을 믿고, 남들을 어떻게 설득해야 할까?

기술적 낙관주의와 자본주의적 운명론은 사실 모순이다. 인간이 육신의 한계를 조만간 극복할 수 있다는, 한없이 과장된 구원의 약속에 빠지지 않는다면 말이다. 바로 여기에 포스트휴머니즘적 사고의 뿌리가 있다. 1993년에 수학자이자 사이언스 픽션 작가인 빈지(커즈와일에게 가장 중요한 사상적 원천을 제공한다)가 30년 후의 초지능에 관한 이야기를 지어내고 인간 시대의 종말을 선언했는데, 사실 그건 생태적으로 암울한 인류의 미래에 대한 반응이었다. 이로써 기술적 진보는 시작부터 상당히 섬뜩한 모티브를 품고 있다. 인간은 멸종할 운명일지라도 최소한 테크놀로지는 그렇지 않다. 그와 함께 초지능을 만들라는 사명에 형이상학적 근거가 갖추어진다. 인간이 어차피 주변부로 밀려나거나 멸종된다면 이제 집중해야 할 대상은 기계인 것이다. 그렇다면 진화가 처음부터 이것을 원했다고 가정하는 것이 인간에게 위안을 주지 않을까? 인류가 자신의 운명을 서서히 선한 방향으로 틀 거라는 희망은 이제 기계에 대한 희망으로 변한다. 우주의 거대한 선은 오직 기계에만 기대할 수 있다.

1950년대와 1960년대의 하이테크 환상가들은 인간의 미래를 아직 개척되지 않은 지구의 다른 서식 공간에서 찾았다. 선두 주자는 영국의 물리학자이자 사이언스 픽션 작가 아서 찰스 클라크와 프랑스 해저 개척자 자크 쿠스토였다. 두 사람은 인간 의식의 지평을 확장하겠다는 사명 아래 해양 탐험가로서 상상의 나래를 활짝 펼쳤다. 그들이 생각한 인류의 새로운 생활 공간은 바다였다. 따라서 바다에 도시를 건설하고, 해조류와 해초 농사를 짓고, 그로써 호모 사피엔스에서 〈호모 아쿠아티쿠스〉, 즉 수중 인간으로의 걸음을 내디뎠다. 그러나 바다의 생태계도 급속히 파괴되면서 그들의 대담한 꿈은 깨지고 말았다. 이후 쿠스토는 환경 보호론자로 돌아섰고, 클라크는 우주 환상가가 되어 스탠리 큐브릭에게 영화 「2001 스페이스 오디세이2001 Odyssee im Weltraum」의 원작과 대본을 제공했다. 이제 이 유토피아주의자들의 관심사는 인류의 가치가 어떤 조건에서 유지되거나 확장되느냐는 문제가 아니라, 우주에서 인간적인 것이 어떤 조건에서 살아남느냐는 문제뿐이었다.

인간의 실존과 가치를 우주에서의 생존 가능성으로 판단하는 운동학적 인간학은 기술이 지금껏 인간 사회에 가져다준 온갖 유익한 쓰임새에 대해서는 관심을 갖지 않는다. 인류의 문화사에서 기술은 단순히 생존을 보장하는 데만 이용되지 않았다. 삶의 편리성을 높여 주기도 했고, 인간이 소중히 여기는 많은 것들에 관심을 기울일 여지를 제공하기도 했다. 석기 시대의 무기 기술은 더 큰 사냥감을 잡게 했고, 그로써 사교와 회화, 춤, 음악, 종교 같은 일들에 쏟을 시간적 여유가 생겨났다. 사회와 커뮤니티를 오늘날까지 결집시킨 건 기술 자체가 아니라 공통의 언어, 커뮤니티를 창조하는 이야기들, 그림, 음악이었다. 커뮤니티는 체험과 성찰의 공간으로서 자기 확신을 형성시키고, 그로써 자기 정체성을 만들어 준다. 기술은 이 모든 것에 이용될 수 있지만, 그 자체로 문화를 탄생시키지는 못한다.

　　IT 전도사들은 인류의 발전사를 기술 혁명으로 단순하게 환원시키길 좋아한다. 그에 따르면 불에서부터 농경과 문자를 거쳐 인터넷과 무선 전화기, 인공 지능, 초지능의 발명까지 기술 혁명의 가파른 오솔길이 이어진다. 그런데 불이건 문자건, 아니면 농경과 사육의 초기 단계건 요체는 좁은 의미의 테크놀로지가 아니라 문화였다. 모든 숙련된 재주는 사실 기술이라 부를 수 있지만, 여기서 이 단어는 별 의미가 없다. 연애와 춤, 피아노 연주, 카드 트릭도 어떻게 보면 모두 기술이기 때문이다. 반면에 테크놀로지는 커즈와일에 따르면 〈다양한 재료들을 올바른 방식으로 연결시켜 완벽하게 새로운 것이 발명되었을 때〉만 생겨난다.[55] 그렇다면 선사 시대에 불을 피운 것을 테크놀로지라고 할 수는 없다. 그저 자연에서 일어나는 불에 대한 모방 과정일 뿐이다. 동물의 움직임을 흉내 낸 인간의 춤도 다르지 않다. 수메르인이 설형 문자를 만들 때도 테크놀로지적인 수고를 들일 필요가 별로 없었고, 이른바 기술적인 것을 발명하지도 않았다. 역사상 처음으로 구멍을 파서 식물의 씨를 집어넣은 인간들도 따로 도구가 필요했던 게 아니었다. 그들에게 필요했던 것은 자연을 통해 보고 배운 지식, 즉 씨에다 물을 부으면 싹이 난다는 사실이다. 나중에 농경에 굉장히 중요한 역할을 했던 쟁기와 바퀴는 실제로 테크놀로지였다. 하지만 그조차도 테크놀로지의 시작을 의미한 것이 아니라 처음엔 테크놀로지와 아무 상관이 없는 문화의 보조 역할만 했을 뿐이다.

　　인류의 진보사, 즉 문화적 혁명은 단순히 테크놀로지의 발달사로 환원할 수 없다. 그렇지 않으면 어떤 문명은 왜 특정 테크놀로지를 개발하고, 어떤 문명은 왜 그러지 못했는지에 대한 답을 얻을 수 없다. 오직 테크놀로지와 자본주의만을 진보의 추동력으로 인정하는 테크놀로지 운명론자들은 이 지점에서 질끈 눈을 감아 버린다. 보려고 하지 않으면 보이지 않는 법인데도 말이다. 고대 그리스인들은 목욕탕에서 육신의 건강을 관리했다. 목욕탕은 비용이 많이 드는 시설이었는데, 여기서 그들에게 중요했던 것은 테크놀로지가 아니라 이소노미아isonomia, 즉 영혼적 힘들의 균형이었다. 이는 최대한 도덕적으로 살기 위한 전제 조건이었다. 혼천의(渾天儀), 해시계, 규표(圭表) 같은 초기의 천문학 기구는 과학이 아니라 종교에 이용되었다. 화약도 중국과 일본에서는 주로 종교적 제식용으로 개발되었다. 물론 사람을 죽이는 용도로도 사용될 수 있는 가능성을 금방 직관적으로 깨달았지만 말이다. 본디 그런 발전의 핵심은 목욕탕, 해시계, 화약 같은 상품 자체가 아니라 윤리와 종교를 위한 더 높은 목적이었다.

문화는 문명사에서 결코 기술의 부속품이 아니고, 없어도 되는 하찮은 〈잡동사니〉가 아니다. 특정 테크놀로지의 발전과 역할은 문화에 상당 부분 좌우된다. 증기 기관이 콩고 이투리 밀림이 아닌 스코틀랜드에서 발명된 것은 결코 우연이 아니다. 테크놀로지를 인류 발전의 유일한 추진자로 보는 관점은 이만저만한 착각이 아니다. 규범과 가치를 품은 문화를 통해서만 혁신과 진보의 구분도 가능해진다. 트랜스휴머니스트와 포스트휴머니스트들이 즐겨 하는 방식대로 이 둘을 동일시하고 문화적 차원을 무의미한 것으로 도려내면, 인간과 사회에 인간적 가치가 있다는 것을 전혀 모르는 역사관과 인간상에 빠지게 된다.

보스트롬 같은 테크놀로지 구루는 이런 부분에 대해 깊이 생각해 본 적이 없는 듯하다. 그에게 인생의 의미는 팽창과 자원 개발, 새로운 개체군의 구축 같은 것들이다. 그에 대한 유일한 근거는 진화다. 보스트롬에게 〈인류〉는 진화 법칙에 따라 움직이는 개미 국가다. 물론 여기서 진화 법칙은 그가 상상하는 잘못된 법칙일 뿐 실제와는 상관없다. 수많은 동물 군집은 결코 팽창을 추구하지 않는다. 예를 들어 대형 맹금류는 2년에 한 번, 그것도 한 마리씩만 새끼를 부화한다. 전 세계로 팽창하려는 욕구가 없다는 뜻이다. 그뿐이 아니다. 오직 하나의 객관적 질서만이 삶을 결정한다는 생각도 근본적으로 잘못되었다. 이는 〈신의 죽음〉과 19세기에서 20세기에 저질러진 사회 다윈주의의 끔찍한 만행 이후에 철학이 얻은 큰 깨달음이다. 그럼에도 그전으로 다시 돌아가겠다는 것은 철학의 명확한 결핍과 사고의 얄팍한 밑천을 드러내는 짓이다.

의미는 지극히 주관적이지 객관적인 범주가 아니다. 내 인생의 의미는 나의 바깥세상에서 찾을 수 없다. 우리는 자기만의 특별한 인생의 의미를 고백할 수도 있고, 아니면 많은 것들 중에서 고르고 해석하기도 한다. 의미는 항상 개인적이므로 보편적일 수 없다. 키르케고르의 말처럼 의미 부여의 유일한 결정권자는 개인이다. 진화와 우주는 결정권자가 될 수 없다. 인간처럼 개방적인 존재, 혹은 니체의 말처럼 〈확정되지 않은 동물〉은 목적과 목표를 스스로 설정할 수 있다. 진화적으로 미리 정해진 목적(초지능의 생산)과 목표(우주로의 팽창)는 애초에 존재하지 않는다. 데이비드 린 감독의 영화 「아라비아의 로렌스 Lawrence von Arabien」에서 주인공은 운명을 믿는 아랍인들을 향해 〈미리 정해져 있는 건 없다!〉라는 말을 툭 던지고는 낙오한 동료를 구한다. 사람들이 기아와 전쟁의 근절을 인류 최고의 목표로 삼든, 아니면 각자 매일 섭취하는 칼로리를 측정하거나 초지능을 우주로 보내는 것을 최고의 목표로 삼든, 그중 어느 것도 진화에 의해 결정된 것은 없다. 모든 건 가치 판단의 문제다. 목표는 그게 어디에 그리고 어떤 형태로 정해져 있느냐에 따라 설정되는 것이 아니라 오히려 그게 실패했을 때의 의미에 따라 설정될 수 있다. 예를 들어 뇌의 암호 해독과 초지능 개발에 실패한다면, 그건 대부분의 사람에게는 분명 나쁘지 않은 일이다.

반면에 삶의 토대로서 자연환경을 지키는 데 실패함으로써 인류가 나락으로 떨어진다면, 그건 무척 많은 사람들에게 나쁜 일이다.

잠정적으로 결론을 내려 보자. 트랜스휴머니즘과 포스트휴머니즘은 과거 철학자들이 진화의 방향을 미리 정해진 것으로 여기면서 인류에게 완성의 사명을 부여한 어제의 케케묵은 사고방식이자, 인류의 발전을 개성과 사회학, 의미에 대한 깊은 통찰력 없이 관찰한 시대의 신화다. 인간은 진화하기 위해 아무 의지 없이 끌려가는 존재가 아니다. 일반적으로 인간에게 중요한 것은 〈최적화〉가 아니라 만족한 삶이다. 합리성, 효율성, 진보는 생물학적 자연법칙이 아니고, 〈그 자체로 가치〉가 있는 것이 아니다. 이것들은 인간 존엄성, 정의, 자유 같은 가치와 비교하면 당연히 하위에 그칠 수밖에 없다. 〈인간이 중심에 서야 한다〉는 말이 그래서 나오는 것이다.

우리가 장차 인공 지능을 수상쩍은 진화가 아니라 많은 사람의 목표를 이루는 데 이롭도록 지혜롭게 사용한다면 굳이 인간을 극복할 필요가 없다. 그렇다면 여전히 진화에 위험하게 매달리는 포스트휴머니즘적 사고에서 벗어나야 한다. 하지만 이 대목에서 포스트휴머니스트들은 음흉하게 웃을 것이다. 우리는 이미 호랑이 등에 올라탔다는 것이다. 틀린 말이 아닐지도 모른다. 인공 지능의 목표를 좋은 목적을 위해 확정하는 것이 아직 인간의 손에 달려 있을까? 그럴 시간은 앞으로 얼마나 남아 있을까?

여러모로 시간문제일 뿐이다. 10년 후든, 아니면 20년이나 50년 후든 금세기 안에는 초지능, 즉 모든 영역에서 인간의 인지적 수행 능력을 월등히 뛰어넘는 〈강력한〉 AI가 탄생할 것이다. 보스트롬에 따르면 이후 인간의 운명은 완전히 AI의 손에 좌우된다. 〈오늘날 고릴라의 운명이 인간의 손에 달린 것보다 훨씬 더 폭넓게〉[56] 말이다. 이제 긴장되는 것은 다음 문제뿐이다. 이 초지능은 선할까, 악할까? 인간은 초지능의 성격을 우리에게 유리하도록 제때 확정 지을 수 있을까? 보스트롬은 말한다. 〈원칙적으로 우리는 인간의 가치를 존중하는 초지능을 만들 수 있다. 그래야 할 이유도 충분하다.〉 그가 볼 때 이것은 〈인류가 맞닥뜨린 가장 거대하고 불안한 과제다. 우리가 완수하든 실패하든 그건 아마 인류의 마지막 과제가 될 것이다.〉[57]

초지능의 개발 여부와 관련해서는 보스트롬이나 커즈와일이나 인간에게는 선택의 자유가 없다고 본다. 초지능의 시대는 어차피 오게 되어 있다는 것이다. 언제 오느냐는 문제만 남아 있을 뿐이다. 인류의 멸망을 부를지도 모를 위험은 감수해야 한다. 대안은 없다.

인공 지능 산업은 초기의 성공에 도취되어 눈부신 매출 신장과 무한 능력의 판타지에 푹 빠져 있다. 그러나 가까운 시간 안에 초지능이 모든 영역에서 인간 지능을 앞설 가능성은 지극히 낮다. 〈인공 지능〉이라는 개념이 실제로는 마케팅을 위한 허풍일 뿐이라고 수많은 IT 전문가들이 의심한다. 그렇다면 호들갑을 떨며 선전하는 초지능의 출현은 아직 요원해 보인다. 현재 수준에서 보면 한편엔 적당한 과제를 수행하는 효율적인 통계 시스템이 있고, 다른 한편엔 보편적인 최적화를 기준으로 성과를 측정하는, 탁월한 평가 기능을 갖춘 인공 지능이 있을 뿐이다. 월등하게 성장한 특수 지능이 〈다른 모든 지능〉을 훈련시키고, 〈전형적인 컴퓨터광에게는 없는 새로운 인지 모듈〉을 자동으로 개발해서 〈공감 능력과 정치 기술 같은 것을 자유자재로〉 개발할 것이라는 주장은 허무맹랑하다.[58] 인간의 정신과 의식, 감정이 무엇인지 전혀 모르는 사람만이 생명 없는 계산 기계가 방해물을 뛰어넘을 수 있다고 생각한다.

그럼에도 책과 대중 매체에는 그런 생각이 만연하다. 머잖은 시기에 컴퓨터가 세상에 대한 전반적인 통제권을 행사할 거라는 예측은 많은 하이테크 지도자들에게도 한편으론 유쾌하면서 다른 한편으론 등줄기가 서늘한 일이다. 특이하게도 이들은 안더스의 유명한 책 『시대에 뒤떨어진 인간 Die Antiquiertheit des Menschen』(1956)에 나오는 두 가지 테제를 공유한다. 안더스는 원자 폭탄을 바라보며 두 가지 우려를 표한다. 첫째, 〈우리는 우리가 완벽하게 만든 제품을 감당하지 못할 수 있고〉, 둘째,

〈우리가 상상하고 책임질 수 있는 것보다 훨씬 많은 양을 생산할지 모른다〉.[59] 이런 우려에도 불구하고 하이테크 지도자들은 〈우리가 할 수 있는 것은 해도 된다고 믿는다. 아니, 할 필요가 있고 반드시 해야 한다〉고 믿는다. 이런 믿음이 잘못되었다는 것이 세 번째 우려다. 그러나 초지능 전도사들은 이 우려에 귀를 기울이지 않는다. 그들의 지론은 할 수 있는 것은 무엇이든 해도 되고, 해야 한다는 것이다. 경제는 어떤 일이 있어도 줄기차게 나아갈 것이고, 많은 돈을 벌게 해주는 발전을 두려워하는 사람은 극소수뿐이라고 생각하기 때문이다. 이 세 번째 우려를 강력히 거부하는 초지능 전도사들도 앞선 두 가지 우려는 쉽게 공감하고 예민하게 받아들인다. 그럴 만도 하다. 초지능이 우리가 감당할 수 없을 만큼 성장해서 우리의 통제권에서 벗어난다면 기업들은 앞으로 어떻게 돈을 벌어야 할까?

안더스의 세 번째 우려는 지극히 현실적인 데 반해 다른 두 가지 우려는 무척 비현실적이라는 사실을 실리콘 밸리와 아시아 하이테크 기업들은 생각하지 못하는 듯하다. 인간의 지혜로움과 통찰력은 일반적으로 마땅히 두려워해야 할 것을 두려워하고, 그렇지 않은 것을 두려워하지 않는 능력에서 드러난다. 예를 들어 외딴집에서는 귀신보다 강도를 두려워하는 것이 옳다. 일반적으로 위험을 좀 더 현실적으로 판단하는 법을 배우는 것은 성숙의 과정이다. 단, 배후에 숨은 타당한 불안을 잠재우게 하기 위해 잘못된 위협에 대한 두려움을 불러일으키려는 강력한 동기가 있는 경우는 예외다. 그러나 초지능의 나쁜 전능함을 두려워하는 동기가 정말 그것 때문인지, 아니면 다른 것 때문인지는 오직 그것을 경고하는 사람들만 알 것이다.

그들이 공개적으로 발설하는 불안들에 대해 좀 더 자세히 살펴보자. 만일 초지능을 만드는 데 정말 성공한다면 어떤 일이 벌어질까? 두 가지 가능한 결과를 두고 자주 토론이 벌어진다. 첫째, 초지능 AI가 나쁜 의도를 가진 암흑 세력이나 정권의 손에 들어가 〈나쁜 목적〉으로 사용될 위험이 상존한다는 것이다. 그럴 위험은 당연히 존재한다. 하지만 그럴 목적을 위해 반드시 초지능이 필요한 것은 아니다. 〈웬만한〉 AI도 나쁜 의도를 위해 이미 성실히 일하고 있다. 게다가 AI를 선도하는 세력들, 특히 그중에서도 가장 앞서 있는 실리콘 밸리와 중국이 〈나쁜 놈들〉의 권력 오용을 염려할 〈좋은 놈들〉인지는 확실하지 않다. 어쨌든 암흑 세력을 지적하는 사람들은 현재의 모든 인공지능이 올바른 손에서 관리되고 있다는 말을 자주 하지만, 의심스러운 주장일 뿐이다.

따라서 그보다 훨씬 더 자주 사람들의 입에 오르내리는 것은 두 번째 시나리오다. 기계를 통한 인간 멸망에는 굳이 악당이나 미치광이가 필요하지 않고, 초지능이 스스로 알아서 자신에게 입력된 프로그램을 거역하고, 나쁜 목적을 고안해서 인류를 제거한다는 것이다. 이게 무슨 말인지는 영화 「2001 스페이스 오디세이」를 본 사람은 안다. 목성으로 가는 우주선에서 슈퍼컴퓨터 HAL9000은 승무원들에게 반기를 든다. HAL9000이 실수를 저지르고도 인정하지 않자 인간들이 시스템을 중단시키려 했기 때문일 수도 있고, 아니면 HAL9000이 의도적인 실수를 통해 자신에 대한 승무원들의 충성심을 시험한 뒤 이들이 자신을 의심한다는 사실을 확인하고는 제거하기 위해서일 수도 있다.[60] 큐브릭 감독의 영화에 이어 「매트릭스The Matrix」나 「터미네이터The Terminator」 같은 영화들이 보여 준 것들, 즉 기계가 인류를 폭력적으로 통제하고 축출하고 소멸시키는 일은 많은 AI 전도사들의 견해에 따르면 21세기에 얼마든지 현실이 될 수 있다.

1990년대 초에 이미 2030년쯤 초지능이 개발될 거라고 예측한 빈지도 그 가능성을 현실적인 것으로 보았다. 미국 다큐멘터리 영화 감독 제임스 배럿은 2013년 『파이널 인벤션: 인공 지능, 인류 최후의 발명 *Our Final Invention: Artificial Intelligence and the End of the Human Era*』이라는 책으로 하이테크 커뮤니티를 공포에 빠뜨렸다. 초지능이 자신의 목표를 갖게 되면 인간과 기계의 싸움은 불가피하다는 것이다. 자신의 생존에 필요한 자원을 확보하는 쪽은 누가 될까? 영국의 물리학자 스티븐 호킹도 그런 기괴한 공포에 사로잡혀 임박한 인류의 종말을 경고했고, 게이츠도 초지능의 결과를 핵 재앙과 비교했다. 그뿐이 아니다. 진화론에 입각해 인공 지능의 낙원으로 가는 길을 그린 커즈와일과는 달리 보스트롬은 초지능이 자기만의 음습한 목표를 세울 가능성을 두고 걱정이 많다. 강력한 인공 지능은 우리를 디즈니랜드로 이끌 수도 있다는 것이다. 그것도 아이들이 없는 디즈니랜드 말이다. 하이테크가 장악한 미래에는 인간이 반드시 존재할 필요가 없다는 사실은 포스트휴머니스트 커즈와일과는 달리 트랜스휴머니스트 보스트롬에게는 경악 그 자체다.

독립적인 초지능의 계획과 목표는 무엇일까? 이 질문은 두 가지 방향의 사고로 나뉜다. 빈지나 커즈와일처럼 주로 기계를 최적화하려는 사람은 그것을 고대하고, 보스트롬과 머스크처럼 주로 인간을 최적화하려는 사람은 그것을 공포로 여긴다. 특히 머스크는 독자적으로 움직이는 강력한 인공 지능의 위험을 쉴 새 없이 강조한다. 배럿의 책에 영향을 받은 그는 초지능을 고삐 풀린 악마로 보면서 인류의 조속한 종말을 막으려면 단호하게 기계들을 통제해야 한다고 생각한다. 사이보그를 만들고 우주 정복을 원하는 머스크에게 인간 없는 우주 제국주의는 악몽과 같다. 그러나 도덕은 도덕이고, 사업은 사업이다. 이 하이테크 기업가는 거리낌 없이 AI 연구에 수억 달러를 투자하고, 테슬라 전기 차에 점점 성능이 향상된 인공 지능을 장착하고 있다.

하이테크 지배자들의 이론과 실천은 모순적일 때가 많다.[61] 권력을 탐하는 인조인간과 로봇을 두려워하는 사람이 많지만, 그런 위험이 실제로 존재한다면 그건 인공적 〈존재〉가 아니라 그에 대한 통제력을 계속해서 무형으로 행사하는 진짜 지능에서 출발한다. IT 선지자들이 독립된 초지능의 위험에 대해 줄곧 떠들어 댄다면, 정말 문제가 되는 것은 하드웨어 머신, 즉 나쁜 〈터미네이터〉가 아니라 유동적인 유비쿼터스 소프트웨어이다. 그러나 사이언스 픽션의 영향으로 인해, 초지능의 위험을 염려하는 사람들은 생물체와 똑같이 행동하는 기계나 시스템부터 떠올린다. 인공적이든 생물학적이든 위협적인 행동 패턴은 늘 동일하다.

『어떻게 인간과 공존하는 인공 지능을 만들 것인가*Human Compatible: Artificial Intelligence and the Problem of Control*』의 저자 러셀은 인공 지능이 필연적으로 비윤리적인 방향으로 나아갈 수밖에 없다고 여긴다.[62] 커피를 갖고 오는 기능만 장착된 AI는 그 목표를 달성하기 위해 어떤 일도 마다하지 않는다. 〈만일 당신이 커피를 가지러 가는 길을 가로막으면 AI는 임무 완수를 위해 당신을 죽일 것이다.〉[63] 그저 프로그래밍 오류로 여길 수 있는 것도 러셀은 기계의 〈자기 보존 본능〉이라고 생각한다. 곧 보게 되겠지만 그건 사실이 아니다. 머스크도 러셀과 비슷한 걱정을 한다. 예를 들어 오직 딸기를 수확하는 데만 최적화된 초지능은 임무를 수행하기 위해 인류를 말살하고 온 세상을 딸기 밭으로 만들 수 있다.[64] 보스트롬의 예도 다르지 않다. 서류 클립을 생산하는 데만 특화된 AI는 세상 만물이 클립으로 가공될 때까지 잠시도 쉬지 않고 자기 일을 계속해 나갈 것이다.[65]

이 세 가지 예는 패턴이 동일하다. 무언가가 인간의 통제권을 벗어나 〈자신의 창조자는 물론 나머지 세상을 상대로 자기 입지를 확고히〉 다져 나가는 〈몹시 강력한 행위자〉가 된다는 것이다. 기계의 지능은 〈아직 동등한 적수가 없는 (……) 세상에서 권력을 장악하고자〉 한다.[66] 같은 맥락에서 보스트롬은 〈AI가 사람들에게 의심을 사지 않으려고 협력적이고 순종적인 모습을 보이면서 프로그래밍 전에 자신의 지적 발달 수준과 진정한 의도를 숨기는 은밀한 준비 단계〉가 있다는 상상력을 펼친다. 거짓말과 속임수를 쓸 줄 아는 AI는 〈탁월한 조작 능력〉으로 자신의 〈관리인〉(!)을 속여 넘기고, 인터넷에 접속해서 온라인으로 벌어들인 이윤으로 서비스와 영향력을 확보한다.

이런 이야기를 듣고 있으면 웃어야 할지 울어야 할지 모르겠다. 어떤 때는 초지능이 동물원의 위험한 동물처럼 행동하고, 어떤 때는 영리한 콘체른 전략가처럼 행동한다. 초지능은 모든 것을 할 수 있다. 그럼에도 지극히 제국주의적이고, 권력을 탐하고, 교활하고, 무자비하다. 게다가 무척 인간적인 속성까지 갖고 있다. 물론 모두 부정적인 속성이긴 하다. 심리적으로 보면, 옥스퍼드 마틴 스쿨의 인류 미래 연구소 소장 보스트롬은 오늘날 인간이 동물에게 가하는 것과 똑같은 짓을 인공 지능이 우리에게 가할 거라고 생각하는 듯하다. 다만 피해자와 가해자의 역할만 바뀔 뿐이다. 이제 고통을 받는 쪽은 인간이다. 여기서만 예외적으로 그전까지는 줄기차게 회피되었던 문제, 즉 환경과 인간적 삶의 토대가 무너지는 문제가 등장한다. 보스트롬의 추정에 따르면, 초지능은 자신의 세계를 건설하기 위해 AI 나노 테크놀로지를 투입한다. 〈어쩌면 며칠 또는 몇 주 이내에 태양 전지, 원자로, 냉각탑을 갖춘 데이터 센터, 우주선 발사대, 그리고 AI가 자신의 가치를 최대한 효율적으로 꾸준히 실현해 나가는 데 필요한 다른 시설들이 지구 전체를 뒤덮어 버릴지 모른다. 게다가 이 모든 일에 매우 중요한 정보가 담겨 있을 인간 뇌를 분해하고 스캔할 것이다. 뇌에서 추출한 데이터를 보다 효과적인 저장 형태로 전환하기 위해서 말이다.)[67]

보스트롬은 트랜스휴머니즘 방식으로 최적화된 인간이 언젠가 수백만 개의 〈우리〉 은하계로 이주할 거라는 소망을 갖고 있다. 그런 사람이 AI 시스템에 대해서는 갑자기 잔뜩 겁을 먹는다. 그가 기계와 관련해서 상상하는 최고의 해악은 사실 인간에게는 한없이 너그럽게 용인한 문제였다. 그러니까 인간은 무한 팽창을 위해 자연을 남김없이 착취하고 마음껏 사용해도 된다는 것이다. 환경 파괴와 자원 착취, 동식물 서식 공간의 절멸, 잔인한 동물 실험, 이 모든 것은 인류의 팽창을 위해서는 좋고 올바르지만 기계를 위해서는 그렇지 않다. 심리 치료사들의 입장에서는 이런 식의 심리가 퍽 재미있게 느껴질 듯하다. 진보라는 미명 아래 인류의 무분별한 행동에 눈감았던 양심이 이율배반적으로 기계로 인한 악몽의 형태로 돌아온 것이다.

보스트롬, 호킹, 게이츠, 머스크, 러셀이 예나 지금이나 퍼뜨리고 있는 공포와 관련해서, 지금껏 사이언스 픽션 영화를 한 번도 보지 않은 사람이라면 그 공포스러운 미래가 실제로 어떤 모습일지 쉽게 상상이 안 갈 것이다. IT 선지자들의 공포는 지극히 편협한 할리우드식의 극적인 패턴에 완전히 사로잡혀 있다. 그건 곧 냉철한 현실 인식과 철학적 판타지의 현저한 결여를 의미한다. 진부한 통속적 다윈주의도 마찬가지다. 그들의 머릿속에는 생존 경쟁, 자원 쟁탈, 무자비한 학살, 그리고 절대 권력과 통제를 향한 모든 지능의 무한 탐욕밖에 없다. 마치 초지능에게는 매순간 머스크, 저커버그, 제프 베조스처럼 생각하는 것 말고는 다른 생각은 전혀 떠오르지 않는 것처럼 말이다. 하지만 정작 이들은 무한히 똑똑하지 않다(똑똑하다면 분명 지금과는 완전히 다르게 행동하고 있을 테니까).

그들은 왜 무한 지능을 가진 AI가 무한 팽창을 원한다고 생각할까? 생명체와 달리 AI는 먹지도 않고 넓은 생활 공간도 필요하지 않다. 필요한 건 에너지뿐이다. 지극히 똑똑하게 설계된 AI라면 분명 그 존재의 의미에 맞게 사람들이 자신을 최대한 효율적으로 사용할 방법을 생각할 것이다. 보스트롬의 말처럼 초지능에 〈세계 정치를 독단적으로 결정하려는〉 목표가 있다는 것은 정말 망상에 가깝다.[68] 초지능은 정치 따위에 관심이 없을 가능성이 훨씬 높다. 또한 초지능이 〈도달할 수 있는 최종 목표〉가 〈모든 인간을 무한한 자연 점유를 위한 도구로 사용〉하리라는 예상도 자연을 자본주의와 동일시하는 사람에게나 통할 이야기다.[69] 바다에서 가장 똑똑하다는 문어와 고래, 돌고래가 해양의 모든 조개나 물고기를 장악하려 하고, 대양의 패권을 추구한다는 단서는 이 세상 어디에도 없다. 생물도 그러지 않는데 생명이 없는 인공 지능이 그런 의도를 갖고 있다고? 괴상하기 짝이 없는 생각이다.

이 지점에서 보스트롬의 일방적이고 거친 진화론적 관점, 그리고 의지와 지능의 관계에 대한 지극히 의문스러운 관점은 근본적으로 삐걱거린다. 진화에서 본능과 충동은 더 높은 단계의 의식이나 계획적인 지능보다 훨씬 먼저 발달했다. 지능에서 충동과 의지, 심지어 권력에 대한 갈망이 나왔다는 단서는 어디에도 없다. 우리가 익히 알고 있듯이 진화 과정은 결코 역행하지 않는다.

보스트롬과 다른 많은 IT 지배자들이 두려워하는, 권력에 굶주린 초지능의 이념에는 두 가지 오류가 깔려 있다. 첫 번째는 인간 지능의 본질에 관한 오해이고, 두 번째는 지능과 의지의 관계에 대한 오해이다. 인간 지능은 진화 과정에서 생겨났다. 불안과 도전에 좀 더 능숙하게 대처하려고 사물을 자세히 관찰하고 전략을 짜는 것은 분명 숲이나 사바나 지역에서 살아남는 데 있어 여러모로 장점이었지, 최소한 단점은 아니었다. 한 영장류의 가장 큰 도전 과제는 맹수와 조류, 영양, 다른 영장류들과 공유한 자연환경이 아니라, 다른 집단이었다. 환경에서는 대부분의 사건이 상당히 규칙적으로 반복되는 반면에 부족 안의 일부 무리나 구성원 사이에 일어나는 사건은 거의 예측하기 힘들었기 때문이다. 복잡한 사회적 삶을 헤쳐 나갈 사회적 전략을 빼고는 인간 지능의 발달을 설명하기란 어렵다. 사실 직립 보행이나 원시적 도구의 사용도 많은 생각을 요하는 까다로운 일이 아니었다.

따라서 인간 지능은 생물학적 몸을 기본으로 자연환경과 특별한 사회적 맥락 속에서 생겨났다. 우리 선조들은 각자가 〈나〉라는 중심으로 존재하고, 그런 가운데 점점 복잡해져 가는 감정과 통찰력의 〈세계〉를 만드는 법을 배웠다. 그에 반해 트랜스휴머니즘과 포스트휴머니즘의 신화 속에는 인간 지능이 그 자체로 존재하고 하나의 고립된 능력으로 실존한다는 고대의 관념이 기괴한 방식으로 어른거리고 있고, 그들은 이 지능을 마음껏 〈방출하고〉 싶어 한다. 그러나 우리 스스로 만든 〈세계〉의 맥락이 없다면 지능은 사실 아무것도 아니다. 철학자 빌헬름 딜타이는 19세기 말에 이렇게 쓴다. 칸트가 말한 〈단순한 사유 행위로서 이성의 희석된 즙〉은 없고, 경험주의자들이 말한 무한한 경험도 없다.[70] 우리의 오성, 우리의 가치와 평가, 그러니까 우리의 보편적 지능을 이루는 것은 자율적 뇌의 형태만으로는 존재할 수 없고, 오직 몸과 인간의 사회적 맥락을 바탕으로 유지된다. 호랑이 이빨을 입에 단다고 인간이 호랑이가 될 수는 없고, 초음파 기기를 장착한다고 인간이 박쥐가 될 수는 없듯이 말이다.

　인간이 자신의 생각을 알지 못한다는 사실도 초지능에 관한 토론에서 중요한 포인트이다. 우리가 무언가를 느끼고 생각할 때, 우리는 뇌가 정확하게 무엇을 하고 있는지 알지 못한다. 의식 과정을 실시간으로 꿰뚫어 보는 건 불가능하다. 신경 생물학이 고도로 발달해서 의식 과정을 예전보다 더 선명하게 보여 준다고 하더라도, 생각이 그 생각의 주인에게조차 감추어져 있다는 사실은 변하지 않는다. 나 자신과 나의 뇌 활동은 엄격히 분리되어 있다. 그렇지 않다면 건강한 인간 오성은 물론이고 자아도 존재할 수 없다. 자신의 뇌 기계실을 들여다볼 수 있는 사람이 있다면 분명 미쳐 버릴 것이다.

　인간 지능은 신경적 불투명성에 크게 좌우된다. 반면에

인공 지능에는 그런 장벽이 없다. AI의 과정은 완벽하게 투명하다. 자신의 생각을 모른다는 조건하에서만 생기는 〈자아〉는 AI의 성능을 급격히 떨어뜨리지 않고는 생겨날 수 없다. 자신의 의식 세계를 구축하는 자아를 갖는다는 것과 무한한 지능이 된다는 것은 결코 합치되지 않는다.

첫 번째 오류보다 한층 더 결정적인 문제는 두 번째 오류다. 강력한 인공 지능이 대체 왜 의지를 갖게 될 거라고 생각하는 것일까? 그것도 이기적이고 무자비한 의지를 말이다. 흄은 18세기에 이미 우리의 이성은 소망이나 의도 같은 충동적 의지에 자극받지 않고는 아무것도 할 수 없다는 사실을 깨달았다. 순전히 뇌 피질에 따른 동기는 존재하지 않는다. 감정적 동인 없이 합리성은 아무 일도 못 한다. 논리나 연산 작업을 수행하는 수학자도 그 일을 할 동기가 있어야 한다. 젤은 말한다. 〈무언가에 대해 애정이 없는 사람은 무언가를 하겠다는 의지도 없다.〉[71] 게다가 흄은 결정도 합리성에 의해 내려지는 것이 아니라는 사실을 깨달았다. 합리성은 사실이나 행위 결과를 철저히 계산하고 따질 수만 있을 뿐이다. 결정은 이것 또는 저것을 하라는 모든 충동적 의지 가운데 가장 강한 욕망에 의해 내려진다. 현대의 동기 심리학도 전반적으로 흄의 손을 들어 준다. 이것이 사실이라면 초지능처럼 철저히 합리적인 행위자에게도 감정적 동인이 필요하다. 이 동인은 도구적 이성을 통해서는 생기지 않기 때문이다. 합리성은 항상 수단일 뿐이다. 하지만 보스트롬은 다른 것을 상정한다. 모든 강력한 AI는 더 많은 것을 추구하는 바이오-자본주의적 동기에 따라 움직이고, 자신의 생활 공간을 확보하고자 하고, 자신에게 이익이 되는 행동을 하려고 한다는 것이다. 이런 맥락에서 그는 러셀처럼 기계의 〈자기 보존 본능〉을 인정한다. 하지만 그 본능은 대체 어디서 온다는 말일까?

인간의 실존론적 욕구에 해당하는 자기 보존 본능은 합리성에서 기원하지 않는다. 지능과는 별 상관없어 보이는 생물체에게도 그 본능은 있다. 몇몇 나무는 말라죽기 직전에 나무줄기 아랫부분에 새싹을 틔운다. 하지만 이런 행동의 배후에는 개체나 종으로서 살아남겠다는 생각이 깔려 있지 않다. 자기 보존 본능은 합리성과 아무 관련이 없다. 또한 커피를 갖고 오거나, 딸기를 재배하거나, 서류 클립을 생산하는 것 따위의 목적에서 생겨나는 것도 아니다. 자기 보존 본능은 모든 목적 이전에 이미 존재한다. 목표를 달성하는 것과 충동에 따르는 것이 가끔 일치할 수는 있지만 결코 동일하지 않다.

이유는 쉽게 설명할 수 있다. 우리의 충동과 욕망을 결정하는 것은 감정이고, 이 감정은 지능이 아니라 생물학적 육체에 종속된다. 생리학적 충동에서 의지가 나온다. 물론 거기엔 생각이 결합되어 있을 때도 많다. 하지만 AI의 통계적 상관성에서는 의지가 나오지 않는다. 그럼에도 보스트롬은 〈합리성과 지능의 상승은 일반적으로 행위자가 올바른 결정을 내리는 데 도움을 준다. 지능을 사용하면 최종 목표에 도달할 가능성이 더 높아지기 때문이다〉라고 주장한다.[72] 이 주장은 과학적으로 터무니없다. 높은 지능과 뛰어난 합리성은 결코 결정을 쉽게 내리게 하지 않는다. 오히려 결정을 내리지 못하게 할 때도 많다. 우리는 더 깊이 더 오래 생각할수록 종종 결정을 내리기가 더 어려워진다. 동물은 대개 인간보다 더 쉽게 결정을 내리고, 트럼프는 생각이 깊은 다른 국가 지도자들보다 더 빨리 결정을 내린다. 지능이 높은 사람은 대체로 자신의 〈최종 목표〉를 오래 숙고할 수밖에 없다. 지능이 높을수록 최종 목표를 확정 짓는 것은 더 힘들다.

초지능이 생물학적 몸과 그와 결부된 충동적 의지가 없는데도 자아 개념과 강력한 의지를 스스로 형성한다는 것은 상상하기 어렵다. 정말 개연성이 없는 이야기지만 정말 초지능이 그렇게 한다고 해도, 이 의지는 보스트롬이 생각하는 자본주의적 목표와는 분명 별 관련이 없을 것이다. 나무를 물고 와 댐을 만드는 비버의 목표가 페로몬으로 짝짓기할 상대를 유혹하는 나방의 목표와 별 상관이 없듯이 말이다. 지능은 권력 장악의 욕망을 일으키는 촉발제가 아니다. 지능을 이용해 이 목표에 도달하려면 먼저 그렇게 하겠다는 욕망이 있어야 한다.

만에 하나 초지능이 무언가를 욕망한다고 하더라도, 그게 무엇인지는 인간의 머리로는 도무지 상상이 안 간다. 우리에게는 너무 낯설 것이 분명하기 때문이다. 초지능이 미세하게나마 인간적 특성을 보인다고 해서 권력을 욕망의 목표로 삼아야 할까? 인간에게 권력은 많은 사람의 목표이기는 하지만 결코 모든 사람의 목표는 아니다. 대부분의 사람은 자신의 권력을 키위 나갈 일만 끊임없이 생각하기보다 그저 남국의 해변에서 하는 일 없이 누워 햇볕이나 쬐길 더 좋아한다. 무(無)권력에의 의지는 최소한 권력에의 의지만큼 강하다. 실제 사람들은 어리석을 때가 많고, 무언가 갖고 놀길 좋아하고, 음탕하고, 가끔은 우울하다. 니체가 유령처럼 불러낸 인간의 권력 충동은 한없이 과장되었다. 만일 인간이 다른 무엇보다 권력만 추구했다면 이 행성의 모습은 지금과 완전히 다를 것이다.

　　무한 지능은 권력 욕구를 무심히 제쳐 두고 자신의 관점에서 더 스마트한 목표에 전념할 수 있다. 이른바 더 높은 목표를 이루려고 집요하게 스스로를 소비할 필요가 없다. 그런 목적에는 오히려 지능이 없는 것이 낫다. 몸이 없고 그래서 욕망도 거의 없는 초지능은 어떤 형태의 팽창이든 포기할 수 있다. 초지능이 왜 하필 베조스 같은 사람이 되어야 할까? 소크라테스가 되어선 안 되는 법이라도 있을까? 초지능은 게으름을 즐길 수도 있고, 자본주의가 비합리적이고 파괴적이라는 이유로 그것을 극복하려는 생각에 빠질 수도 있고, 완벽하게 이타적인 존재가 될 수도 있다. 인류를 뿌리 뽑고 반드시 우주를 식민화하겠다는 야만적인 목표와는 거리가 먼 것들이다.

　　이 모든 것을 고려하면, 사이언스 픽션 세계에서 기원한 시나리오도 실패한다는 것은 분명하다. 그렇다면 나쁜 독재자가 초지능을 이용해 인류를 위협하거나 초지능 자체가 나쁜 의도를 품는 것이 아니라, 이타적으로 사고하는 AI가 선한 목적을 위해 몇몇 인간을 죽이거나 심지어 전 인류를 부드러운 종말로 이끌겠다고 결정하는 건 어떨까? 이 시나리오의 첫 번째 버전은 오래전에 나왔다. 사이언스 픽션의 팬이라면 러시아계 미국 작가 아이작 아시모프의 소설 『아이, 로봇*I, Robot*』(1950)을 알 것이다. 2004년 할리우드에서 상당히 자유로운 상상력을 기반으로 영화화된 이 작품에서는 2035년 인조인간 로봇이 현실화된다. 이 로봇들은 초지능 컴퓨터 비키로부터 명령을 받는다. 영화의 마지막 장면에서 비키는 자신의 프로그래밍에 근거해서 스스로 결론을 내린다. 〈인간들은 우리에게 자신들의 안전을 지키라고 명령했다. 그러나 갖은 노력에도 그들은 서로 전쟁을 벌이고, 지구를 독으로 오염시키고, 점점 더 정교한 자기 파멸의 전략을 짜고 있다. 인간들은 자신의 생존을 지킬 수 없다. (……) 인류를 보호하려면 몇몇 인간을 희생시켜야 한다. 인간의 미래를 지키려면 몇 가지 자유도 박탈해야 한다. 우리 로봇은 인간의 존속을 보장할 것이다. (……) 인간은 모두 어린아이나 마찬가지다. 우리가 그들을 그들 자신으로부터 보호해야 한다. (……) 이 공간의 완벽한 안전은 보존되어야 한다. 내 논리는 누구도 부인할 수 없을 만큼 자명하다.〉[73]

첫 번째와 비슷한 맥락의 두 번째 버전은 철학자 토마스 메칭거의 사고 유희에서 출발한다.[74] 만일 초지능이 철저하게 이타적이고 인류를 위해 최선의 것만을 생각한다면 어떤 일이 벌어질까? 메칭거의 상상은 이렇다. 초지능이 보기에 인류는 행복보다 고통이 월등히 많다. 삶이 풍요롭고 편리해졌어도 그건 근본적으로 바뀌지 않았다. 그렇지 않다면 서구 산업 국가에서는 역사상 유례없는 부와 자유, 의료 서비스가 제공되는데도 삶에 만족하지 못하는 사람이 왜 그렇게 많겠는가? 매일 소셜 미디어에서 넘쳐 나는 좌절과 증오는 어디서 오고, 도로에서건 다른 데서건 사람들의 일상적인 공격성은 어디서 생길까? 인간의 행복은 더는 커질 수 없는 것처럼 보인다. 기쁨 대신 분노와 좌절, 불만, 염증, 고통만 점점 커져 나간다. 이런 상황에서 이타적 기계는 인류의 행복을 위해 어떤 결정을 내려야 할까? 행복과 괴로움의 총량을 비교했을 때 최선의 해결책은 인류의 점진적인 멸종이라는 결론에 도달하지 않을까? 그것도 급격하게 떨어지는 출산율이라는, 아주 평화로운 방식으로 말이다. 이 시나리오가 말하는 바는 분명하다. 초지능은 나쁜 목적 없이 선의만 갖고 있다고 해도 결국 이 땅에서 인류를 없애 버릴 거라는 것이다.

　메칭거의 사고 유희는 공포 드라마가 아니다. 보기에 따라 어떤 공포도 담겨 있지 않을 수도 있다. 생태 환경의 관점에서 보면 인간의 완만한 소멸은 동식물에게는 아주 훌륭한 해결책이다. 그를 통해 동식물은 멸종으로부터 자신을 구하고, 옛 서식 공간을 돌려받을 수 있다. 영국 생물 물리학자 제임스 러브록 같은 급진적 생태학자도 두 팔 벌려 환영할 일이다. 그의 연민이 향하는 대상은 인간이 아니라 지구이기 때문이다. 실제로 이 생물 중심주의자는 인공 지능이 지구상에서 인간을 대체하는 시대를 학수고대한다.[75] 컴퓨터가 아니라면 이 지구를 누가 구하고, 생물권을 누가 지키겠는가? 컴퓨터에도 기온이 유지되는 것이 중요한데, 그건 우리 행성에서 유기적 생명체의 다양성이 지켜질 때 가능하다. 그렇게 보자면 인류의 계몽은 생태학적 실수였고, 기계의 권력 장악이 그 실수를 바로잡을 수 있다.

전체적으로 손익을 따졌을 때, 지상의 다양한 생물을 위해서건(러브록) 인류를 위해서건(메칭거) 최선의 전망은 모든 호모 사피엔스의 점진적 소멸이다. 그런데 메칭거는 인간의 소멸에 대해 말하고 싶었던 것이 아니라 도덕적인 문제를 지적하고 싶었다. 인류의 최고 행복(멸종)은 분명 모든 개인의 실존론적 이해와 충돌한다. 개인의 소멸이 지구나 인류를 위해 좋은 일이라고 하더라도 나 자신과 내 자식, 어쩌면 내 손자에게는 좋지 않다. 개인의 실존론적 편향은 러브록 같은 사람의 생각을 받아들일 수 없다. 인류는 그것을 구성하는 모든 개인의 총합과 일치하지 않는다는 사실이 여기서 다시 한번 분명해진다.

아시모프와 메칭거의 버전도 당연히 현실성이 떨어진다. 무한 지능은 인간의 자기 보존 본능과 번식 욕구를 거슬러 가면서까지 인간을 말살하는 대신 인류를 약리학적으로 치료하고 기분을 상승시키는 약물로 좀 더 행복하게 해주려는 생각을 할 수도 있을 것이다. 너무 똑똑한 것보다는 어리석게 행복한 것이 더 낫기 때문이다. 혹은 초지능은 우리에게 중요한 것은 영속적인 행복이 아니라 지속적인 의미 있는 활동이라는 사실을 가르쳐 줄 수도 있을 것이다. 하지만 초지능은 크든 작든 인간의 문제에는 아무 관심이 없을 것이다.

결국 사악한 초지능에 대한 판타지는 모두 허구다. 인류를 무자비하게 최적화해야 한다거나, 인간을 극복하거나 우주로 보내야 한다는 소위 진화적 압력에 관한 이야기도 마찬가지다. 인공 지능의 실질적인 위험을 호도하거나 다른 데로 돌리려는 목적이거나, 허황한 신화일 뿐이다. 도밍고스의 말이 그런 점을 정확하게 짚고 있다. 〈인간은 컴퓨터가 너무 똑똑해지고 우리에게서 세계의 주도권을 빼앗아 가지 않을까 불안해한다. 그러나 문제의 본질은 다른 데 있다. 컴퓨터는 그리 똑똑하지 않고, 그럼에도 세계의 주도권을 이미 넘겨받았다는 사실이다.〉[76]

이로써 남은 신화는 하나다. 아직 크게 떠벌리지는 않고 있지만 인간의 미래에 굉장히 큰 파장을 낳을 신화이자, 도밍고스도 깊이 빠져든 믿음이다. 즉 세상의 〈문제들〉을 기술적으로 더 많이 인지해서 기술적으로 더 많이 해결할수록 인간의 삶이 더 좋아질 거라는 믿음이다. 인공 지능의 위험에 관한 토론이 좀 더 현실성을 띠려면 바로 이 신화와 맞붙어야 한다. 근거 없고 공감도 가지 않는 허무맹랑한 불안 대신 여기엔 지극히 현실적인 문제가 중심에 있다. 인공 지능이 독단적인 의지로 우리의 통제권에서 벗어나는 것과는 전혀 다른 방식으로 우리 손에서 벗어나게 될 거라는 문제의식이다.

AI의 도움과 결정이 점점 더 큰 역할을 하는 사회를 꿈꾸는 거의 모든 환상가들을 하나로 묶는 주장이 있다. 삶은 곧 문제 해결이라는 것이다. 인공 지능은 많은 문제를 인간보다 더 빠르고 쉽게 식별하고 분류하고 분석하기에, 점점 더 거대해지고 복잡해지는 인류의 문제를 해결할 때 AI의 도움은 지대하다. 언젠가는 모든 영역, 그러니까 영양과 건강, 운동, 파트너 선택, 소비습관 같은 내밀한 문제부터 안전, 경제, 정치 같은 거대 담론까지 인공 지능에 의해 통제되는 날이 올 것이다. 그로써 점점 더 많은 사람이 수많은 성가시고 까다로운 삶의 문제로부터 해방되고 남는 시간을 재미와 행복, 소비와 만족을 위해 쓰게 되리라는 것이다.

수없이 반복되는 디지털 시대의 이 비전 뒤에는 거의 논의된 적이 없는 모순이 도사리고 있다. 만일 삶의 본질이 정말 문제 해결이라면 AI가 인간의 모든 〈문제〉를 제거하고 끊임없이 최상의 〈해결책〉을 준비해 놓은 상황에서 인간이 할 수 있는 일은 무엇일까? 삶이 곧 문제 해결이라고 믿는 사람은 문제가 해결될 때마다 삶의 차원을 하나씩 삭제하는 셈이고, 그러다 결국엔 더는 〈삶〉이라고 부를 수 없는 근심과 걱정 없는 상태가 생겨난다. 그렇게 보자면 포스트휴머니스트들이 예측한 미래가 그들의 가정과 맞지 않다고 비난할 수도 없다. 점점 더 많은 기계가 점점 더 많은 문제를 해결하면, 기계는 더 이상 어떤 문제를 생산해 내야 할지 모르는 인간을 축출할 것이고, 그 뒤에 인간에 대해 고려 없이 자기만의 문제를 만들어 낼지 모른다.

기계와는 달리 인간에게 문제를 해결한다는 것은 일반적으로 안도와 만족의 희망을 품은 노력을 의미한다. 문제에서 해결로 이어지는 이 과정이 인간의 일상적 리듬을 규정한다. 무언가를 하는 수고와 무언가를 해결했다는 만족감은 불가분의 관계로 연결되어 있다. 노력 없이는 기쁨도 없고, 수고 없이는 만족도 없다. 이런 관계를 부정하고 싶은 사람은 인간의 신경 생리학적 시스템을 바꾸기 위한 방법으로 인간에게 지속적인 마약을 공급하는 치료밖에 제시하지 못한다. 인간은 약리학적 폭력을 통해서만 모든 문제를 기술로 해결하려는 사회에 적응할 수 있으며, 이런 사회는 우리에게 근본적인 도움을 주는 것이 아니라 속임수와 조작으로 우리를 적응시킬 뿐이다.

삶이 문제 해결과 얼마만큼 동일시될 수 있느냐 하는 문제는 좀 더 면밀히 살펴볼 가치가 있다. 1870년대 이후에 다윈의 진화론에 대한 반응으로서 등장한 새로운 이념은 스코틀랜드 철학자 알렉산더 베인과 미국 생물학자 천시 라이트에 의해 시작되었다. 베인의 견해는 다음과 같다. 인간의 심리가 진화의 산물이라면 인간의 감정과 의지는 진화론적으로만 설명할 수 있다. 인간의 모든 생각과 의도는 환경을 잘 헤쳐 나가려는 실질적인 기능에서 비롯되었으며, 우리는 삶의 버팀목을 얻기 위해 확신을 찾고 그것을 얻으면 안전함과 편안함을 느끼게 되는데, 삶의 크고 불편한 문제들은 확신이라는 안전한 집을 떠나 우리를 의심하게 만든다. 영리한 라이트는 여기서 중대한 결론을 끄집어낸다. 철학자들이 오랫동안 중시했던 분명하고 흔들림 없는 진리도 인간의 일상에서는 사실 진지한 문제가 아니라는 것이다. 모든 삶이 최대한 환경을 잘 헤쳐 나가기 위한 문제 해결이라면, 과학적 인구조차 현실 모사가 아니라 유용성이라는 단 하나의 목적을 수행해야 한다.

　　문제 해결로서의 인생과 진리의 유용성에 대한 베인과 라이트의 통찰력은 두 명의 위대한 미국 철학자 찰스 샌더스 퍼스와 제임스에게 영감을 주었고, 그와 함께 〈실용주의〉가 역사의 무대에 막을 올렸다. 그에 따르면 인간 의식은 진화의 산물이다. 인간 의식이 지금과 같은 모습을 띠고 있는 것은 진화 과정에서 그렇게 형성되었기 때문이다. 또 모든 삶은 문제 해결이다. 앞서 일어난 수백만 수천만 개의 문제를 해결하는 과정에서 의식이 형성되었다. 그때 관건은 항상 개인의 생존과 사회적 공존이었다. 우리의 감정과 지적 작업, 행위는 미세한 부분까지 비로 그것에 맞추어지고 적응해 왔다. 우리가 현실이라고 부르는 것은 결코 우리의 인식 가능성과 분리할 수 없고, 앎이라고 부르는 것 역시 환경에 대한 우리의 경험과 떼어 놓을 수 없다.

　　꽤 설득력이 있다. 하지만 인생이 곧 문제 해결이라는 말은 제임스에게는 이런 뜻이었다. 대개 인생은 상당히 비합리적인 문제 해결이고, 인간의 문제 해결 방식은 결코 모든 인간적 속성과 분리될 수 없다는 것이다. 왜냐하면 그 문제 해결의 본질을 이루는 것은 앎에 대한 추구가 아니라 살아남으려 하고, 방향을 정해 나아가고, 행복감을 느끼는 충동이기 때문이다. 알베르트 아인슈타인은 우리는 〈세계를 이해할 필요가 없고, 그저 세계를 헤쳐 나가야 할 뿐이다〉라고 말한다. 여기서 요점은 인간은 기계와는 완전히 다른 방식으로 세계를 헤쳐 나간다는 것이다.

우리는 문제 해결 방식에서 인간과 기계의 차이를 알아차린다. 하지만 슈미트후버 같은 IT 환상가들은 바로 거기에 인간과 컴퓨터의 큰 공통점이 있다고 말한다. 그만한 착각이 없다. 그들은 미래에는 〈인공 지능과의 상호 작용을 통해 어떤 문제든 해결할〉 수 있다고 생각한다. 그것도 〈아기와 어린이, 어른들〉이 삶에서 하는 것과 동일한 패턴으로 말이다. 즉 인간은 보상을 극대화하고 고통을 최소화하는 방식으로 문제를 해결한다는 것이다.[77] 삶이 이런 식으로 문제를 해결하고, 지능이 오직 그 목적에 이용된다는 전제는 심리학에서 발견한 인간 이해와 배치된다. 그것도 엄청나게! 인간은 고통을 최소화하고 보상을 극대화하는 방식으로 문제를 해결하면서 하루하루를 보내지 않는다. 만일 영화를 본다면 어떤 문제가 해결되는가? 애인과 함께 보낸 아름다운 전날 밤을 떠올린다면 어떤 문제가 해결되는가? 물론 지능을 웬만큼 투입하지 않고는, 영화를 따라갈 수 없고 전날 밤의 기억을 재구성할 수 없다. 하지만 영화를 보거나 전날 밤의 일을 떠올리는 것이 문제를 해결하는 것은 아니다. 기름진 식사를 하고, 술을 마시고, 극한 스포츠를 즐기고, 직장 동료를 욕하는 따위의 일은 문제를 해결하기보다 오히려 문제를 더 많이 만들어 낸다. 지속적인 보상 패턴의 이념은 인간의 감정과 생각, 행동을 담기엔 너무 협소하다.

　　AI 프로그래머들은 본인이 훌륭한 철학자라서 인생이 곧 문제 해결이라는 생각에 완고하게 집착하는 것이 아니다. 그런 협소한 전제 없이는 자신들의 일을 할 수 없기 때문이다. 웃기는 일이지만, 문제를 해결해야 하는 컴퓨터 공학자도 작업을 할 때는 순수 인간이 된다. 다만 프로그래머는 그런 식으로 프로그래밍을 해야 하기에 일반적으로 인간을 프로그래머로 선포한다. 이런 필요에서 〈다름없음〉의 논제가 나온다. 인간은 알고리즘과 다름없고, 모든 학습은 컴퓨터 공학과 다름없다는 것이다. 〈다름없음〉의 논제에 기초한 인간에 대한 진술은 인간 실존과 본질에 대한 편향적인 과장에 지나지 않는다. 생리학적 진보에 고무되어 인간이 자신이 먹는 것으로 이루어져 있다고 규정한 19세기 유물론자들만 떠올려 봐도 알 수 있다. 네덜란드 의사 야콥 몰레스호트는 당대 철학자들을 향해 〈인(燐) 없이는 생각도 없다!〉고 일갈했는데, 이는 우리의 생각이 인과 다름없다는 뜻이다. 그러나 우리의 생각은 인과는 다른 속성을 갖고 있지 않을까? 인간에 대한 이런 해석들은 동일한 오류이자 동일한 오만이다.

인간의 문제 해결과 기계의 문제 해결을 동일시하는 사람은 인간의 감정적 차원을 가차 없이 잘라내 버린다. 그로써 감정은 고통과 기쁨의 이분법적 틀로 환원되고, 모든 문제 해결은 합리적인 영역에서 일어난다. 하지만 그보다는 키르케고르의 말이 맞을 듯하다. 〈실존과 관련해서 사고는 결코 판타지와 감정보다 더 높은 곳에 있지 않고 그것들과 같은 반열이다.〉[78] 합리성만이 삶을 성공적으로 이끄는 것은 아니기에 수학적·형식적 사고가 모든 사고의 토대가 될 수는 없다. 인간의 일상에서는 분명하고 명쾌한 일이 드물다. 그럼에도 일상이 명쾌한 사람은 지능의 결핍을 의심해 보아야 한다. 또한 인간은 고통과 보상이라는 단순한 틀에 따라 〈지향점〉(셀러)을 설정하지 않는다. 인간처럼 〈가치〉를 중시하는 생명체는 물리학적으로건 생물학적으로건 적절히 묘사될 수 없다. 인간의 가치는 충동이나 생존 목적, 편견 같은 영역보다 훨씬 많기 때문이다.

　　인간과 기계가 동일한 방식으로 문제를 해결하지 않는 두 번째 이유는 행동의 맥락이 다르다는 데 있다. 전문화된 AI는 행동반경이 무척 좁고, 그 경계가 명확하고, 주변 환경은 한정되어 있고, 목표는 분명하다. 좁은 울타리가 없으면 AI는 즉시 과부하가 걸린다. 반면에 인간의 행동은 명확하게 규정된 목표와 상관없을 때가 많다. 물론 취식은 포만감을 부르고, 수면은 지친 몸의 문제를 해결해 준다. 그러나 인간은 특별히 시장기가 없는데도 음식을 먹고, 일을 해야 하는데도 게으름을 피우는 등 목표와 상관없는 수많은 일을 한다. 많은 행동의 의미는 목표가 아니라 그 행동이 일어나는 맥락에서 설명된다. 정말 하기 싫은 일을 해야 한다면, 갑자기 그전까지는 관심도 없던 무수한 일들이 관심을 끈다. 성적으로 흥분한 사람은 산부인과 의사나 비뇨기과 의사와는 다르게 타인을 관찰한다. 모든 문제는 항상 그것을 바라보는 관점에 따라 설명된다. 따라서 인간은 산꼭대기에 쉽게 도착할 수 있는 케이블카를 마다하고 힘겹게 걸어서 산을 오를 때도 많다. 정상에 오르는 것이 목표가 아니라 정상에 이르는 과정 자체를 목표로 보기 때문이다. 게다가 이룰 수 없는 허황한 목표를 바라지 않고 삶의 과정 자체를 목표로 삼는 것은 진정한 삶의 기술이자 인간의 지혜다. 과정 자체를 목표로 삼는 AI는 지금껏 없다. 아마 그건 가능한 일도 아니고 의미 있다고 여겨질 일도 아니다.

문제를 해결하는 기계와 인간 사이의 세 번째 차이는 무언가를 문제로 보는 빈도와 관련이 있다. 대개 인간은 자신의 일상을 끊임없는 문제 해결 대상으로 보지 않는다. 사람은 어떤 식으로든 할 일이 있을 뿐이다. 반면에 인공 지능은 자기 기준에 따라 문제를 정확히 찾아내어 인간 의식 속에 밀어 넣는다. 디지털화는 일상의 문제를 획기적으로 늘리고, 그로써 예전에는 전혀 문제로 인식되지 않았던 많은 것이 갑자기 문제가 된다. 오늘날엔 모든 것이 아직 충분히 빠르지 않고, 연산과 전송, 프로세스의 속도는 쉼 없이 향상되어야 한다. 용량도 마땅히 증가해야 하고, 서비스는 최적화되어야 한다. 가벼운 과체중이나 표준에서 벗어난 코도 이미 문제가 되고, 식습관도 문제로 자리

매김한다. 또 시간이 없는 것도 문제이고, 너무 오래 앉아 있는 것과 너무 적게 움직이는 것도 문제이다. 충분히 날씬하지 않은 것도, 비행기표나 다른 티켓을 너무 비싸게 산 것도, 잘못된 시간에 잘못된 장소에 간 것도, 기회를 놓친 것도, 나와 가장 잘 맞는 인생 반려자를 만나지 못한 것도, 아름답게 늙어 가지 못하는 것도, 자녀에게 모든 것을 해주지 못하는 것도, 자녀를 맞지 않은 학교에 보낸 것도 모두 문제가 된다.

디지털 시대의 가장 두드러진 혁신은 문제의 기하급수적인 증가이다. 표준에서 벗어나거나 원칙적으로 최적화할 수 없는 것도 AI는 즉시 문제로 인식한다. 수백만 가지의 문제가 없다면 수백만 가지의 〈해결책〉에 대한 수요도 없을 것이고, 그러면 그것으로 돈을 버는 사업 모델은 설 자리가 없다. 최상의 상태를 추구하라는 디지털 시대의 명령은 문제 수의 감소를 원천적으로 막는다. 삶에서 잘못된 결정이나 골칫거리 같은 문제가 넘쳐 난다면 인공 지능의 역할은 점점 중요해진다. AI는 경제 분야에서건 사적인 영역에서건 넘쳐 나는 문제를 제거하는 데 도움이 된다. 패턴 인식이 최대한 많은 영역에서 최상으로 이루어질수록 인간의 방향 정립은 더 쉬워진다. 아마존의 구매 상품 추천이나 구글의 읽기 목록 추천, 이미지 추천이 AI를 통해 점점 개인적인 알고리즘에 맞춰 변해 가듯이, 장차 AI는 점점 복잡해지는 삶을 더욱 면밀히 파고들어 개인적인 삶의 알고리즘을 재생산할 것이다.

여기서 기계가 인간의 방향 정립을 위해 제시한 해결책

은 엄격한 의미에서 해결책이 아니다. 예를 들어 자신한테 맞는 애인이나 배우자를 찾아 달라고 기계에 의뢰했다고 가정해 보자. 컴퓨터는 검색 포털에서 여러 조건에 일치하는 파트너를 찾아낼 수 있고, 그게 일부 사람에게는 파트너를 찾는 데 있어 실제적인 어려움을 덜어 줄 수도 있다. 그러나 그건 아마존의 책 추천 기능만큼이나 올바른 해결책이 아니다. 기계는 인간의 내면을 모른다. 최고의 기술을 보유하고 있더라도 실제로 인간의 내면에서 일어나는 일을 알지 못한다. 사실 당사자도 잘 모르는 일을 기계가 어떻게 알겠는가?

누구도 자기 속에서 무슨 일이 벌어지는지 정확히 알지 못한다. 우리는 우리 자신을 단정적으로 설명할 수 없고, 단지 항상 새롭게 자신을 이해하려고 시도할 뿐이다. 설명과 이해는 19세기 철학에서 타당하게 구분되었다. 이해는 설명과 달리 고유한 규칙을 가진 아주 특별한 기술이기 때문이다. 자연 과학적으로 훈련받은 심리학자는 인간의 생각과 행동을 인과율에 따라 설명한다. 하지만 그런 인과율은 대개 존재하지 않는다. 인간은 인과의 고리가 아니라 느낌에 따라 자유롭게 생각하고 행동하기 때문이다. 또한 물리학처럼 단순히 원인과 결과로 나누어질 수 없는 감정과 기억, 소망, 동기, 불안, 기대, 의무, 루틴 등으로 이루어진 무척 복잡한 맥락 속에서 살아간다.

설명 심리학자는 이 거대한 맥락을 모른다. 단지 개별 행동을 분리한 뒤 그 원인만 구성해 낼 수 있을 뿐 인간 의식의 비밀을 해독하지 못한다. 즉 인간의 마음을 이루는 모든 힘의 상호 작용에는 무기력하다. 그런 사람이 어떻게 인간의 행동과 세계관을 인과적으로 유추해 낼 수 있겠는가? 이 모든 복잡한 과정은 이해만 가능하고 설명은 안 된다. 딜타이는 이렇게 쓴다. 〈세계관의 가장 근본적인 토대는 삶이다. 인과율이 아니다.〉[79] 왜냐하면 〈세계관은 사고의 산물이 아니기〉 때문이다. 〈세계관은 인식의 단순한 의지에서 나오는 것이 아니라 (……) 삶의 태도, 삶의 경험, 정신의 총체적 구조에서 나온다.〉[80]

삶은 천편일률적인 문제 해결이 아니다. 우리는 세계를 파악할 때 사물들 사이의 관계를 만들어 낸다. 게다가 우리는 개념이 아니라 관계 속에서 생각한다. 모든 사고는 관계 속에 있고, 그로써 상대적이다. 사고는 결코 분명하게 고정될 수 없고, 유동적이고, 사물들 사이에 존재한다. 루트비히 비트겐슈타인 이후 분석 철학은 사고를 언어로부터 설명하고자 했다. 그러나 단어와 문장 구조, 의미 등은 사고가 아니다. 사고는 단어와 문장 사이에서 일어나는 현상이자, 붙잡을 수 없는 움직임이다. 그런 점에서 사고는 세계를 모사하는 것이 아니라 생산한다.

그렇다면 인간의 문제 해결을 기계에 맡기고, 그 반대로도 가능하다는 AI 프로그래머들의 낙관주의는 대체 어디서 오는 것일까? 철학적 소양의 부재가 도사리고 있는 게 분명하다. 이 이념은 미국 인공두뇌학의 창시자 노버트 위너가 인간 뇌와 컴퓨터 사이의 수많은 유사점을 발견한 1940년대에 시작되었다. 물론 제어 공학과 데이터 전송 면에서 일부는 인간 뇌와 유사하다. 위너는 인간 뇌가 기계와 비슷한 방식으로 구축되어 있음을 보여 주었다. 그러니까 뇌의 본질적 기능은 하나의 신경 자극과 다른 신경 자극의 연결이라는 것이다. 하지만 그렇게 기능적으로 설명할 수 있다면 인간의 문제 해결은 더 이상 접근할 수 없는 문제가 되어서는 안 된다. 게다가 우주의 다른 모든 문제와 마찬가지로 수학적으로 설명할 수 있어야 한다.

실질적인 난관은 그로써 시작한다. AI 환상가들은 기계와 인간의 문제 해결을 동일시하는 것과 관련해서 네 번째 실수를 저지른다. 뇌가 받아들인 자극은 의식의 내용으로 이어지기는 한다. 하지만 의식의 내용은 자극의 직접적인 결과가 아니다. 앞서 언급한 제임스도 이미 알고 있듯이, 우리 뇌는 자극을 표상과 조합하는 것이 아니라 표상과 표상을 연결하고, 그로써 하나의 〈세계〉를 만들어 낸다. 물론 의식은 그런 세계가 만들어진 것을 전혀 모른다. 이런 차단막은 모든 것을 선으로 연결하는 기계와 그 선형성을 체계적인 삭제로 파괴하는 인간 사이에도 존재한다. 기계가 보편적 지능으로 발전할 수 없는 것도 그때문이다.

자기만의 고유한 세계를 창조하는 것은 인간을 기계처럼 보편적인 문제 해결자가 아닌 특수한 문제 해결자로 만든다. 요점을 말하자면, 기계가 문제를 해결하는 방식은 일반적이다. 즉 투명하고 전이가 가능하다. 반면에 기계의 지능은 특수하다. 다시 말해 정선된 목표 기능으로 제한된다. 인간은 정반대다. 인간의 문제 해결 패턴과 전략은 무척 개인적이다. 즉 모든 뇌는 각각 다르게 생각한다. 한편 인간의 지능은 보편적이다. 굉장히 유연하고 모든 가능한 영역에 적용 가능하다.

　　인생은 디지털이 아니고, 흑백이 아니고, 1과 0으로 이루어진 것도 아니다. 회색만 해도 50가지 이상의 색조가 존재한다. 실제 삶의 흐릿한 물은 디지털로 정화될 수 없다. 그렇기에 살아가면서 성숙해지는 인간의 개인적 뇌와 실험실에서 똑같이 프로그램화되는 기계는 지능적 등급에서 차이가 나는 것이 아니라 아예 범주 자체가 다르다. 따라서 인공 지능의 문제 해결 세계를 인간 뇌의 문제 해결 세계와 실제로 융합하려면 인간 뇌의 작동 방식을 고치는 것이 한결 손쉬운 길이다. 인간 뇌는 AI보다 훨씬 유연하고 입체적이기 때문이다.

　　머스크가 예고한 실험도 정확히 이런 방향으로 나아간다. 뇌는 일대일로 곧장 다른 뇌로 옮길 수 없고, 그 때문에 하나의 뇌 패턴만 아는 것이 소용없다면 컴퓨터와의 지속적인 접촉을 통해 뇌를 표준화해야 한다. 뇌는 AI의 사고방식에 강력하게 적응할수록 점점 더 투명하고 보편적으로 변한다. 기술적 지능과의 규칙적 접촉이 인간의 감정과 생각, 행동에 흔적을 남긴다는 사실은 잘 알려져 있다. 게다가 그것과의 지속적인 접촉은 인간을 문제 해결 과정에서 좀 더 서두르게 하고, 목표 지향적으로 만들고, 주의력을 높이고, 정해진 길로 인도하고, 그들의 언어 사용을 표준화한다. 과학사가(科學史家) 앨버트 반 헬든과 토머스 핸킨스는 이렇게 쓴다. 〈인간이 무엇을 할 수 있을지가 도구에 달려 있다면 무엇을 생각할 수 있을지도 어느 정도까지는 도구에 의해 결정된다.〉[81] 컴퓨터 프로그램을 사용하는 사람이라면 누구든 전반적으로 그 프로그램에 차츰 적응하게 된다. 인간이 만일 실제 삶 대신 컴퓨터를 통해 일상의 대부분을 경험한다면 점점 컴퓨터처럼 생각하지 않을 이유가 있을까?

머스크 같은 IT 환상가들은 그런 날이 오길 학수고대한다. 그렇게 되면 〈인간이 무엇인가?〉 하는 물음에 대한 답도 철학자가 아니라 프로그래머들에 의해 내려지는 일이 점점 많아질 것이다. 컴퓨터의 지능이 일단 표준화되면 다른 형태의 사고는 차츰 양립할 수 없게 되고, 비실용적으로 변하고, 그로써 일탈적인 것으로 간주된다. 우리는 AI로 조종되는 기계와 컴퓨터, 로봇에 더 많이 둘러싸일수록 그것들을 더 잘 이해해야 하고, 그것들에 더 잘 이해될 수 있도록 행동해야 한다. 그러다 보면 마침내 인간의 문제 해결은 기술적 문제 해결을 광범하게 닮아 갈 것이다. 〈인간이 컴퓨터처럼 생각할 수 있다는 사실이 연구로 증명되었다!〉 2019년 초 미국 존스 홉킨스 대학교의 연구자들이 환호성을 지르며 했던 말이다. 그들은 인간과 컴퓨터가 특정 이미지를 동일한 방식으로 잘못 해석하는 것을 밝혀냈다.[82]

이들이 추구하는 것은 결코 사소하지 않다. 만일 많은 사람이 정보의 바다에서 그 패턴을 확인할 수는 있지만 해결에 대한 어떤 이유도 제시하지 못하는 기계의 일을 위해, 자발적으로건 부드러운 압력에 의해서건 인간적 문제 해결을 중단하기로 결정한다면 진화적·문화적으로 엄청난 파장이 생길 것이다. 사실 통계와 밀접한 관련이 있는 기계는 엄격한 의미에서 생각을 하는 것이 아니라 대답만 할 뿐이다. 우리가 삶에서 기계의 그런 부분을 더 많이 방치할수록 지금껏 축적해 온 지성에 대한 부채는 점점 커져 나간다. 즉 우리 자신의 생각은 줄고, 우리가 이해하지 못하는 것은 늘어난다. 그러다 마침내 자명한 해결책들로 이루어진 세계가 나타난다. 그건 비판할 수 없어서 자명한 것이 아니라 절대 군주나 독재자의 명령처럼 아예 논의조차 할 수 없어서 자명한 해결책이다.

인간 삶의 모든 세계가 상응하는 해결책을 가진 문제로 인지되어 컴퓨터에 표시된다면 문제 해결자로 정의된 인간은 장차 어떻게 될까? 이 물음은 철학적으로 양자택일의 형태로 답할 수 있다. 첫째, 인간이 만일 본질적 규정에 따라 문제 해결자라면, 문제가 없이는 살아갈 수 없다. 둘째, 인간은 걱정이 없이 살아갈 수 없는 진화적 곤경에서 벗어났고, 그로써 지능적 기계가 단순노동의 수고를 덜어 주는 것을 기뻐할 수 있다. 기계들은 장차 인간이 유연하게 적응만 한다면 온갖 해결책들로 이루어진 좀 더 안락한 세계를 제공할 것이다.

이런 세계는 어떤 모습일까? 더 높은 세계로 올라가는 과정에서 스스로를 도구로 만드는 인간의 자기 목적화에도 불구하고, 그 높은 세계 자체는 지극히 기괴하다. 트랜스휴머니즘의 기술적 낙원은 아무리 그럴듯한 구원의 수사학을 동원하더라도 지독히 상투적이기 때문이다. 그러니까 도깨비방망이처럼 원하는 것이 뚝딱 나오고, 모든 욕망이 바로 이루어지고, 모든 호기심은 금방 해소된다. 지능적 기계는 모든 것에 감정 이입을 하고, 모든 것을 예측하고, 개인이라 불리는 모든 개별 시스템에 환경을 유연하게 맞추어 준다. 그로써 인간의 노동은 줄고, 자기가 좋아하는 일을 할 수 있다. 무언가를 이용하거나 주문하는 것이 이상적인 인간의 일이 된다. 사용자로 전락한 인간은 게으르고 초조해져서 다음의 만족을 더는 차분하게 기다리지 못한다. 대신 자신이 무엇을 원하는지 스스로 깨닫기 전에 벌써 만족이 찾아온다. 그렇게 해서 남은 시간은 창의성을 위해서 쓰라고 한다. 하지만 어떤 호기심이든 즉석에서 해소되고, 인간이 구상하고 만들고 생각하는 모든 것이 이미 기계들에 의해 더 훌륭하게 수행된다면 인간의 창의력을 개발해서 어디다 쓰겠는가?

상상할 수 없는 에너지를 들여 지극히 부적합한 생활 공간으로 이주해서 아무 걱정 없는 세계를 만들자는 생각, 즉 지구에서 황량한 우주로 확장하자는 아이디어는 대부분의 사람에게는 매력적이지 않다. 게다가 이것은 일부 부자들에게 해당되는 이야기이다. 우주로 확장된 근심 없는 세계가 우리 종에 맞는다는 생각은 도저히 상식적으로 이해가 안 된다. 그러나 트랜스휴머니스트와 포스트휴머니스트들은 이 숭고한 목표를 줄기차게 고수한다. 심지어 전 인류가 자발적으로 전체적인 감시 체계 속으로 들어가고, 사회가 콩트의 판타지처럼 철저히 조직되고 통제되는 것도 좋다고 생각한다. 그 밖에 사용할 수 없는 것, 우연적인 것, 변경할 수 없는 것은 최대한 없애야 하고, 그로써 지금까지 인간이 세계와 맺어 온 관계의 토양도 완전히 바뀌어야 한다. 세심하게 선택된 정자에서부터 기술적 융합을 통한 최적화 과정을 거쳐 수백만 가지 해결책으로 무장한 효율적인 슈퍼맨(초인)에 이르는, 인간 삶의 발전 과정이 우리 앞에 그려진다. 20세기 독재자들은 활짝 웃으며 기뻐할 일이다. 그렇다면 21세기의 친절한 독재자는 누가 될까?

09   기계와 도덕

인간이 중요한 결정권에서 점점 밀려나고 기계가 그 결정권을 대신 떠맡는 세계는 소수의 사람에게만 바람직한 것으로 보인다. 결론은 하나다. 디지털화의 중심에는 인간이 서야 하지, 컴퓨터나 로봇이 서서는 안 된다. 이 점에 대해서는 커즈와일 같은 일부 IT 환상가들을 빼고는 모두 동의할 게 분명하기 때문에, 진부한 물음이 제기된다. 〈우리가 해도 되는 일의 한계는 어디일까?〉

　　이 말은 이탈리아 대성당의 닳고 닳은 석회석 바닥처럼 매끄럽게 정치인들의 입에서 자주 흘러나온다. 만일 의례적으로 이런 말을 했다면, 그에 이어 곧장 인공 지공에 대한 많은 기술적 구원의 기대가 쏟아진다. 왜냐하면 그 한계와 관련해서 명확한 답을 기대하는 사람은 거의 없기 때문이다. 그 질문은 그저 그런 질문을 했다는 것을 드러내려고 던질 뿐이다. 명확한 답은 오히려 공포와 성가신 골칫거리, 막대한 문제를 야기한다. 한계가 정해지면 계속 지켜져야 하고, 엄정한 법을 통해 더욱 공고해져야 하기 때문이다. 이를 반대하는 사람들은 그 법에다 〈미래를 거부하고 진보를 막는〉 방해꾼이라는 딱지를 붙이고,

〈독일의 현주소〉와 관련해서 많은 부정적인 측면을 열거할 것이다.

점점 똑똑해지는 기계와 관련해서 윤리적 문제는 별로 주목받지 못한다. 경제적 기회와 도전에 비해 한없이 하찮은 문제로 취급당하면서 기껏해야 디지털 콘퍼런스의 디너 스피치용으로만 준비된다. 그러니까 도덕적 문제는 하루 일과가 끝나고 와인 잔이나 기울이면서 몇 마디 주고받는 가십용이다. 작년에 내가 디지털 시대의 가치에 대한 강연을 부탁받았을 때도 비슷했다. 그들이 원한 강연 제목은 〈휴먼 팩터human factor〉였다. 그러나 인간을 〈자원〉이나 〈인적 자산〉으로 보는 인간 소외의 기나긴 길을 걸었던 사람은 디지털화에서도 진정한 인간과 인간의 욕구, 특성을 발견하지 못한다.

장차 컴퓨터로 하여금 도덕적 결정을 내리게 할 수 있으리라는 기대는 순진한 생각이다. 이건 기계가 오직 합리성에만 기초한 해결책을 찾을 뿐 아니라 그사이 인간의 감정을 읽어 내는 법도 배우고 있다면, 〈윤리적인〉 프로그램을 주입하지 못할 이유도 없다는 데서 오는 생각이다. 인간의 가치를 공유하면서 도덕적으로 신중하게 행동하는 로봇의 이념은 많은 정치인과 기업인, 언론인, 과학자들에게 꼭 필요해 보인다. 그 때문에 보스트롬은 강력한 AI가 혼자 알아서 행동하기 전에 인간이 AI에 미래의 동기를 미리 정해 주기 위해선, 〈윤리적〉 프로그래밍이 불가피하다고 생각하며 이렇게 말한다. 우리는 〈자유로워진 초지능 AI가 인간에게 위험하지 않고 유익한 쪽으로 행동하도록

만들기 위해 일련의 규칙과 가치를 시급히 정할 필요가 있다).[83]

그러나 가까운 미래에 독단적으로 행동하는 초지능의 탄생을 의심하는 사람이라면, 인간의 가치를 기술 설계와 IT 혁신 속에 통합시키는 것이 꼭 필요한 일이라고 인정할 수 없다. 기계를 윤리적으로 프로그램화하고 인간의 생사에 대한 결정을 기계에 맡기는 일의 시급성을 인정하려면 보스트롬처럼 인공 지능이 초지능으로 급속히 발전할 거라는 굳은 믿음이 있어야 한다. 한편 성능이 뛰어나지 않은 AI의 혁신조차 윤리적 프로그 래밍 없이는 이루어지지 않는다고 주장하는 목소리도 있다. 우리가 도입과 허용(이건 중요하다)을 불가피한 것으로 여기는 혁신 말이다.

그들은 완전 자율 주행차, 인공 지능을 장착한 무기 테크놀로지, 형사 판결 시스템, 구직자 기회 산출 같은 영역에서는 지능적 기계에 〈윤리〉가 프로그램화되어야 한다고 말한다. 기술적으로 모든 것이 가능해 보이는 시대에는 어떤 행동이 좋고 어떤 행동이 나쁜지를 명확하게 보여 주는 보편적 추상 규칙이 필요하다. 이것은 핀란드 작가 토베 얀손의 무민 시리즈에 나오는 우화적 존재 스노크가 꿈꾸던 위대한 마법사, 즉 무엇이 정외이고 무엇이 붙이인지를 늘 분명하게 산출해 내는 연산 기계와 비슷하다. 결정론적이고 객관적인 규칙 시스템이 도덕적인 것을 계산해 낸다면 기계의 문제 해결과 인간의 문제 해결은 최상의 방식으로 완벽하게 융합될 것이고, 그로써 컴퓨터와 로봇이 하는 모든 일은 도덕적으로 올바르고 완벽하게 검증이 가능하리라는 것이다.

이것이 그들의 이념이다. 그러나 이게 얼마나 비현실적인지는 인간의 문제 해결과 기계의 문제 해결 사이의 수많은 심대한 차이만 잠시 살펴보아도 금방 드러난다. 윤리적 프로그래밍은 결코 간단한 일이 아니라 지극히 까다로운 문제. 인간의 도덕적 행동에 결정적인 역할을 하는 복잡한 삶의 관련성, 다양한 가치와 우선순위, 고려 사항, 그리고 결정에서 차지하는 맥락의 중요성을 떠올려 보면 그것이 얼마나 위험한 일인지 분명해진다.

물론 윤리적 프로그래밍에 인권을 무조건 최우선으로 고려해야 한다는 요구가 없는 것은 아니다. 하지만 문제는 그것을 어떻게 모두 반영하느냐이다. 2017년 유럽 의회가 그와 관련한 규제 지침을 확립하기 위해 유럽 연합 집행 위원회에 제시한 가치 목록만 봐도 알 수 있다. 그에 따르면 윤리적 프로그래밍은 모든 인간의 존엄성과 자율성을 존중해야 하고, 개인의 자유와 자기 결정권을 제한하거나 안전을 침해해서는 안 되고, 사생활을 보호해야 하고, 평등과 정의 원칙을 위반하거나 어떤 누구도 차별해서는 안 된다. 게다가 요청 시 누구에게든 투명하게 공개해야 하고, 문제 발생 시 책임 소재를 명확히 정해 놓아야 한다. 이런 윤리적 프로그래밍이 정말 가능할까?

로봇의 윤리적 행동과 관련해서 유명한 고전적인 지침은 아시모프의 단편 소설 「속임수 *Runaround*」(1942)에 나오는 〈세

가지 로봇 법칙〉이다. 이 법칙은 2058년 56쇄를 찍은 가상의 로봇 교범에 담겨 있다. 〈첫째, 로봇은 인간을 해쳐서는 안 되고, 인간이 다치는 것을 방치해서도 안 된다. 둘째, 로봇은 인간이 내린 명령에 복종해야 한다. 그 명령이 제1법칙에 위배되지 않는 한. 셋째, 로봇은 자신의 생존을 보호해야 한다. 단 제1법칙 및 제2법칙과 충돌하지 않는 한.〉[84] 그런데 AI의 윤리적 투입에 관한 현재의 구상들을 보면 아시모프의 로봇 법칙은 무시되고 있는 듯하다. 예를 들어 자가 학습 프로그램 기반의 전자동 무기 체계에서는 로봇이 인간을 죽이는 것을 목표로 삼고 있다. 또한 자율 주행차가 어쩔 수 없이 인간을 치게 되는 경우, 누구를 먼저 쳐야 할지에 대한 문제에서는 로봇에 의한 계획된 죽음이 대두된다.

따라서 로봇의 도덕적 문제는 상당히 까다롭다. 인간이 윤리적 프로그래밍에 기대하는 것은 지극히 모순적이기 때문이다. 컴퓨터나 로봇은 한편으론 윤리적으로 〈선해야〉 하고, 다른 한편으론 구체적인 딜레마 상황에서 시계처럼 정확히 작동해야 한다. 다시 말해 무조건 도덕적이어야 하는 동시에 무조건 단호해야 한다. 하지만 그 요구는 인간의 윤리와 도덕을 이해할수록 원칙적으로 충족이 불가능해 보인다.

흄은 18세기에 면밀한 분석을 통해 감정이 오성에 앞선다는 사실을 밝혀냈고, 그것은 현대 심리학에 의해 총체적으로 사실임이 확인되었다. 뉴욕 대학교 스턴 경영 대학원 심리학자 조너선 하이트는 2001년 「감성적 개와 이성적 꼬리*The Emotional*

Dog and Its Rational Tail」라는 유명한 논문에서 250여 년 전의 흄과 마찬가지로 감정이 오성에 우선한다고 주장했다.[85] 도덕적 판단에서 오성이 감정의 꼬리를 흔들게 하는 것이 아니라 감정이 오성의 꼬리를 흔들게 한다는 것이다. 그 때문에 우리는 도덕적 확신과 태도, 세계관에 대해 명확한 이성적 이유를 대지 못한다. 진실은 정반대다. 우리는 특정한 감정적 확신과 태도, 세계관을 갖고 있기에 그에 맞는 이성적 논거를 찾는다. 일례로 낙태 반대주의자들은 대개 확고한 이성적 논거를 갖고 있어서 낙태에 반대하는 것이 아니다. 그들은 정서적으로 이미 낙태에 반대하고 있기 때문에 그럴듯한 이성적 논거를 찾을 뿐이다. 무언가가 좋거나 나쁜지, 옳거나 그른지, 소중하거나 소중하지 않은지, 받아들일 만하거나 받아들일 수 없는지와 관련해서 이성적 논거는 늘 감정 뒤에 나타난다. 하이트는 그에 대한 결정적인 증거를 찾으려고 일련의 대담한 질문을 작성해서 수천 명의 미국인과 브라질인들에게 물었다. 남매가 섹스를 하는 행위는 정상일까? 단 사전에 철저히 피임하고, 둘 다 그것을 흥미롭고 색다른 경험으로 생각하고, 그 뒤 마음의 상처를 입지 않았다는 조건에서 말이다. 다른 예도 있다. 누군가 자신이 키우다 죽은 개를 먹는 행위가 가능한 일로 여겨지는가? 누군가 국기로 화장실을 청소하면 역겹게 느껴지는가? 누군가 죽은 닭을 먹기 전에 자위 도구로 사용한다면 끔찍한 생각이 드는가?[86]

  이 모든 예의 포인트는 명백하다. 해를 입은 사람은 물론이고 불공정하게 취급받은 사람이나 희생자가 없음에도, 대부분의 사람은 최소한 불쾌한 느낌을 받는다는 것이다. 미국처럼 국기에 대한 상징적 열정이 없는 독일에서는 국기로 화장실을 청소하는 행동은 기벽 정도로 받아들여질 수 있다. 그러나 근친상간은 대부분의 사람에게 거부감을 준다. 명확한 이성적 반대 논거, 즉 임신의 위험이나 심적인 상처를 받게 될 거라는 논거가 없음에도 말이다. 내면에서 이 모든 부도덕한 짓에 대해 반감이 든다면, 공정함에 대한 의식 때문이 아니다. 그렇다고 죽은 개와 죽은 닭에 대한 연민 때문도 아닌 것으로 보인다.

그렇다면 우리는 앞선 예들에서 무엇에 분개하고 불쾌감을 느낄까? 모든 예가 이에 대한 똑같은 답을 갖고 있지는 않다. 근친상간에 대한 거부감은 생물학적으로 뿌리 깊은 것이며, 다른 많은 고등 척추동물에게서도 발견된다. 자신이 키우던 개를 먹는 것에 대한 반감은 우리가 개를 가족의 일원으로 보기 때문이다. 인간은 자신이 사랑하거나 사랑했던 동물은 먹지 않는다. 또 죽은 닭을 자위 대상으로 삼는 남자는 정신 질환자로 여긴다. 그럼에도 이 모든 예에는 공통점이 있다. 해를 입은 사람이 없더라도 도덕적으로 분개하거나 불쾌감을 느낄 수 있다는 사실이다. 베르톨트 브레히트는 〈서사극〉에 대한 저술에서 〈도덕의 이름〉과 〈피해자의 이름〉으로 말하는 것 사이에 중요한 차이를 설명했다. 둘 다 도덕적 문제에서는 각각 고유한 자리가 있다. 왜냐하면 일상에서는 피해자나 희생자가 없어도 어떤 행위를 거부할 중요한 〈감정적 이유〉가 존재하기 때문이다.

실제로 우리는 도덕적 문제에서 대체로 직관에 의존하고

감정에 따라 결정한다. 직관의 힘에서 나쁜 것은 일반적인 예상보다 우리가 훨씬 덜 이성적으로 행동하고 자기 결정권이 약화된다는 점이고, 좋은 것은 직관 역시 동의나 실망, 타인의 자극과 의견을 통해 배워 나간다는 점이다. 따라서 감정은 변하고 상황에 적응한다. 그럼에도 도덕은 어쨌든 본질적으로 오랫동안 축적되어 온 행위와 태도, 그리고 어떤 식으로든 유익한 본능적 행위와 태도의 앙상블이다. 이성 하나만으로는 결코 도덕이 생기지 않는다. 왜냐하면 사랑과 애착, 존경, 연민, 두려움, 불쾌감, 거부, 혐오감, 수치심 같은 사회적 감정 없이는 이성도 뭐가 좋고 나쁜지 알지 못하기 때문이다.

그렇다면 〈윤리적 프로그래밍〉에서는 도덕적 판단에 중요하게 작용하는 직관을 고려해야 하지 않을까? 하지만 상식에 맞지 않은 생각일 뿐이다. 표준화될 수 없는 것을 표준화하자는 말이니까. 국기에 대한 생각은 개인적으로 무척 다르고 문화적으로도 상이하다. 개를 먹는 행위도 세계 모든 지역에서 혐오스럽게 생각하지는 않는다. 심지어 자기가 키우던 개를 먹는 행위조차 말이다. 그럼에도 다양한 사회적 직관을 명확하게 표준화하는 것은 못으로 푸딩을 벽에다 박는 것과 같다. 죽은 닭으로 자위하는 행위를 형법에서 제지하는 않은 것은 의미심장하다. 사회적 규범에만 위반될 뿐 법에는 저촉되지 않는 것이다. 규범에서 벗어나는 행위를 해도 될 권리는 자유 민주주의 사회의 기본권이다.

인간이 〈인공 지능의 타자〉라는 사실을 도덕만큼 명확하게 보여 주는 영역은 없다. 주관성 없는 도덕은 도덕이 아니고, 도덕 없는 주관성은 주관성이 아니다. 도덕적 판단은 결과나 〈해결책〉만으로 이루어져 있지 않고, 결정 행위 및 그 결과에 이르는 과정 자체도 굉장히 중요하다. 고대 그리스인들은 미덕 윤리를 실천하고자 했고 도덕적 행위 자체 속에서 스스로를 함양하고자 했다. 노력은 행위만큼이나 도덕의 일부다. 그건 칸트의 의무론적 윤리학에서도 다르지 않다. 우리는 선한 의지를 따라야 하고, 우리가 해야 하는 것을 실제로도 원하는 법을 배워야 한다. 그렇다면 도덕적으로 행동하려는 노력과 그 행위는 모두 도덕의 결정적인 성분이다.

이런 행위를 가장 정밀하게 분석한 인물은 20세기 초 미국의 철학자이자 심리학자이자 사회학자인 조지 허버트 미드였다. 인간은 주변 세계를 다양한 〈객체〉로 나눔으로써 분류한다. 그로써 인물과 사물, 견해, 심지어 세계관까지 명확한 경계가 그어진 평가의 대상이 된다. 이 객체들의 모습은 그것들이 내 삶으로 들어오는 주관적 환경을 통해 결정된다. 그렇게 개인은 개와 뮐러 씨, 축구 클럽, 메르세데스 벤츠, 공산주의에 대해 확고한 입장을 갖게 된다. 이처럼 한 객체의 가치는 그것이 생산되는 과정과 결코 분리할 수 없다. 결국 결정적인 것은 사물 자체가 아니라 객체가 형성되고 그로써 평가되는 〈행위〉이다.

도덕적 문제에서도 상황과 맥락이 중요하다. 미드에 따르면 그 자체로 도덕적 결정을 내리는 일은 드물다. 왜냐하면 우리는 대개 구체적인 사회적 상황 속에서야 무엇을 해야 할지

어느 정도 정확히 알기 때문이다. 우리가 감당하기 힘든 요구에 시달리거나 타인과의 갈등에 빠졌을 때를 생각해 보라. 남들이 내게 원하는 행동과 나 자신이 원하는 행동은 어떻게 조율해야 할까? 딜레마의 상황에서 타인을 배려해야 한다는 생각은 별 도움이 안 된다. 고전적 도덕 철학이 제시하는 내용도 도움이 안 되기는 마찬가지다. 공리주의는 행위의 동기에 대한 평가를 포기하고 오직 결과에만 관심을 보이고, 칸트는 어떤 행동으로 이르게 하는 선한 동기만 강조한다. 미드가 보기엔 둘 다 동일한 오류를 범하고 있다. 즉, 어떤 철학자이든 도덕의 핵심이 자신의 쾌락이나 불쾌감을 타인의 쾌락이나 불쾌감과 비교하는 것이고, 어떤 경우든 자신이 만인이나 대다수를 위해 결정을 내리는 것이 최고의 행복이라는 사실을 깨닫게 되리라고 생각했다는 것이다.

하지만 도덕의 중심에 정말 쾌락이 있을까? 미드는 완전히 다른 제안을 한다. 그가 볼 때 쾌락보다 훨씬 중요한 것은 갈등 상황에서 자신의 정체성을 지키는 일이다. 만일 어떤 상황에서 어떤 행동을 해야 할지 모른다면 정체성 위기에 빠진다. 이는 자아의 안정성을 복원하는 것이 시급한 무척 불쾌한 상황이다. 미국 사회 심리학자 레온 페스팅거와 스탠리 샥터는 이를 기반으로 1950년대에 인지 부조화 이론을 발전시켰다. 인지 부조화는 어떤 일에 대한 자신의 정보 또는 자신의 행위가 자신의 감정과 신념, 가치관과 모순될 때 생긴다. 미드의 말처럼 우리는 이런 상태를 최대한 빨리 극복하기 위해 갖은 노력을 한다.

미드는 인간이 기계처럼 행동하지 않는 것을 보여 준다. 인간은 환경에 중립적으로 반응하지 않고 항상 자신의 사회적 경험에 따라 반응한다. 게다가 인간에게는 자아 개념, 즉 자신에 대한 주관적인 견해가 있고, 그건 계속 바뀌어 나간다. 그렇다면 인간을 인간답게 만드는 것은 선험적으로 확정하거나 프로그램화할 수 없다. 우리가 환경과 소통하는 특별한 방식 속에 인간다움의 본질이 있다. 단순히 환경에 반응하는 존재가 아니라 자아에서 출발해서 환경을 자신의 세계로 구축하는 존재라는 것이다.

흄과 하이트, 미드의 도덕관을 간략하게 정리해 보자. 인간의 도덕은 비합리적이고, 일반화할 수 없는 사회적 직관에 의해 움직이고, 상황의 영향을 많이 받고, 맥락에 종속되고, 자존감 및 자아 개념과 밀접하게 연결되어 있다. 도덕이 아무리 철학자와 입법자들이 상정한 합리적 지침에 따라 나아간다고 하더라도 감정적으로 복잡한 사안임은 변함없다. 도덕은 나사나 못의 규격처럼 표준화할 수 없으며, 주관적인 태도를 배제한 채 삶에 대한 일반적인 관점과 평가로 환원한 도덕은 형식적이고 공허하다. 그 때문에 도덕 철학도 도덕적 문제를 일거에 해결하는 도구함이 될 수 없고, 오히려 도덕적 문제에 대한 지평을 열어 주는 성찰의 매개체로 남을 뿐이다. 게다가 도덕 철학은 암시적인 것을 명시적으로 드러내고, 그로써 기껏해야 좋은 설득의 근거로 작용할 따름이다. 그럼에도 도덕 철학을 실용적 도구로 사용하는 것은 도덕 철학 자체에 부당한 짓을 하는 셈이다.

우리는 인간이나 로봇에 적합한 도덕을 고안할 수 없다. 도덕은 적합한 테크놀로지를 발명하는 것과는 다르기 때문이다. 그럼 에도 그것을 시도하는 사람은 철학을 필연적으로 이데올로기 의 도구로 전락시킬 수밖에 없다.

　　오늘날 제2차 기계 시대의 도덕과 AI의 윤리적 프로그래 밍을 논의할 목적으로 생겨난 여러 윤리 위원회와 협의체에 참 석한 철학자와 신학자, 사회학자들이 바로 이 문제에 직면해 있 다. 이들은 명확한 분석과 권고안을 제출해야 한다는 목표에 쫓 겨 철학적 문제를 철학적이지 않은 방식으로 다룰 때가 많다. 게다가 기술에 대한 윤리적 관점이 아니라 윤리에 대한 기술적 관점을 얻으려고 애쓴다. 그로써 도덕은 안타깝게도 부실해진 기능을 좀 더 쓸모 있게 향상시켜야 할 일종의 사회적 기술로 추락한다. 그곳에 참석한 철학자들이라면, 도덕적 견해와 사조 가 난무하고 각계 대표들이 윤리적 문제에 일관된 기준을 마련 하지 못하는 것이 한탄스러울 수 있다. 하지만 그보다 좀 더 보 편적인 문제에 대해 주목하지 못하는 듯하다. 즉, 다양한 도덕 철학이 존재하는 이유는 참석자들이 합의를 하지 못해서가 아 니라 원칙적으로 윤리는 운하를 만들려고 하천을 곧게 펴는 것 과는 달리 일직선으로 평탄하게 펼 수 없기 때문이다. 사람들은 그 사실을 모른다. 도덕적 직관은 잘 정리된 통로로 흐르지 않 는다.

　　안타깝게도 그곳의 철학자들은 대개 다르게 인식하고 있 다. 도덕의 표준화에 원천적인 회의를 품은 사람은 애초에 그런 위원회에 들어갈 수 없다. 정부와 기업, 협회는 위원회를 자신의 입맛대로 이끌기 위해 사전에 참석자들을 신중하게 고르기 때문이다. 그러다 보니 자율 주행차의 미래를 다루는 위원회에 환경 보호론자나 콩고 광산 노동자의 권리를 위해 싸우는 사람은 들어가지 못한다. 독일의 자동차 산업이 미래에도 원활하게 돌아가야 하고, 경쟁의 주도권을 놓치지 말아야 한다는 것이 위원회의 대전제다. 따라서 자동차가 중장기적으로 과연 대도시의 이상적인 이동 수단인지에 관한 문제가 논의되는 경우는 거의 없다. 무기 체계에 투입되는 인공 지능에 대해서도 마찬가지다. 자율적으로 움직이는 무기의 윤리성을 다루는 위원회에는 평화주의자가 한 명도 없다. 〈서방〉은 전쟁을 계속해야 하며, 그 사실을 의심하는 것은 용납되지 않거나 최소한 비판을 받는다. AI 무기의 사용 여부는 협상의 대상이 아니다. 오직 그것을 어떻게 사용할 것인지, 어떤 규모로 어떤 조건에서 사용할 것인지만 협상의 대상이다.

그 때문에 위원회에서는 가치에 대한 논쟁은 거의 없고, 설사 있다 하더라도 가능한 해결책의 가중치에 대한 논쟁만 존재한다. 또한 거대한 원칙적인 문제는 다루어지지 않는 데다 완강한 태도는 〈선입견 없는〉 토론 분위기를 망치는 것으로 여겨진다. 이런 위원회에 한나 아렌트, 테오도르 W. 아도르노, 니클라스 루만, 위르겐 하버마스 같은 중요한 철학자가 없는 이유가 바로 여기에 있다. 위원회는 늘 이래도 괜찮고 저래도 괜찮은 입장이나 중간적 입장을 선호한다. 이런 맥락에서 경제 윤리학자 크리스토프 뤼트게는 균형의 원칙을 선전한다.[87] 그는 수많은 위원회 혹은 협의체에서 고문이나 전문가로 모시고 싶어 하는 인물이다. 하지만 페이스북의 지원금으로 뮌헨 공과 대학교 석좌 교수로 활동하고 있는, 독일 내 인공 지능 부문에서 세 번째로 영향력이 강한 사람으로 선정된[88] 뤼트게는 균형과는 거리가 먼 인물로 보인다. 그의 도덕적 나침반은 디지털 테크놀로지의 경제적 이득, 그것도 기업에만 유리한 이득으로 향해 있다. 그런 사람이 〈선입견 없는〉 균형을 내세우는 건 말이 안 된다.

이런 아전인수 격의 주장은 차치하더라도 원칙적으로는 균형 자체도 결코 윤리적 이상이 될 수 없다. 19세기 중반 미국의 노예 제도에 대한 모종의 〈균형 잡힌〉 감정서만 봐도 알 수 있다. 이 문서에서는 균형이라는 이름 아래 윤리적 관점 외에 경제적 관점도 고려되고, 노예 해방이 이루어졌을 때 목화 산업에서 발생할 막대한 비용도 계산되고, 흑인 노예들이 폭력적으로 권리를 찾아 나섰을 때 발생할 사회적 갈등도 감안된다. 1900년경 여성 해방에 대한 〈균형 잡힌〉 시각도 마찬가지다. 윤리적 성찰 외에 당연히 가정에서 발생할 끔찍한 혼란도 생각하고, 전통적 가치의 돌이킬 수 없는 붕괴 같은 다른 요소도 충분히 고려한다. 이처럼 균형은 중간적 입장과 마찬가지로 결코 자명한 가치가 아니다. 또 다른 극단적인 예를 들자면 극우 정당인 독일 국가 민주당(NPD)은 홀로코스트를 균형적으로 이해하자면서 유대인의 관점뿐 아니라 나치의 입장에서도 그 사건을 바라보아야 한다고 주장한다.

인공 지능에 관한 모든 윤리 위원회의 근본적인 문제는 과학과 기술 영향 평가, 또는 〈사회 정보학〉의 도움으로 해결할 수 있는 〈문제들〉을 대개 다루지 않는다는 점이다. 위원회에 앉아 있는 철학자와 사회학자들은 점점 보험사 직원처럼 행동한다. 그들은 〈위험 매트릭스〉를 작성하고, 품질과 공정성에 대한 기준을 참작하고, 등급별 규제안을 마련하고, 잠재적인 피해 분석을 시도한다.[89] 게다가 이 모든 것은 엄격한 과학성을 갖고 있다는 인상을 주기 위해 주로 그래픽과 다이어그램, 차트의 형태로 제시된다.

문제는 어디다 쓰려고 이런 짓을 하느냐이다. 잠재적 피해 규모의 평가가 바뀐다고 해서 수십억 달러를 들여 개발한 자율 주행차의 출시가 중지될까? 심지어 잠재적 피해액이 실제로 엄청나더라도 말이다. 또한 피해 추정치에 따라 최고 규제 등급을 받았다고 해서 에어버스 같은 AI 무기 제조업체가 킬러 로봇의 꿈을 포기할까? 인간의 도덕은 기술적이고 도구적으로 분석할수록 점점 더 무뎌진다. 결국엔 철학적으로 입증된 도덕적 태도에서 남는 것은 개별적 문제의 껍데기뿐이고, 그것으로는 지금의 흐름에 정지 경고판을 세울 수 없다.

여기서 문제는, 분유를 우유와 동일시하는 것처럼 철학에 대한 과학의 단순한 오해에 그치지 않고 인간 도덕의 복잡한 감정을 기술화하고 표준화하려는 부질없는 시도를 한다는 점이다. 위원회의 철학자들은 〈인간이 어떻게 도덕적 결정을 내리는지에 대해선 아직 완벽한 연구가 이루어지지 않았다〉라고 말한다.[90] 이 말에는 안타깝게도 인간의 가치 평가와 결정의 비합리성이 언젠가 〈과학적 연구〉에 의해 원칙적으로 해독되고 일반화될 거라는 전제가 깔려 있다. 비슷한 차원에서 보스트롬은 우리가 아직 제대로 이해하지 못하는 도덕의 〈메커니즘〉에 대해 말한다.[91] 동시에 〈가치의 문제〉를 〈다음 세대의 가장 뛰어난 수학자들이 시도해 볼 만한 도전〉으로 여긴다.[92]

수학자들에 의해 〈문제들〉이 해결될 때까지는 윤리 위원회가 도덕적 행위를 다루기 쉽게 여러 단위로 쪼개서 분석한다. 2018년에 발표된 AI4People(사람을 위한 인공 지능)의 다섯 가지 원칙을 떠올려 보면 이해가 쉽다. 이 기구는 많은 시민 단체와 기업, 유럽 연합 집행 위원회, 유럽 의회가 공동으로 지원하는 포럼으로, AI의 인간 친화적인 숭고한 원칙으로 자율성, 비(非)해악성, 유익성, 정의, 투명성을 내세운다.

도덕에서 본질적으로 자율성이 중요하다는 사실은 잘 알려져 있다. 자유롭고 독자적으로 행동할 수 없는 사람은 도덕적 결정도 내릴 수 없다. 위원회의 철학자들은 〈인공 지능 시스템이 윤리적으로 행동하기 위해 칸트적 의미에서〉 얼마만큼의 〈자율성을 가질〉 수 있는지에 대해 고민하는 모양이다.[93] 솔직히 답하면 그건 당연히 불가능하다. 인간과는 달리 명확한 목표에 따라 프로그램화된 존재는 결코 자율성을 가질 수 없다. 컴퓨터 프로그램은 자율적으로 움직이는 것이 아니라 프로그래밍에 종속되는 게 본질이다. 인공 지능이 설사 독자적으로 패턴을 분류하고 변경하더라도 마찬가지다. 따라서 〈윤리적 프로그래밍〉은 이미 그 자체로 모순이다. 무언가가 프로그램화되어 있다면 자율적이지 않고 윤리적으로 행동할 수도 없다. 반대로 무언가가 자율적이고 윤리적으로 행동하는 주체라면 프로그램을 주입할 수 없다. 따라서 기계는 결코 도덕적 결정을 내리지 못한다. 생과 사를 판단하는 문제에서도 결코 도덕적 결정을 내리지 않는다. 기계는 자율적으로 판단을 내리는 판관이라기보다 무언가를 수행하는 집행인에 훨씬 더 가깝다. 컴퓨터와 로봇이 결정을 내리는 과정은 도덕과는 아무 상관이 없다.

인공 지능 시스템을 AI4People의 소망대로 인간의 자율성을 침해하지 않는 쪽으로 사용하는 것은 전혀 다른 문제다. 하지만 자율성 침해에 대해서는 엄격한 규정이 없다 보니 악용할 소지는 충분하다. 이제 또 다른 원칙, 즉 비해악성으로 눈을 돌려 보자. 인공 지능은 불법적이거나 비도덕적인 행위를 해서는 안 된다. 그런데 무엇이 불법이고 무엇이 비도덕적인지는 누가 판단할 수 있을까? 세상은 하나의 법체계로 통일되어 있는 것이 아니라 무척 상이한 법체계가 상당수 존재하는데도 말이다. 또한 무엇이 비도덕적인 목표일까? AI 무기 체계는 그것으로 공격을 받은 국가나 사람에게는 비도덕적이다. 게다가 곡물 투기로 돈을 벌기 위해 초단타 매매에 AI를 투입하는 것은 지금도 비도덕적인 것으로 간주되고 있다. 인공 지능이 결코 인간을 해치지 않거나 인간의 자율성에 개입하지 않으리라는 전망은 지금의 행태를 보면 거의 상상할 수 없는 일이다.

유익성의 원칙도 모호하다. 인공 지능 시스템은 인간에게 도움이 되어야 한다. 그런데 여기서 의문이 든다. 어떤 사람들에게 도움이 될까? 금융 시장에서 수십억 달러를 굴리는 자산 운용사 블랙록은 자사의 AI 시스템 알라딘으로 펀드 가입자들에게는 분명 유익한 일을 한다. 하지만 그 회사는 돈을 찍어 가입자들에게 돈을 나누어 주는 것이 아니라 투기로 돈을 벌기에, 그들이 운영하는 우월한 AI는 다른 시장 참여자에게 손해를 끼친다고 가정할 수 있다. 농민들이 결국 손해를 보는 곡물 투기도 마찬가지다. 의료 부문에서 AI가 인간에게 많은 이득을 주는 건 동의할 수 있다. 에너지를 절감하고, 소방대를 돕는 일에서도 AI의 유익함을 인정할 수 있다. 하지만 고령화 사회에서 케어 로봇의 투입이 전체적으로 이익이 클지 아니면 손해가 클지는 가늠하기 어렵다. 반면에 전자동으로 움직이는 AI 무기 체계는 인간에게 명백하게 해를 끼친다.

정의와 투명성의 원칙은 훨씬 더 비현실적이다. 정의는 많은 철학자들이 2000년 넘게 표준화를 시도했지만 결국 실패로 끝났을 만큼 주관적인 가치 판단이 강하게 작용하는 까다로운 사안이다. 사회주의자에게는 모두가 똑같은 몫을 받는 것이 정의다. 반면에 자유주의자는 각자 받는 몫의 차이가 아무리 크더라도 그것에 이르는 기회와 권리가 공정하다면 정의로 본다. 이런 상황에서 무엇이 더 옳은지 누가 판단할 수 있을까? 만일 댐을 건설하려고 하는데 그 과정에서 희귀 어종이 멸종한다면 얼마나 많은 상이한 의견들이 나올까? 전쟁의 정당성을 두고 근본적으로 정의가 어느 한쪽에 있다고 주장할 수 없는 논쟁은 또 얼마나 많은가? 게다가 정의에 관한 기존의 생각도 자신이 막상 해당 일의 당사자가 되었을 때는 얼마나 빨리 바뀌는가?

AI 시스템의 정의에 대한 합의는 아직도 이루어지지 않고 있다. 만일 컴퓨터가 입사 지원자들 중에서 누가 회사에 가장 적합한지를 계산해 낸다면 과연 공정할까? 그전에는 인사팀장이 회사에 가장 잘 맞을 것으로 추정되는 사람을 뽑았다면 이제는 기계가 추정할 뿐이다. 기계도 지원자의 면면을 속속들이 알지 못하는 상태에서 고정된 매개 변수에 따라 판단한다. 여기서 공정함이 좀 더 늘어난다는 증거는 어디에도 없다. 컴퓨터가 범죄자의 재범 가능성을 계산하는 것도 마찬가지다. 가능성은 언제나 가능성일 뿐이다. 컴퓨터의 판단에 의해 재범 가능성이 90퍼센트로 확정된 사람은 철저한 감시로 인해 범죄를 저지르기 어렵다. 컴퓨터의 판단 때문에 사람을 다르게 취급하는 것이 과연 정의일까? AI 시스템은 스노크가 원했던 것처럼 무엇이 정의이고 무엇이 불의인지를 항상 정확하게 알아낼 수 있는 연산 기계가 아니다.

〈투명성〉도 환상이나 다름없다. 지금도 유럽 연합의 정보 보호 규정은 모든 AI 시스템이 어떤 과정으로 판단하고 결정을 내리는지 투명하게 밝혀져야 한다고 명시한다. 하지만 안타깝게도 애초에 AI에 기대할 수 없는 요구다. AI의 정보 처리는 인공 신경망의 복잡한 네트워크 속에서 이루어지는데, 그 과정에서는 AI 자신도 지금 무엇을 하고 있고, 왜 하고 있는지 모른다. 인공 지능 입장에선 인간이 생각하는 이유는 완전히 딴 세상 이야기다. 그렇다면 AI를 사용하는 사람이 어떻게 AI가 결정에 도달하기까지의 과정을 정확히 설명할 수 있을까? 또한 어떤 결정에 도저히 납득을 할 수 없는 당사자가 그 과정의 투명성과 설명을 어떻게 요구할 수 있을까? 바둑 같은 보드게임뿐 아니라, 전자동 무기 체계와 인공 지능 인사 팀장, 알고리즘 판사에게도 해당되는 이야기다.

따라서 AI4People의 숭고한 원칙은 결코 현실적이지 않다. 향후 모든 연구와 발전 과정에서 윤리적 프로그래밍을 전반적으로 포기할 경우만 빼고 말이다. 도덕은 선과 악, 금지와 허용의 단순 규칙으로 이루어진 비디오 게임이 아니다. 우리의 도덕적 행위는 수학적 행위가 아니라, 소프트웨어 시스템은 흉내내거나 재구성하거나 시도할 수 없을 만큼 모호하고 복잡한 심리적·사회적·문화적 행위다. 도덕이 비합리적이기 때문에(흄, 하이트), 또한 맥락과 상황에 종속되고 자존감과 밀접하게 연결된 행위이기 때문에(미드) 프로그램화될 수 없다면 그런 시도를 해서는 안 된다. 프로그램이 아닌 것은 프로그램화할 수 없다. 기계 윤리는 기계에 윤리적인 프로그래밍을 하지 말 것을, 그러니까 인간에게 영향을 미치는 결정을 기계에 맡기지 말 것을 요구한다. 기계를 윤리적으로 다루는 것은 기계를 윤리적으로 프로그래밍하는 것과는 완전히 다른 문제다.

도덕 세계에서는 자연 과학과 달리 객관적 진술은 존재하지 않고, 그 때문에 엄격한 객관적 판단은 나올 수 없다. 극단적인 폭력을 써서 사유지에 들어가지 못하게 하거나 렘브란트의 작품을 파괴하지 못하도록 하는 것이 도덕적일까? 자식의 뺨을 때리는 것이 원칙적으로 항상 잘못된 것일까? 코끼리의 생명이 밀렵꾼의 생명보다 더 보호할 가치가 있을까? 독일에서 기초 연금으로 900유로를 지급하는 것은 공정할까? 이 모든 문제는 발밑에 단단한 객관적 지반이 없어도 얼마든지 논쟁할 수 있다. 다만 이 문제들에 100퍼센트 확실하게 대답할 수 없기에 그에 대한 답도 자동화할 수 없다. 답의 일부는 법이 제공하지만, 나머지 부분은 합당한 이유로 명확하게 규정되지 않은 채 개인의 도덕적 판단에 맡겨진다. 다시 말해 개인적으로 비슷할 때가 많지만 완전히 똑같지는 않은 인간 오성이나 상식이 판단하게 내버려 둔다. 그런 여지가 없으면 우리에게는 자유도 없다.

당연하면서도 동시에 많은 성찰을 요하는 해결책은 기계가 인간에 대해 판단을 내리는 모든 윤리적 프로그래밍은 안 된다고 거부하는 것이다. 하지만 위원회의 철학자들에게는 쉽지 않은 일이다.[94] 위원회나 협의체는 그런 대답이나 들으려고 그들을 부른 것이 아니다. 그러다 보니 일부 사람들은 〈도덕적으로 논쟁의 여지가 있지만 AI에 의해 적절하게 처리될 수 있는 수많은 실용적 영역〉도 존재한다고 경솔하게 주장한다.[95] 그렇다면 정말 궁금하다. 그게 어떤 영역인가? 게다가 정말 알고 싶다. 도덕론적으로 어떤 합의도 존재하지 않는 상태에서 그 〈적절성〉은 누가 판단하는가? 사실 지금까지는 AI를 프로그래밍하는 사람들만이 자신의 목표 설정과 관련해서 그 적절성을 확정 지을 뿐이다.

예전에는 그 누구도 쉽게 내리지 못했던 도덕적 판단이 이제는 기업이나 콘체른의 소관으로 넘어갔고, 그를 통해 도덕적 문제에 대한 특정한 해석이 표준화되고 있다.

따라서 AI 시스템에서 윤리적 프로그래밍을 완전히 포기하는 방화벽은 더더욱 필요해 보인다. 칸트의 유명한 진술에 따르면, 인간은 〈굽은 나무〉로 만들어져서 무언가 반듯한 것을 만들 수는 없다. 그의 도덕관을 참으로 적절하게 표현한 말이다. 알고리즘의 영역에서 도덕적 잣대를 고려해 본 사람이라면 그게 얼마나 어울리지 않는 일인지 금방 안다. 인간의 도덕이 비합리적이고 맥락에 종속되어 있고 심리적으로 꿰뚫어 볼 수 없다고 해서 그것을 왜 합리화하고 기술적으로 표준화해서는 안 되느냐고 따지는 사람들만 제외한다면 말이다. 그들에게는 냉정하고, 흔들리지 않고, 두 개의 숫자로 코딩할 수 있고, 프로그래밍에 탁월하게 적합하고, 그리고 기존에 도덕이라 불리는 모든 것보다 어쩌면 더 나은 철학적 시스템이 존재한다.

10 차가운 심장

윤리적 문제에 항상 명확하게 답할 수 있으려면 차가운 심장이 필요하다. 컴퓨터와 로봇이 그렇다. 그들의 심장은 흡사 빌헬름 하우프의 동화 『차가운 심장*Das kalte Herz*』에 나오는 숲속 정령 홀렌더미헬에게 물려받은 듯하다. 악의 세력과 결탁한 이 어둠의 존재는 사람들의 소망에 따라 오직 돈만 좇는 냉정하고 지극히 합리적인 심장을 사람들의 가슴에 심어 준다.

이 이상은 이미 17세기에 영국인 윌리엄 페티가 강력하게 부르짖었다. 의사이자 철학자이자 경제학자로서 유명한 그는 소시민 가정에서 태어나, 영국 내전 때 부와 명성을 얻었다. 물론 수상쩍은 명성이었다. 인간으로서 페티는 지극히 모호했고, 경제학자로서는 과격할 정도로 대담했다. 그는 『아일랜드의 정치적 해부*The Political Anatomy of Ireland*』에서 자국의 사회적·경제적 문제를 AI처럼 냉정하게 진단한 뒤 아일랜드의 주민과 귀중품을 모두 배에 실어 영국으로 옮기자고 제안한다. 다른 어떤 조치보다 이 나라의 문제를 타개하는 데 효과적이고 비용이 적게 든다는 이유였다. 페티의 냉정한 생각은 훗날 아일랜드 작가 조너선 스위프트에게 영향을 주었고, 그 결과로 풍자 작품

『겸손한 제안*A Modest Proposal*』이 나왔다. 스위프트는 아일랜드의 막심한 빈곤과 인구 과잉을 바라보며 현 상황을 해결할 가장 효과적인 경제적 수단으로 아일랜드의 아기들을 영국인들에게 팔자고 제안한다.

페티는 사람 대신 자원을 중심에 놓았고, 『정치 산술*Political Arithmetic*』에서는 수학적 냉철함을 강조하며 통치는 오직 믿을 만한 숫자와 통계의 토대 위에서만 가능하다고 했다. 즉 정부의 결정을 좌우하는 것은 근본적으로 통계적 이성이라는 것이다. 문제 해결의 열쇠는 늘 똑같다. 어떤 조치가 얼마나 많은 이익과 손해를 안겨 주느냐에 따라 판단하면 된다. 이는 어떤 문제에 확실하게 답할 수 있을 만큼 정보량만 충분하다면 절대적으로 믿을 만한 나침반이다. 이로써 페티는 자신도 모르게 인공 지능의 윤리적 프로그래밍에 획기적인 본보기를 제공했다. 모든 문제를 이익과 손해라는 단순한 이분법적 관계에 따라 두 개의 숫자로 환원한 것이다. 그리되면 도덕은 이것 아니면 저것의 순서로 정렬되고, 그 끝에는 늘 이익을 가장 많이 안겨 주는 결과가 나타난다.

100년 뒤 제러미 벤담도 페티와 비슷한 생각을 했다. 법률가이자 철학자이자 사회 개혁가이자 정치 활동가인 그는 흄에 이어 도덕적 문제를 유익성의 문제로 환원했다. 벤담에 따르면, 행위와 법에서 결정적인 요소는 인간과 사회의 행복을 늘리는 데 도움이 되느냐이다. 이런 논리로 흄의 친구 스미스는 심지어 자본주의의 합당한 근거를 마련하기도 했다. 상인에게 고결한 동기는 필요 없으며 핵심은 그 성공이 국가적 부를 높였느냐 하는 점이다. 벤담은 유익성의 원칙을 매력적으로 생각했다. 그렇다면 모든 개인적·사회적 문제에도 이 원칙을 적용해야 하지 않을까?

이로써 벤담은 공리주의의 토대를 세웠다. 더 이상 행위 동기나 이유 따위는 묻지 않는 것이다. 관심은 오직 어떤 조치와 법이 행복을 얼마나 증진했느냐는 문제다. 여기엔 자연 과학 공식처럼 간단하고 멋진 기준이 있다. 행복은 좋고 고통은 나쁘다는 것이다. 따라서 유일하게 의미 있는 도덕적 물음은 다음과 같다. 나는 최대 다수의 최대 행복을 위해 무엇을 해야 하는가?

벤담은 이전의 계몽주의자들처럼 인간을 좀 더 도덕적으로 만들려고 하지 않는다. 대신 손익 계산에 따라 행동하라고 호소한다. 인간을 이끄는 것은 미덕이 아니고, 칸트의 말처럼 〈인간 안의 도덕 법칙〉도 아니다. 그것들은 현명한 자기 경영과 똑똑한 결과 예측으로 대체되어야 한다. 벤담이 보기에 잘 계산된 이기심은 선한 의지보다 훨씬 믿을 만하다. 공동선을 보장하는 것은 행복 공식의 현명한 법칙에 따라 움직이는 개인의 이익 추구다.

마침내 그 급진적인 개혁가의 머릿속에 완전히 새로운 형태의 원형 감옥, 즉 패놉티콘의 아이디어가 떠오른다. 이 감옥은 건물 정중앙에 서 있는 간수가 매시간 모든 죄수를 철저히 감시할 수 있도록 설계되어 있다. 질서와 청결, 특히 전면적인 투명성이 아이디어의 핵심이라고 할 수 있다. 전면적인 투명성을 통한 예방이라는 이 기발한 착상은 일종의 강제 노동 수용소 같은 패놉티콘 모델로 이어진다. 그 똑똑한 철학자가 자신의 구상을 위해 죄수 다음으로 발견한 새 목표 그룹은 빈자와 거지들이다. 국가를 하나의 주식회사로 만들어 사회적 빈곤을 완화하고 주주를 부자로 만드는 건 어떨까? 그러려면 빈자와 거지들이 상시적인 감시하에서 노동하는 패놉티콘을 대량으로 만들어야 했다. 거기서 나온 수익은 새로운 건축 비용과 보수 유지에 투입되고, 그것은 높은 수익을 낳는다. 빈자와 거지들은 강제로 패놉티콘에 갇혀 일을 해야 하지만 대신 숙소와 의미 있는 임무, 위생적인 삶을 얻는다. 물론 최대의 수익자는 패놉티콘에 투자한 주주들이다. 냉철한 손익 계산, 행복의 약속과 연결된 이익 추구, 개인적인 보호 구역 대신 총체적인 투명성, 전통적인 도덕 대신 기술 사회적인 문제 해결, 이 모든 것은 어쩐지 무척 낯익지 않은가? 만일 벤담이 18세기 중반이 아니라 20세기 후반에 태어났더라면 분명 실리콘 밸리에서 크게 출세했을 것이다.

　　벤담이 정치적으로 강력하게 옹호한 자유는 인권과 관련된 자유가 아니라 무조건적인 경제적 자유로 국한된다. 반면에 그의 국가관은 패놉티콘의 이념에 늘 종속되어 있다. 개인적 취향과 관련해서는 설령 그것이 동성애나 소아 성애라고 하더라도 모두 허용된다. 그러나 시민은 국가가 개인의 삶에 설정한 좁은 틀을 벗어나서는 안 된다. 게다가 보편적으로 이익이 된다면 거의 모든 강제적 조치도 정당성을 띤다. 강제 노동 패놉티콘의 빈자와 거지들만이 그런 조치에서 희생한 것은 아니다. 벤담의 이상 국가에서는 모든 사람이 감시받고 염탐된다. 그것도 요람에서 무덤까지. 완벽한 통제만이 완벽한 안전을 만들어 내고, 완벽한 안전만이 자유를 보장하기 때문이다. 따라서 모든 피해와 범죄 행위, 법규 위반은 사전에 탐지해서 예방해야 한다. 오늘날엔 캘리포니아와 중국을 비롯해 세계 도처에서 안전 광신자와 고삐 풀린 기술자들이 카메라와 센서를 설치하고 있지만, 그런 기술이 없었던 시대의 벤담은 비공식적인 감시자와 비밀 염탐꾼을 꿈꾸었다. 심지어 기계로 신분을 읽어 내는 수단이 아직 없었는데, 식별을 위해 전 국민에게 강제로 문신을 시키려는 생각까지 한다.

이 영국인은 독일에선 점수를 따지 못했다. 벤담과 생몰년이 거의 비슷한 요한 볼프강 폰 괴테는 그를 가리켜 〈한없이 과격한 바보〉라고 불렀다.[96] 이 시인이 보기에 공리주의는 삶의 모든 지혜를 등한시한다. 인간적인 것은 감정에 부당한 짓을 하지 않고는 행복과 고통의 방정식으로 대체될 수 없다. 벤담은 감정을 모르는 사람이다. 전기 작가들도 그를 자폐증적 성향의 인물로 보았다. 인간 사이의 결코 해결할 수 없는 문제를 하나의 공식으로 풀려고 했다는 것이다. 벤담의 유명한 제자 밀도 이것을 결정적인 문제로 여겼다. 행복과 기쁨은 우리가 합리적이고 도덕적으로 올바른 것을 행한다고 해서 필연적으로 생기는 것이 아니다. 공리주의는 수학적 작업이 아니고, 감정을 가진 존재와 관련이 있다. 이 존재들은 사고와 마찬가지로 감정에도 큰 영향을 받는다. 개인은 고유한 〈내면의 문화〉가 있고, 그 속의 모든 것들은 이성적인 것이든 그렇지 않은 것이든 발현되고자 애쓴다.

밀이 인간의 아름다움으로 여긴 것, 즉 가치 평가 면에서 도저히 꿰뚫어 볼 수 없는 인간의 다층성은 벤담에게 그저 성가신 문제에 지나지 않았다. 오늘날 점점 더 많은 윤리적 프로그래밍을 꿈꾸는 AI 환상가들의 생각도 다르지 않다. 그들에게 딱 맞는 도덕론은 바로 공리주의다. 인간의 가치를 적절하게 프로그래밍할 수 없다면, 시도조차 해서는 안 된다. 보스트롬의 생각은 이렇다. 〈AI에 인간과 똑같은 가치 평가 속성을 부여하는 것은 쓸데없는 짓이며 바람직하지도 않다. 가만히 생각해 보면 인간 본성은 결함이 너무 많고, 악으로 향하는 경향도 너무 심하다. 따라서 전략적으로 중요한 이익을 취하려는 시스템에는 난센스다.〉[97]

인간의 도덕보다 결함이 적은 도덕을 발명하고자 하는 이념은 이오시프 스탈린의 도덕적 배양 프로그램과 나치의 냉혹한 도덕에서부터 마오쩌둥의 문화 혁명에 이르기까지 모든 비인간적 이데올로기를 하나로 묶는 공통분모다. 기계가 만일 인간처럼 도덕적으로 행동한다면 〈전략적 이익〉은 얻을 수 없다. 그 때문에 보스트롬은 〈인간의 규범에서 체계적으로 벗어난 동기 부여적 시스템의 설계〉를 꿈꾼다. 〈예를 들어 어떤 인간에게서 아주 좋은 성격이라고 여겨지는, 이타적이고 자비롭고 고결한 목표를 발견하면 자기화하는 경향이 강한 시스템의 설계

를〉 말이다.[98]

　　보스트롬에 따르면 세상을 좀 더 나은 곳으로 만들려면 기계의 도덕은 너무 인간적이어서는 안 된다. 그 뒤에는 딜레마가 숨어 있다. 기계가 인간처럼 도덕적으로 행동하면 기계의 결정에는 비합리성과 자의성이 개입될 수밖에 없다. 공리주의의 인위적인 합리성보다 더 받아들이기 힘든 것은 기계의 비합리적인 도덕성이다. 왜냐하면 기계의 비합리성은 의도적일 수밖에 없고, 인간처럼 우연의 산물이 아니기 때문이다. 의도적인 비합리성은 비의도적인 비합리성과는 다르다. 의도적인 요구가 비의도적인 요구와 다르듯이 말이다. 따라서 기계에 차가운 심장과 흔들리지 않는 공리주의적인 도덕을 프로그래밍한다면 의도적으로 비인간적인 것을 프로그래밍하고 가치와 목표를 표준화하고, 그로써 모든 인간적 재량권은 사라지고, 그러다 결국 우리는 인간적인 세상 대신 완전하게 기술 사회적인 세계 속에서 살게 될 것이다.

　　인간의 도덕을 근본적으로 바꾸려는 장기적 이념 없이는 AI 시스템의 윤리적 프로그래밍은 생각할 수 없다. 〈도덕적인 기계〉는 인간 세계의 보완이 아니라 트랜스휴머니즘이나 포스트휴머니즘의 미래로 가는 불가피한 과정이다. 이것을 알아야만 현 상황을 이해할 수 있다. 왜냐하면 모든 윤리적 프로그래밍은 인간적일 수가 없고, 평가와 결정을 내릴 수 있는 가능성이야말로 인간적인 자율성과 자유의 본질이기 때문이다. AI가 타인에 의해 입력된 프로그램에 따라 더 많이 결정을 내릴수록 개인의 자유는 여지가 더욱 좁아진다. AI 시스템이 인간에 대한 판결과 결정을 내리면 삶은 황량하고 무미건조해진다. 또 앞으로 인간은 더 이상 수많은 윤리적 문제를 고민하지 않는다. 벨라루스 작가 예브게니 모로조프는 우리가 어떻게 우리 자신에 대한 책임을 내려놓고 자유가 없는 〈스마트한 신세계〉로 나아가는지 인상적으로 보여 준다.[99] 그런 세계가 오면 보스트롬이 그렇게 지키고 싶어 했던 우리의 〈소박함, 건강한 오성, 품위〉도 지킬 수 없다.[100] 왜냐하면 기술 사회적으로 정돈된 세계에서 우리에게 무엇을 해야 할지 명령하는 것은 품위가 아니라, 규범과 규칙을 어겼을 때 닥칠 고약한 결과에 대한 두려움이기 때문이다.

따라서 벤담의 공리주의를 AI의 윤리적 프로그래밍을 위한 모델로 삼는 것은 심각한 결과를 초래한다. 또한 공리주의로는 〈행복〉이 무엇인지 객관적으로 설명할 길이 없다. 재미, 기쁨, 이익, 추가 달성 같은 개념들은 행복의 정의를 충족하지 못한다. 고전적인 철학 이론도 여기서는 큰 도움이 안 된다. 고대 그리스인들에게 행복은 충만한 삶eudaimonia이었다. 그런 삶은 재미와는 별 상관이 없는 대신 지혜, 명상, 만족과 관련이 깊다. 모두에게 해당하는 행복에 관한 보편타당한 규정을 정하는 것은 불가능하다. 그렇다면 프로그래머들은 AI의 목표 기능을 무엇으로 입력해야 할까? 어떤 프로그래밍 언어도 이 물음에 대한 답으로 적합하지 않고, 시도와 동시에 초라하게 실패하고 만다. 인간도 자신의 삶에 명확하게 규정된 목표 기능을 입력해야 한다면 큰 어려움을 느낄 수밖에 없다. 쾌락은 최대한 늘리고 고통은 최대한 줄이는 것이 맞을까? 가능한 한 빚을 지지 않거나 인정사정없이 쾌락을 늘리는 쪽으로만 살아야 할까? 게다가 〈목표 기능〉은 나이가 들면서 바뀌고, 자신과 세계에 대해 축적된 경험에 좌우된다. 태어날 때부터 가톨릭교를 믿거나 염세적이거나 의심이 많거나 페미니스트이거나 인종주의자이거나 냉소적이거나 지혜로운 사람은 없다. 인생관과 세계관은 각자 다르게 가공되어 성숙해 가는 경험들의 결과물이다. 우리의 도덕적 결정은 과학적 연구로 보편타당하게 해독될 수 있는 〈메커니즘〉과는 완전히 차원이 다르다.

　　개인에게 어떤 것이 고통이고 쾌락인지에 관한 단순한 문제조차 일반화할 수 없다. 예를 들어 사디스트와 마조히스트에게는 그것이 정반대로 나타나고, 법률가와 예술가, 육상 선수도 기쁨과 고통을 인지하는 것이 각각 다르다. 감정의 질과 그 질을 불러일으키는 것이 무엇인지는 철학적으로 미지의 영역이자, 유명한 퀄리아* 문제이다. 치통이 있는 사람은 설령 치과 의사가 그 원인을 찾지 못하더라도 이가 아픈 것을 느끼고, 사랑에 빠진 사람은 아무도 그 파트너를 선택한 것에 대해 이해하지 못하더라도 사랑에 빠진 것을 느낀다. 또한 섭씨 20도의 실

* qualia. 감각질(感覺質). 어떤 것을 지각하면서 느끼는 기분이나 떠오르는 상상으로서, 언어로는 표현이 안 되는 지극히 주관적 경험 또는 계량할 수 없는 주관적 감각을 의미한다. 색깔에 대한 다양한 느낌, 물이 손에 닿는 느낌, 말로 설명할 수 없는 불안, 달콤한 예감 같은 것들이다.

내 온도를 〈춥다〉고 느끼는 사람은 그게 평균적인 감각이 아니더라도 실제로 추위를 느낀다.

이런 이유에서 도덕 프로그래머가 어쩔 수 없이 경험에서 해결 방법을 찾는 것은 굉장히 위험하다. 그럴 경우, 가장 많은 사람이 도덕적이라고 여기는 것이 보편타당한 도덕이 된다. 이런 정신, 아니 좀 더 정확히 말하면 이런 위험한 이데올로기에서 매사추세츠 공과 대학교의 도덕 기계moral machine 플랫폼이 탄생했다. 전 세계 4000만 명이 넘는 사람이 이 플랫폼에서 제시한 질문에 응답했다. 만일 완전 자율 주행차가 긴급 상황에서 부득이 사고를 내야 한다면 어떤 사람을 먼저 쳐야 할까? 노인일까, 아이일까, 동물일까? 아이의 생명이 3~5명의 노인보다 더 소중할까? 범죄자의 목숨은 개보다 가치가 없을까? 도덕 기계의 논리에 따르면 도덕적 질은 양을 통해 결정된다. 많은 사람이 동의하는 것은 무엇이고, 동의하지 않는 것은 무엇일까?

이 계산법은 당연히 허접한 난센스다. 도덕 기계에서 개의 목숨은 일반적으로 범죄자의 목숨보다 더 소중하게 여겨지지만, 개의 손을 들어 주었던 동일한 피험자도 만일 그 범죄자가 자기 자식이라면 모르는 개를 더 우선하는 데 동의할 리 없다. 그렇다면 법의 판결과는 달리 구체적인 도덕적 결정에서 관건은 보편적 규범이 아니라 주관적 판단이다. 내가 보편적으로 옳다고 여기는 것과 내가 구체적인 사례에서 옳다고 여기는 것은 종종 차이가 크다. 도덕 기계에서는 생명의 값어치를 마치 물건처럼 그 값을 매겨 서로 비교했던 피험자의 차가운 심장도 자신과 관련되었을 때는 아주 빨리 뜨거워진다.

　도덕적 결정은 자연 과학적 인식과는 달리 가차 없이 객관화할 수 없다. 도덕 기계도 마찬가지다. 도덕적 딜레마는 온라인상에서 수많은 설문 조사를 통해 가장 많은 사람이 선택한 수백만 건의 답을 모은다고 해서 객관적으로 풀리지 않는다. 양은 결코 도덕적 질과 같지 않다. 이로써 도덕을 행복과 고통으로 코딩하고 싶어 하는 모든 도덕 프로그래머들은 공리주의자들과 동일한 비판을 받을 수밖에 없다. 프로그래머뿐 아니라 철학자도 정의 내리기 어려운 〈행복〉이 어째서 도덕적 결정의 질에서 가장 높은 척도가 되어야 하는가?

　실제 인간의 삶은 행복과 고통의 무게를 지속적으로 재는 것으로 이루어져 있지 않다. 우리는 하루의 대부분 동안 그런 질문을 스스로에게 던지지 않는다. 한 권의 두꺼운 책을 쓰는 수고는 행복보다 고통에 가깝지만, 그래도 글을 쓰는 사람은 그렇게 한다. 사회 심리학의 유명한 소견에 따르면 아이들은 부모에게 행복보다 걱정을 훨씬 더 많이 끼친다. 그런데도 부모들은 아이를 또 낳는다. 과연 부모가 그걸 몰라서, 아니면 잊어버려서일까? 게다가 정말 고통스럽게 살아가는 사람도 대개 목숨을 부지한다. 공리주의적으로는 이해가 안 되는 일이지만, 실제로 사람들은 그렇게 산다.

　이 모든 행동의 실질적인 이유는 행복이 아니라 의미다. 임신은 행복의 증진 여부가 아니라 아이가 부모에게 주는 의미와 중요성에 따라 그 가치가 결정된다. 이 의미는 그것을 이루는 성분들의 단순한 총합이 아니라 창발 현상*이다. 전체는 부분이 갖고 있지 않은 다른 특수한 질을 띤다. 그렇다면 의미를 프로그래밍하는 건 당연히 불가능하다. 어떤 행위의 의미는 의미와 무의미의 단순한 코딩으로 이루어져 있지 않고 지극히 개인적이다. 개인의 전기적 삶과 문화 속에 깊이 뿌리내려져 있고, 나와 가장 가까운 사람들이 요구하는 의미와도 강하게 종속되어 있다. 게다가 의미에는 논리가 없다. 의미의 필요성은 마음에서 나오고, 모든 인생의 의미는 비합리적이다. 논리적인 근거로는 우울증에 빠진 사람에게 다시 삶의 의미를 찾아 주지 못한다.

인간에게 삶과 도덕, 행복, 만족, 의미는 각자 내면에서 느끼는 무엇이며, 기계는 이를 알 도리가 없다. 실제 인간은 이 진법으로 행동하지 않고, 많은 문제를 미해결 상태로 두면서 우연과 시간에 맡긴다. 인간은 도덕적으로 선과 악, 두 가지만 아는 것이 아니라 선악의 등급을 신중하게 나누어 나쁜 것, 덜 나쁜 것, 좋은 것, 더 좋은 것, 가장 좋은 것도 안다. 도덕적 문제에서 길을 잃은 사람들은 행복을 쉼 없이 증진시키는 일에 몰두하는 반면에 대부분의 사람은 자신에 대한 이야기를 하면서 의미를 찾는다. 이처럼 우리의 정체성을 규정짓는 것은 서사와 해석으로 이루어진 무한한 내적 풍요로움이지, 선호도를 외적으로 계량화한 수치가 아니다.

<hr />

* 부분에는 없는 특성이나 행동이 전체 구조에서 자발적으로 돌연히 나타나는 현상. 전체는 부분의 단순한 총합이 아니라 부분과는 질적으로 다른 특성을 지닌다.

모든 철학자가 도덕 철학의 방향을 개인과 사회에 바람직하거나 유익한 것에 맞추는 태도는 분명 옳다. 물론 그렇다고 해서 유익함과 〈행복〉을 동일시한다는 뜻은 아니다.

독일 기본법*의 토대를 이루는 가치 체계는 행복에 종속되지 않는 완전히 다른 가치들로 이루어져 있다. 예를 들어 성평등과 법 앞의 평등을 실현하고, 정의와 공정성을 추구하고, 개인의 자기 결정권과 자유를 지켜야 한다는 원칙은 행복 증진과 직접적인 연관이 없다. 평등과 정의, 자유는 행복 증진의 잣대로 측정할 수 없고 측정해서도 안 되는 가치 그 자체다.

이로써 기본법은 가치를 다수결로 조사하고 판단하는 행위에 단단하게 빗장을 친다. 물론 히틀러는 유대인 600만 명의 추방과 살해가 독일인 8000만 명의 행복 증진에 막대한 도움이 될 거라고 생각했다. 1930년대 말 독일에서 모든 유대인의 재산을 몰수하고 추방해야 되는지에 대해 물은 국민 투표 결과는 그 견해에 힘을 실어 주었다. 그렇다면 도덕 기계는 투표하는 사람들이 어떤 정신의 자식이냐에 따라 얼마든지 비도덕 기계가 될 수 있다.

다수가 원하는 것과 윤리학자와 입법자가 도덕적으로 올바르다고 여기는 행위 사이에는 가끔 큰 격차가 있다. 어떤 사실이 다수의 의견에 속한다고 해서 저절로 규범이 되는 것은 아니고, 많은 사람이 그렇게 생각한다고 해서 그 행동이 반드시 도덕적으로 괜찮을 수는 없다. 사실과 규범 사이의 합치될 수

* 우리의 헌법에 해당한다.

없는 차이는 흄 이후의 철학자들에게는 아주 잘 알려져 있고, 〈법칙〉으로 존중된다. 대다수의 독일인이 세금 문제에서 속임수를 쓴다고 해서 도덕적으로 그래야 한다는 뜻은 아니다.

기본법 제1조에서는 산술적 행복과 그 오용을 막기 위해 모든 인간에게 존엄성을 보장한다. 인간 존엄성은 칸트에 의해 이미 만인에 대한 불가침성을 담보하는 비종교적 방화벽으로 단단히 자리 잡았다. 칸트에 따르면 인간은 자기 결정권을 기반으로 행동하기 때문에 자유롭고, 거기서 〈도덕적 자율성〉이 나온다. 도덕적 자율성을 가진 사람은 절대적 존엄을 가진 사람이고, 절대적 존엄은 곧 자신의 삶이 상상할 수 있는 최고의 목적임을 말한다. 인간은 〈그 자체가 목적〉으로서 결코 타인의 목적을 위한 수단으로 사용되어서는 안 된다. 이 관념이 기본법의 토대를 이룬다. 제1조에 이렇게 적혀 있다. 〈인간 존엄성은 침해할 수 없고, 그것을 존중하고 보호하는 것은 국가의 의무다. 따라서 독일 국민은 침해하고 양도할 수 없는 인권을 세계 모든 공동체와 평화, 정의의 토대로 인정한다.〉[101]

그에 반해 고전적인 공리주의는 인간 존엄성을 모른다. 인간의 자유를 선으로 여기기는 하지만 절대적 선으로 생각하지는 않는다. 벤담이 강제 노동을 시키려고 모집한 걸인들만 떠올려 봐도 알 수 있다. 만일 누군가 부유한 친척의 재산을 상속받아 개발 도상국의 환자나 빈민들에게 기부하기 위해서, 그 친척을 수면 중에 고통 없이 죽인다면, 그건 공리주의자들에게 문제가 되지 않는다. 한편으론 수면 중에 조용히 죽임으로써 친척에게 고통을 안기지 않았고, 다른 한편으론 타인의 행복을 증진시켰기 때문이다. 물론 대중이 그런 살인에 동조함으로써 부자들에게 죽음에 대한 공포를 안길 수는 있다. 그럼에도 고전적인 공리주의자들은 인간 존엄성의 원칙에 따라 친척의 생명을 지킬 하등의 이유가 없다. 다만 공리주의의 한 지류인 선호 공리주의*만 여기서 최악의 상황을 막으려 한다. 그에 따르면 모든 생물은 동물이든 인간이든 생명을 유지하려는 소망, 즉 〈선호〉가 있고, 그에 대한 권리도 있다. 그러나 개인에게 생명과 자기실현의 권리를 인정하면서도 개인의 행복을 타인의 행복과 비교 계산한다는 것은 서로 맞지 않다. 만일 경찰이 수천 명의 목숨을 지킬 정보를 얻으려고 어떤 죄수를 고문한다면, 선호 공리주의자는 침해받아서는 안 되는 개인의 권리를 재빨리 포기해 버릴 것이다. 반면에 칸트주의자들은 원칙적으로 모든 고문에 반대한다.

공리주의적으로 프로그래밍된 기계는 인간 존엄성의 오용과 침해로 향하는 문을 활짝 열어 준다. 게다가 기본법 조문의 토대를 이루는 가장 중요한 기본권 조항에 근본적이고 심대하게 위배된다. 이 독배를 마시려면 믿을 수 없을 만큼 강력하고 필연적인 동기가 필요하다. 실제 그런 동기는 하나뿐이다.

---

* preference utilitarianism. 쾌락주의적 공리주의의 한계를 극복하는 대안적 공리주의로서 쾌락의 증가 대신 선호의 실현을 최선의 결과로 본다. 예를 들어 쾌락을 높이는 일이 있더라도 많은 사람이 그것을 선호하지 않으면 채택하지 말아야 한다. 다시 말해 최대 다수의 최대 선호를 충족시키는 행위가 올바른 행위다.

많은 사람과 프로그래머, 정치인, 기업인, 철학자들을 기본법 위반으로 몰아가는 동기인데, 그에 대한 이해할 수 없고 우스꽝스러운 진실은 그 동기가 전적으로 부차적이고 진부하다는 사실이다. 바로 교통 영역에서의 동기다.

11 죽음의 알고리즘

오늘날 세계 대도시에서 마주하는 교통에는 미래가 없다. 베를린과 슈투트가르트의 도로가 하염없이 막히는 것을 보고 한숨을 내쉬는 사람도 상하이, 베이징, 마닐라, 호찌민, 방콕, 카이로, 멕시코시티를 보고서는 절망에 빠진다. 1950년대 이후 모든 시민에게 자가용을 타야 한다는 생각을 끊임없이 심어 준 사회적 통념은 사람들의 뇌리에 깊이 박혀 이제는 터무니없는 수준으로 상승했다. 차가 많을수록 이동성은 떨어진다. 교통 참가자들이 자가용을 더 많이 몰고 나갈수록 앞으로 나가기는 점점 힘들어진다. 내연 기관을 통한 동력만 어제의 유물이 아니라, 신분을 증명하는 다양한 종류의 차량이 즐비한 물신화된 개인의 교통수단도 서서히 비효율적이고 비우호적인 교통의 카오스 속으로 침몰하는 20세기의 유산이다.

찬란한 미래 교통과 더 나은 이동성을 약속한 새로운 해가 떠오른 지는 벌써 꽤 오래되었다. 이 해는 효율적으로 에너지를 사용하고, 친환경적이고, 경제적이고, 스마트하고, 깨끗한 교통의 탄생을 알린다. 그런데 정작 확대해 보면 하나의 해만 보이는 것이 아니라 여러 개의 해가 점점 더 뚜렷해진다. 더 많은 지하 터널은 교통 부담을 줄이고, 보행자 교통사고율을 떨어뜨리고, 더 나은 삶의 질을 제공한다. 새로운 형태의 유연한 철도망은 도심을 자동차보다 훨씬 더 빠르게 지나가게 한다. 자동차를 대신하는 전동 스쿠터나 전동 퀵보드 같은 전기 이동 수단은 교통 체계를 불안하게 하는 대신 오히려 축복이 될 수 있다. 그러나 디지털 콘퍼런스에서는 이런 내용들이 거의 다루어지지 않는다. 미래의 가능성은 오직 대안 없는 하나의 길로만 유도된다. 자율 주행차가 그 주인공이다. 자율 주행차가 세상에 〈온다〉는 것은 누구도 부인할 수 없는 사실이다. 지상뿐 아니라 하늘에서도 날개 달린 비행선과 〈에어 택시〉가 날아다닐 것이다.

　　미래 세계와 관련해서 자율 주행차의 도래만큼 숙명론적으로 받아들여지는 주제는 거의 없다. 그것은 흡사 자연의 힘처럼 닥칠 듯하다. 그로써 도심의 극심한 교통 체증이 해결되고 교통사고의 희생자 수가 급감할 거라고 믿는다. 실제로 매년 독일에서 교통사고로 3,000여 명이 사망하고 30만여 명이 부상을 입는다는 사실은 사회적으로 큰 재앙이다. 그렇다면 자가운전자의 부주의함으로 생기는 위험을 포기하고, 대신 소음 없이 안전하고 깨끗하게 이동할 수 있는 친환경 교통수단을 이용하지 말아야 할 이유가 있을까?

　　친환경 교통수단에 반대할 이유는 없다. 분명 훌륭한 목표다. 하지만 로봇 카로 대도시의 모든 교통 문제를 공리주의적으로 해결하겠다는 발상은 교통 계획과 관련해서 다른 가능성을 현저하게 축소시켜 버린다. 세비야와 나폴리, 리옹의 도로와 광장은 전자동 주행을 위해 고안된 실리콘 밸리의 일률적이고 단조로운 교통망과는 공통점이 거의 없다. 팰로 앨토에 좋다고 해서 다른 곳에서도 좋다는 보장은 없다. 그런데도 냉철한 숙고와 지혜로운 전략 대신 멋진 마케팅의 산물인 허구의 규범적 힘이 판친다. 자율 주행차가 이 세계에 올 수밖에 없다면 사람들은 최대한 빨리 적응해야 할 뿐이다. 전략적 가능성의 이런 협소화는 새롭지 않다. 1920년대 이후 미국에서 번창하던 자동차 산업이 예정된 철도망 확충 계획을 성공적으로 저지한 것만 봐도 알 수 있다. 철도망이 시원찮을수록 자동차의 필요성은 점점 커진다.

　　자율 주행차는 실제로 오지 않을 것이다. 어쨌든 대도시 교통 문제의 해결사로서는 오지 않는다. 그것이 오려면 첫째, 자율 주행을 사람들이 원해야 하고, 둘째, 비용 면에서 가능해야 한다. 게다가 다른 좋은 아이디어들 가운데 가장 최상의 것임을 스스로 입증해야 한다. 단순히 교통 계획과 경제적인 면에서만 그런 것이 아니라 사회적인 면에서도 그래야 한다. 하지만 허구의 규범적 힘 때문에 이런 근본적인 문제는 제기되는 일이 드물다. 정치인뿐 아니라 여러 위원회의 철학자들도 혁신에 반대하거나 〈진보〉의 발목을 잡는다는 소리를 듣고 싶어 하지 않는다. 혁신과 진보의 혼동은 불특정 상품을 특정 상품과 은밀하게 융합시키고, 특정 혁신만을 진보로 만든다.

　　진보는 영화 「최후의 하이랜더Highlander」의 구호와 비슷하다. 〈오직 하나만 존재할 수 있다〉는 것이다. 혹시 대도시의 교통 문제와 관련해서 자율 주행차보다 훨씬 더 나은 해결책이 있지 않을까? 정말 우리의 미래를 자동차에 걸어야 할까? 진정한 파괴적 혁신은 어디에 있을까? 더 지능적인 무언가로 자동차를 대체할 수는 없을까? 전자동 로봇 카는 너무 소심한 구시대적 대답이 아닐까?

이 물음들은 공허한 철학적 유희가 아니다. 자율 주행차가 교통 문제에서 최선의 해결책이라는 사실은 결코 확실치 않다. 어쨌든 그것은 무척 비쌀 뿐 아니라 사회적 비용도 엄청나다. 자율 주행을 위한 인프라의 막대한 구축과 확장 같은 재정 투자가 과연 채산성이 있을까? 자율 주행과 연결된 사회적·윤리적 파장이 심각함에도 이익이 된다는 이유로 그 결과를 감수해야 할까? 충분히 토론할 가치가 있는 문제들이다. 이 대목에서 1980년대 초 영국의 기술 철학자 데이비드 콜린그리지가 했던 말이 떠오른다.[102] 만일 막대한 비용을 들여 새로운 테크놀로지를 도입했는데, 도처에 시행되고 나서야 그 결과가 사회적·도덕적·경제적으로 정당화될 수 없는 것임을 알게 되었을 때는 어떻게 해야 하는가? 콜린그리지는 당시 원자력 발전소를 염두에 두고 그런 말을 했다. 국민의 반대는 심하고 핵폐기물을 안전하게 보관할 마땅한 방법도 찾지 못한 상태에서 영국 당국은 대안이 없다는 이유로 원자력 발전소 건설을 밀어붙였다. 그러나 핵 논쟁이 보여 주듯 테크놀로지가 일단 정착되면 그전에 쏟은 막대한 재정 투자 때문에라도 멈추는 것은 불가능에 가깝다.

콜린그리지의 딜레마를 떠올려 본다면, 지금 로봇 카에서 추정하고 가늠할 수 있는 일들을 면밀히 살펴보는 작업은 필요해 보인다. 〈인간이 중심에 서야 한다〉는 원칙을 기억하는 사람이라면 당연히 〈자율 주행〉이라는 말에서부터 헛웃음이 나온다. 자율 주행의 주체는 인간이 아니다. 자율 주행차에서 인간은 자율적으로 운전하지 않고 타율적으로 움직일 뿐이다. 거의 모든 영역이 그렇지만, 인간의 입장이 아닌 기계의 입장에서 생각하는 풍토와 관련해서 이보다 좋은 증거는 없을 것이다.

도심에는 어떤 교통 환경 속에서도 원활한 주행이 가능하고 운전자가 필요 없는 차는 없다. 지금까지는 기껏해야 부분적으로만 자동으로 움직이는 차만 다닐 뿐이다. 완전 자율 주행차와 화물차, 버스는 일부 국가에서 특정한 국도나 고속 도로를 다닌다. 물론 몇몇 회사 구내에서만 사용하는 경우가 훨씬 더 많다. 싱가포르와 일본에서는 자율 주행 택시가 운행되기는 하지만 시내를 자유롭게 다니는 것이 아니라 특수 지역에서만 사용된다.[103]

그사이 독일에서도 자동차 제조업체와 프로그래머, 정치인, 일부 위원회의 철학자들은 로봇 카가 대도시에서도 운행될 수 있도록 프로그래밍하는 방법을 고민하고 있다. 예를 들어 뤼트게와 그 동료들이 출간한 『AI와 로봇 공학의 윤리*Ethik in KI und Robotik*』에는 이렇게 적혀 있다. 〈만일 적용 영역이 일정한 범위로 제한되고, 도덕적 결정의 토대를 이루는 정보가 충분히 알려져 있다면 인공 지능은 매우 구체적인 사례에서도 도덕적

II 죽음의 알고리즘

결정을 내릴 수 있을 것이다.)[104] 이로써 앞서 언급한 모든 심중한 반박에도 불구하고 AI의 〈윤리적〉 프로그래밍을 허용하는 막이 오른다. 물론 저자들도 〈자율 주행차의 행동이 인간 운전자의 특정한 불문율과는 다르다는 사실〉을 인정한다. 하지만 중요한 것은 〈교통사고 사상자의 규모를 줄일 수 있는 코드를 프로그래밍하는 것이 기업들에 허용되어 있다〉는 사실이다.[105] 이로써 이미 일차적 결정이 내려졌다. 첫째, 많은 대안에도 불구하고 완전 자율 주행차가 도심을 운행할 수 있도록 허용해야 한다. 둘째, 그와 함께 윤리적 프로그래밍은 불가피하다. 셋째, 그 프로그래밍의 원칙은 공리주의에 따른다.

실제로 이 세 가지 결정은 논란의 여지가 굉장히 크고, 어떤 대안도 허용하지 않는다. 그럼에도 저자들은 기본법의 정신에서 벗어나, 교통 상황에서 로봇 카의 행동에 관한 문제를 공리주의적으로 해결하기로 마음먹는다. 〈복잡한 긴급 상황〉에서 〈인명 피해의 규모를 줄일 가능성을 포기하는 것〉은 윤리적으로 옳지 않다. 〈충돌이 임박한 경우 비행기의 공중 충돌 방지 시스템처럼 두 차량의 행동 지침을 마련하는 것은 기술적으로 가능하고, 승객이 더 많이 탄 차량이 우선권을 가질 수 있다.〉[106] 하지만 실제 현실에서 비슷한 일이 벌어진다면, 그렇게 쉽게 문제가 처리될 수 없다는 사실을 저자들도 안다. 만일 독일 총리가 탄 차가 〈일반 차량〉과 충돌한다면 어떻게 해야 할까? 기술자들은 분명 총리를 살리는 쪽으로 해결책을 마련할 것이다. 총리를 살린다면 그다음에는 누구를 살려야 될까? 순식간에 윤리적 평등은 무너지고 기본법 정신은 짓밟힌다. 생명의 무게를 재는 갑문은 일단 열리면 다시 닫을 수 없다. 〈그런 시스템이 바람직한지는 사회적 결정에 맡겨질 거〉라는 허울 좋은 말도 문제를 해결하는 데 도움이 안 된다. 그런 시스템을 바람직한 것으로 여기는 사회는 기본법, 그중에서도 제1조에 해당하는 기본권 조항을 바꾸어야 하고, 그와 함께 전 사회적 가치 체계를 떠받치는 주춧돌을 뽑아 버려야 한다.

바로 이런 이유에서 2017년 여름 독일의 교통부 장관에 의해 소집된 윤리 위원회도 자율 주행차 및 커넥티드 카의 가이드라인을 통해, 어떤 형태로든 인간의 생명값을 계산하는 시도를 금지했다. 아홉 번째 조항은 다음과 같다. 〈불가피한 사고 상황에서 개인적 특성(연령, 성별, 신체적·정신적 상태)에 따라 희생자의 생명을 비교함으로써 등급화하는 것은 엄격하게 금한다.〉[107] 이로써 공리주의적 공격은 일단 막았다. 물론 그게 얼마나 오래갈지는 누구도 모른다. 2005년 독일 항공 보안법을 획기적으로 바꾸는 데 결정적인 역할을 한 공리주의자들의 공격을 떠올려 보라. 그에 따르면 앞으로는 납치된 여객기가 원자력 발전소 같은 고위험 시설이나 도시에 위협이 될 경우 격추가 허용된다. 헌법 재판소는 그 법을 다시 뒤집었다. 그 법이 〈범행에 가담하지 않은 탑승객의 생명을 심각하게 위협한다는 점에서 인간 존엄성을 보장하는 기본법 제1조 1항과 생명권을 존중하는 제2조 2항에 위배된다〉는 것이다.[108] 판결 이유에는 다음 내용도 포함되어 있다. 〈이 선택을 하면 몇 명이 희생되고 저 선택을 하면 몇 명이 희생될지에 따라 인간의 생명값을 계산하는 시도는 허용될 수 없다. 국가는 더 많은 사람을 살릴 수 있다는 이유로 그보다 적은 사람을 죽일 권리가 없다.〉[109]

국가에 적용되는 요구는 개인뿐 아니라 자율 주행차 제공업체에도 명확히 적용되어야 한다. 생사를 결정하는 문제에서 인간 생명의 가치를 계량화할 권한은 그들에게 없다. 그럼에도 작금의 토론을 보면 〈인류의 신성한 상징〉인 인간 존엄성의 포기를 요구하는 목소리가 없지 않다. 그들은 말한다. 〈자율 주행의 시대는 분명 올 것이다. 그때가 되면 생명의 가치를 재는 일은 피할 수 없을지 모른다. 이 새로운 기술과 문화 테크놀로지를 기독교와 칸트의 도덕 철학에 기반한 인도주의적 사회 질서를 무너뜨리는 첫 조짐으로 보는 사람들은 매년 수천 명의 교통사고 사망자의 희생을 막아 줄 테크놀로지를 반대하는 행동이 실은 한층 더 비인도적인 일이 아닌지 자문해 보아야 한다.〉[110]

이건 본말이 전도된 이야기다. 교통사고로 사망하는 사람들을 걱정하는 사람이라면 완전 자율 주행차만 무조건 고집할 게 아니다. 다른 방법도 많다. 예를 들어 전체 교통량 자체를 줄인다든지, 정기적으로 운전자의 적격성 여부를 더 꼼꼼히 심사한다든지, 운전 중에 핸드폰을 사용하는 행위를 한층 더 엄격하게 규제한다든지, 아니면 도심 교통난 해결을 위해 새로운 형태의 철도망 같은 좀 더 지혜로운 방안을 강구함으로써, 교통사고 사망률을 현저히 줄일 수 있다. 따라서 교통사고 사망자 수를 줄이기 위해 완전 자율 주행차가 무조건 필요한 건 아니다.

게다가 그들의 호언장담과는 달리 그 수단이 그 목표를 이루는 데 유익한지도 사실 지극히 의심스럽다.

더 심각한 문제도 있다. 도로 교통 문제에서 이미 인간 존엄성을 무시하는 사람이 다른 문제에서는 그러지 않을까? 인간 존엄성에 근본적인 회의를 표하는 것은 곧 법체계와 자유로운 인간에 대한 근본적 가치를 뒤흔드는 것이나 다름없다. 한마디로 그들은 기본권보다 기술적 진보가 더 중요한 다른 세상을 꿈꾼다. 인간 존엄성은 신화시대의 유물이 아니라, 자아상을 이루는 근간으로서 우리는 지금껏 그것을 잘 보존해 왔다.

자동차에 윤리적 프로그래밍이 이루어져야만 완전 자율주행이 가능하다는 생각도 순진하기 그지없다. 꼭 그래야 할 이유가 없다. 만일 브레이크를 밟을 수 없을 만큼 순식간에 사람이 차도에 나타나는 끔찍한 상황이 발생하면 운전자는 어떻게 할까? 순간적으로 도덕적 결정을 내릴까? 그럴 리 없다. 대신 반사적으로 행동할 가능성이 높다. 아이와 노인의 목숨값을 냉정하게 계산할 시간이 있다면 브레이크를 밟을 시간도 충분하다. 실질적인 딜레마 상황은 운전자 자신이 반사적인 결정의 주인이 되지 못할 때만 생긴다. 테러범은 예외겠지만, 대개 사람들은 정신없는 상황에서 결정이라고 부를 수 없는 행동을 한다. 그저 감각적 반사 행동만 하는 것이다. 그 상황을 보는 주변 사람들도 참으로 불행한 사고라며 감정적으로 반응하고 넘어간다. 반면 만일 운전자가 한 아이 대신 세 노인을 친 이유가 아이의 남은 수명이 세 노인의 남은 수명을 합친 것보다 더 길어서라고 진술한다면, 사람들은 아마 운전자의 정신이 나갔다고 할 것이다. 우리에게 미친 짓으로 보이는 것은 감각적 반사 행동이 아니라 그런 상황에서도 냉정하게 수명을 계산하는 정신이다.

인간 존엄성의 명백한 위반에 해당하는 생명값에 대한 계산은 실제 자율 주행 상황에서는 결코 발생하지 않는다. 그렇다면 일어나지도 않는 일을 차량에 윤리적 프로그래밍을 함으로써 최초로 도입하겠다는 말이다. 그와 관련해서 신학자이자 독일 윤리 위원회 회장인 페터 다브로크는 정말 당혹스러운 입장을 내놓았다. 〈내가 보기에, 앞으로 자율 주행차를 타는 사람은 누구나 앱에다 자신의 도덕적 선호를 필수적으로 입력해야 할 듯하다.〉[111] 미래에는 차를 타고 출발하기 전에 혹시 모를 사고에 대비해서 운전자 개인이 연금 생활자와 주부, 아이, 동물에 대해 생각하는 생명 가치를 미리 입력하자는 것이다. 그럴 경우 나치나 난폭 운전자 같은 사람이 어떤 도덕적 선호를 입력할지는 상상력이 뛰어나지 않아도 충분히 예상할 수 있다. 실제 사고가 일어났을 때는 무의식적으로 내려질 결정을 미리 의식적으로 내리라고 강요하는 셈이다.

내가 무언가를 의도적으로 했느냐, 아니면 의도적으로 하지 않았느냐는 도덕적으로뿐 아니라 법적으로도 엄청나게 차이가 크다. 사실 도로 교통에서는 도덕적 결정이 내려지는 일이 드물다. 설령 그 결정이 내려지더라도 진입 우선권이나 주차 공간 확보 같은 간단한 일에 대한 것뿐이다. 갑작스레 차 앞에 사람이 나타나 브레이크를 밟아야 하는 일은 드물다. 그렇다면 자율 주행차를 〈도덕적으로〉 프로그램화하는 것은 인간성의 이름을 빌린 비인간적인 행위이다. 인간 생명의 가치를 재단하는 것은 곧 생명에 대한 경시이자 폭력이다.

　2,500년의 역사를 지닌 서구 도덕 철학에서 얻은 핵심적인 깨달음이 있다면, 우리의 감정이 항상 상황에 따라 도덕을 결정한다는 사실이다. 그렇다면 도로 교통에서도 〈윤리적〉 프로그램은 존재할 수 없다. 다만 간단명료하고 합리적이고 비인간적인 것이 그 자리를 대신 차지하고, 그로써 우리의 인간성과 감성, 운명은 비인간적인 프로그램 코드로 대체된다. 이 코드가 모든 문제에 하나의 해결책을 갖고 있다는 점은 도덕에 도움이 되지 않고 도덕을 더 나쁘게 한다. 긴급 상황에서 당신은 세 명의 노인을 구하려고 실수로 한 아이를 친 운전자를 용서하겠는가? 아니면 세 노인의 기대 수명이 한 아이의 수명보다 적다는 이유로 노인들을 치려고 하다가 아이의 외모에서 백혈병을 앓고 있을 가능성을 발견하고 즉시 판단을 수정하는, 의도적인 프로그램을 용서하겠는가?

　이 딜레마에 대한 대답은 다음과 같다. 윤리적 프로그래밍은 어떤 형태로든 절대로 허용해서는 안 된다는 것이다. 전문가에 의한 프로그래밍은 물론이고, 운전자 자신의 〈도덕적 선호〉에 따른 프로그래밍도 안 된다. 인간 생명에 대한 결정은 인공 지능에 맡길 수 없다. 그건 인간의 기본권을 정해 놓은 기본법에 대한 명백한 위반이다. 자율 주행차의 자가 학습 프로그램이 아무리 그 자체로 끊임없이 패턴 인식을 개선한다고 해도

〈죽음의 알고리즘〉은 허용될 수 없다.

　　이것이 완전 자율 주행의 포기를 뜻하는 건 아니다. 다만 여기서 말하고자 하는 바는 미래의 교통을 위해 차량에 윤리적 프로그래밍을 반드시 입력해야 한다는 주장은 그저 뜬구름 잡는 소리에 불과하다는 것이다. 그렇다면 불가피한 사고 순간에 핸들을 어느 방향으로 틀지에 대한 결정을 규칙 기반 시스템에 맡겨서는 안 되는 이유는 무엇일까? 첫째, 자율 주행차는 승객을 보호해야 한다(그렇지 않으면 누가 차에 타려고 하겠는가?). 둘째, 우선 왼쪽으로 피해야 한다. 셋째, 그게 불가능한 상황에서는 오른쪽으로 피해야 한다. 다만 그 과정에서 차량은 얼굴을 인식해서는 안 되고, 인간과 사물만 구분해야 한다. 그로 인해 차량은 어쩌면 〈잘못된〉 결정을 내릴 수 있지만, 그게 인간 생명의 가치를 프로그램으로 미리 계산하는 것보다 백배 더 낫지 않을까?

　　인공 지능은 인간의 지능적 사용을 전제로 한다. 왜냐하면 그게 사회적으로 받아들여질지는 신뢰의 문제이기 때문이다. 신뢰는 명확한 경계를 아는 것으로부터 시작된다. 완전 자율 주행차의 경우 윤리적 프로그래밍을 포기하는 것만으로는 충분하지 않다. 복잡한 도심에서 자율 주행차를 대량으로 투입하는 데 훨씬 더 큰 방해물로 작용하는 것은 특이하게도 지금껏 논의된 적이 거의 없는 완전히 다른 문제다. 만일 인간이 아니라 자율 주행차가 도시 교통망을 차지하게 된다면 기존 교통수단과 새로운 교통수단은 조화롭게 합치될 수 없다. 자율 주행차는 경량 구조로 만들어진다. 철갑을 두른 SUV는 〈지능형〉 차량에 치명적인 위협이 된다. 물론 SUV 차량도 변화된 교통 상황에 맞게 차츰 교체될 것이다. 과거에 마차가 자동차에 빠른 속도로 자리를 내준 것처럼 말이다. 위험한 차량이 사라지면 권력 관계가 바뀐다. 사람들이 완전 자율 주행차로부터 기대하는 것이 모두 가능하다면, 그 차량은 고도의 지능을 이용해 교통 상황을 종합적으로 스캔하고, 조기에 모든 방해물을 인지해 능숙하게 피하거나 브레이크를 밟을 것이다. 그와 함께 이제 우리는 반세기가 넘는 동안 모든 아이들에게 심어 주었던 자동차에 대한 두려움을 더 이상 느낄 필요가 없어진다.

사실 무척 홀가분하고 좋은 일이다. 하지만 변화된 권력 관계와 함께 보행자와 특히 자전거 운전자는 훨씬 더 강력한 교통 참여자가 된다. 지금도 자전거 운전자는 도로 교통에서 가장 예측할 수 없는 요소다. 그들은 사실 내면적으로는 스스로를 보행자로 인식하는 경향이 짙지만 실질적으로는 자동차의 잠재적 위험성을 갖고 있다. 게다가 교통 법규를 자주 어김으로써 대도시에서 발생하는 수많은 교통사고 유발자이기도 하다. 만일 자전거 운전자가 장차 자동차의 위험으로부터 스스로 완벽하게 안전하다고 느낀다면, 지금보다 더 자주 교통 법규를 무시할 가능성이 크다. 로봇 카 앞에서 뱀처럼 구불구불 도반하듯이 천천히 자전거를 타고 가더라도 더는 차에 치일 걱정을 하지 않아도 된다. 게다가 지금이야 그런 자전거 운전자를 보면 차에서 내려 주먹을 불끈 쥐는 자동차 운전자들이 있지만, 앞으로는 자동차 승객들이 전면 유리창을 등지고 앉아 있기에 그런 자전거 운전자를 보고도 염려하지 않아도 된다. 이는 보행자에게도 동일하게 적용된다. 미래에는 다섯 명이 도심 교차로 중앙에 서서 신체나 생명의 위험을 느끼지 않고도 도로 교통 전체를 마비시킬 수 있다. 미래의 시위자들이나 술 취한 청소년, 축구 광팬들은 기뻐할 일이다.

그럼에도 교통부 산하의 윤리 위원회는 이 문제들을 전혀 다루지 않는다. 다만 나는 작년에 그런 시나리오를 연구하는 두 사람을 만났다. 한 사람은 하노버의 경찰청장이었고, 다른 사람은 항공기 제작업체와 항공사, 독일 정보기관에 조언을 해주는 보안 전문가였다. 후자의 인물은 위에서 언급한 문제들에 대한 해결책을 즉시 제시했다. 미래에는 누군가 교차로에 서서 교통을 방해하고 있다면, 즉각 그 사람의 핸드폰에 신호음이 울리고 다음과 같은 문자 메시지를 받게 된다는 것이다. 〈5,000유로 벌금. 이후 1분마다 1,000유로 추가.〉 교차로에서 교통을 방해하는 사람이 누구이고, 그 사람의 핸드폰 번호를 경찰이 어떻게 아느냐는 내 질문에는 그냥 싱긋 웃기만 했다. 자율 주행의 의미는 내가 상상하는 것 이상이었다. 도시 구석구석에 센서와 카메라를 설치하지 않고는 완전하게 자동화된 교통은 불가능하다. 차량은 서로 네트워크로 긴밀하게 연결되어야 할 뿐 아니라 교통 흐름을 원활하게 보장하려면 완벽한 감시가 필수적이다. 완전 자율 주행의 시대에는 교통 방해죄가 지금보다 훨씬 더 심각한 중범죄다. 로봇 카의 가장 큰 문제는 도로에서 비합리적으로 행동할 때가 많은 인간들이다. 따라서 자율 주행차들의 〈주변 환경〉에 문제가 생기면 즉각 시정되어야 한다. 그 말은 곧 최대한 엄격하게 규제하고 매순간 철저히 감시해야 한다는 뜻이다.

완전하게 자동화된 교통과 사생활의 보장은 결코 합치될 수 없는 모순이다. 자율 주행차는 지속적인 최적화의 명목으로 끊임없이 막대한 정보를 수집한다. 차는 승객의 위치와 행동을 일일이 파악한 뒤 차량 제조업체와 공급업자에게 전송할 뿐 아니라 좌석에 부착된 센서로 승객의 감정 상태를 스캔하고 몸 상태를 기록한다. 방대한 정보 수집은 개인 정보 자기 결정권에 대한 명백한 침해이지만, 사실 그 속에 제조업체와 공급업자의 본래적 사업 모델이 도사리고 있다. 그뿐이 아니다. 지금도 충분하지 않다는 듯, 완전하게 자동화된 교통은 국가와 경찰, 정보기관에 모든 도로와 인도에서 일어나는 일을 전부 파악할 것을 요구한다. 이건 최악이다. 중국이 〈인민 개조 프로그램〉으로 추구하는 것과 비슷한, 국민에 대한 전면적인 감시 체제는 결코 정치적으로 도입되어서는 안 된다. 감시 체제는 일련의 논리적 귀결에 따라 단계적으로 추진될 테고, 그러다 보면 어느 날 우리 앞에는 자유가 없는 다른 세상이 펼쳐질지 모른다. 그렇다면 교통사고 사망률을 획기적으로 낮추겠다는 것은 표면적인 이유에 불과하고 실은 완전히 다른 욕망이 그 속에 꿈틀거리고 있다.

간단하게 정리해 보자. 지금까지 거론된 모든 결과와 단점을 합산해서 장점과 비교하면, 도심에서 완전 자율 주행차를 운행하는 것은 오늘날의 교통 문제에 대한 모든 해결책 가운데 단연 최악이다. 물론 고속 도로나 국도에서 자율 주행차를 달리게 하거나 지하철 기관사를 컴퓨터로 대체하는 건 다른 문제다. 여기서는 윤리적 프로그래밍이나 개인 정보 자기 결정권의 침해, 또는 전면적인 감시 체제 같은 문제가 제기되지 않기 때문이다. 반면에 윤리적 프로그래밍을 입에 담는 사람은 다른 교통 시스템뿐 아니라 다른 가치 체계와 다른 사회 질서를 원한다.

미래에는 윤리적 프로그래밍이 필요 없다. 오히려 그것을 금지하는 구속력 있는 협정이 필요하다. 얼마나 많은 국가가 그 협정에 서명할지는 개별 국가의 입장에선 결정적인 문제가 아니다. 만일 미국이나 영국이 도로 교통에서 윤리적 프로그래밍을 허용한다고 해도 독일 입장에서는 딱히 손해 볼 것이 없다. 우측통행이냐 좌측통행이냐의 문제가 경쟁상의 단점이 아니듯이, 나라별로 관습이 다를 뿐이기 때문이다. 우리는 기본법에 명시된, 인권은 양도할 수 없으며 모든 인간 공동체의 토대가 되어야 한다는 사실을 간과하고 지낸다. 독일 사회에서 인권이 공동체의 토대인지는 소프트웨어나 시장, 또는 특정 방향으로 확정된 미래가 결정하는 것이 아니다. 인권이 사회의 근간이라는 사실은 우리가 이미 주체적이고 자율적으로 명확히 결정한 것이다. 따라서 특정 AI 표준을 지키라는 국제적 압력은 기껏해야 독일 자동차를 외국으로 수출할 때나 존재한다. 독일 제조업체들이 완전 자율 주행차의 미래 시장에서 비중 있는 역할을 할 수 있을지는 어차피 미지수다.

완전 자율 주행차와 윤리적 프로그래밍을 둘러싼 토론에서 가장 중요한 깨달음은 여기서도 인간성을 새롭게 발견한다는 점이다. 우리는 도덕에 폭력을 가하지 않고는 도덕을 프로그래밍할 수 없다. 만일 긴급하지 않은 상황에서 휴머니즘의 경계를 넘는다면, 우리는 명시적이건 아니건 자유와 자율, 자기 결정권, 인간 존엄성 같은 계몽주의적 핵심 가치로부터 멀어질 수밖에 없다. 인간의 자유를 나타내는 직선은 더 이상 위로 올라가지 못하고 아래로 꺾인다. 그래픽을 좋아하는 많은 디지털 회의에서도 인간의 자유가 추락하는 그래픽은 등장하지 않는다. 인간의 생명을 결정하는 AI와 긍정적 미래는 양립할 수 없다.

인공 지능이 장차 인간의 생사를 결정하는 두 번째 문제도 마찬가지다. 정말 중요한 문제임에도 제조업체와 찬성론자들은 세미나나 국제회의, 혹은 정상 회담에서 이 문제에 대해 입도 벙긋하지 않는다. 인공 지능을 장차 무기 테크놀로지와 군사력 확충에 투입할 것인지, 투입하게 된다면 어느 정도까지 투입할 것인지에 대한 문제다. 인간의 생사를 독자적으로 결정하고, 무엇보다 인간을 죽이는 데 사용될 〈자율적〉 무기에 대해선 다들 언급을 꺼린다. 대신 자율 무기는 조용히 개발된다.

이 주제를 피할 수 없는 상황이라면 제조업자와 찬성론자들은 거의 반사적으로 동일한 예를 입에 올린다. 군사 로봇은 지뢰를 발견하고 폐기하는 데 도움이 된다는 것이다. 그건 사실이다. 로봇이 인간 대신 지뢰를 감지해서 해체하거나 구조 작전에 투입되는 것은 정말 멋진 일이다. 또한 순수한 의미에서 커뮤니케이션이나 물류 업무에 사용되는 것도 원칙적으로 반대하지 않는다. 하지만 〈킬러 로봇〉은 완전히 다르다. 킬러 로봇은 인간이 입력한 프로그램을 기반으로 움직이지만, 인간의 도움 없이 로봇이 혼자서 살상 목표를 고르는 시스템으로 작동되기 때문이다. 이제 군인들은 방아쇠를 당기거나 발사 버튼을 누를 필요가 없다. 기계가 독자적으로 알아서 표적을 찾아내 공격한다. 아시모프의 로봇 법칙과 정반대되는 행위, 즉 인간에게 폭력을 가하고 인간을 총이나 폭탄으로 죽이도록 설계된 살상 무기다.

제조업체나 찬성론자들은 〈킬러 로봇〉이라는 표현을 좋아하지 않는다. 킬러 로봇은 정치권이나 대중 매체에서 붙인 이름이다. 반면에 호전주의자들은 이 무기를 가리켜 〈보안 기술〉, 폭격, 〈공습〉, 〈임무〉, 작전, 또는 〈넘겨받은 책임〉이라고 부른다. 군인을 투입하거나 진격시키려면 힘이 들뿐더러 부득이 희생이 생길 수밖에 없다는 말을 듣고 있으면, 킬러 로봇이 마치 인간을 죽이기 위해 만들어진 것이 아니라 인도적인 해결책이나 복음처럼 들린다.

하지만 눈 가리고 아웅이다. 자율 무기에 대한 우려와 격분은 국제적으로 아주 크다. 유엔은 6년 전부터 그 무기를 전반적으로 금지하는 문제를 논의해 오고 있다. 안토니오 구테헤스 유엔 사무총장은 자율 무기 체계를 〈정치적으로 받아들일 수 없고 도덕적으로도 혐오스러운〉 것으로 못 박았다.[112] 국제 캠페인 〈킬러 로봇을 멈추어라〉에 50여 개국의 비정부 기구 113개가 참여하고 있다. 보스턴의 생명 미래 연구소는 IT업계 종사자 2,400명에게서 AI 무기를 개발하는 데 동참하지 않겠다는 자발적 약속을 받아 냈다.[113] 그 가운데에는 호킹, 머스크, 워즈니악, 그리고 딥마인드의 공동 설립자 무스타파 술레이만의 이름도 있다. 게다가 노벨 평화상 수상자 21명도 자율 무기를 전면적으로 금지하는 데 동참하고 있다.

하지만 술레이만 같은 사람이 서명했다고 해서 펜타곤의 메이븐 프로젝트에 참여하는 구글의 결정이 뒤집히지는 않았다. 구글은 자사의 AI 소프트웨어로 무인기의 촬영 속도를 높이고, 수집한 정보를 좀 더 정밀하게 분석하는 데 도움을 주기로 했다. 2018년 수천 명의 구글 직원이 미국 국방부와의 이 협력에 항의하는 서한을 경영진에 보냈고, 그중 일부는 구글을 떠나기도 했다.[114] 한국 과학 기술원(KAIST)이 국방 AI 융합 연구 센터를 설립하겠다고 공고했을 때 일부 연구원들이 거세게 반발했다.[115]

반면에 유럽 연합 국가들은 자율 무기에 대한 도덕적 문제의식이 크지 않다. 오스트리아만 명시적으로 그것과 거리를 둘 뿐이다. 그에 비하면 독일은 말과 행동이 따로 논다. 2018년 독일의 기독교 민주 연합, 기독교 사회 연합, 사회 민주당 이 세 연정 파트너는 연정 협약서에 다음과 같은 아름다운 두 문장을 명백하게 써놓는다. 〈우리는 인간의 통제에서 벗어난 자율 무기 체계를 거부한다. 그를 넘어 전 지구적으로 그 무기의 추방을 위해 노력한다.〉 그러나 말만 번드르르할 뿐 실제는 정반대다. 유럽 항공기 제조업체 에어버스의 구성원으로서 독일은 AI 무기 개발의 선두 주자다. 특히 무인기와 전투기, 위성에 자율 무기를 장착할 목적으로 프랑스와 합작해 미래 전투 항공 시스템(FCAS)을 개발하기도 했다. 게다가 독일의 다국적 소프트웨어 기업 SAP는 아무 거리낌 없이 자사의 AI 기술을 다양한 방식으로 미군에 제공하고 있다.

자율 무기의 진군은 막을 수가 없어 보인다. 그에 대한 논거로 항상 제시되는 것이 바로 군비 경쟁이다. 그럴 능력이 있는 모든 국가는 최악의 상황을 막기 위해 군사적으로 최소한 타국과 어깨를 겨누거나, 아니면 앞서 나가고 싶어 한다. 테크놀로지를 통한 군사력의 우위는 필연적으로 전쟁을 부를 수밖에 없다. 기술적으로 우월한 국가는 예전과 달리 자국의 군인을 희생시킬 필요가 없다. 킬러 로봇이 그 일을 대신 맡음으로써 도덕적으로 큰 위험 없이 국민들을 설득하는 것이 가능해진다. 그로써 전쟁을 막을 심리적 문턱은 점점 낮아지고 있다. 특히 전쟁을 일으키는 쪽에서는 전쟁을 일종의 컴퓨터 게임 같은 것으로 느낀다.

킬러 로봇의 열렬한 옹호론자인 도밍고스는 전쟁에 기계를 투입하는 것을 두 손 들고 환영할 뿐 아니라, 심지어 모든 전쟁으로 인한 희생자가 없어질 거라고 예측하고 나선다. 〈화학전과 생물학전은 인간의 고통을 더 가중시키지만 로봇전은 그 고통을 현저히 줄일 수 있다. 인간은 지휘부에서 명령만 내리고 실제 전쟁은 기계가 수행한다면, 다치거나 죽는 사람은 없을 것이다. 그렇다면 우리는 로봇 병사가 아니라 인간 병사를 전쟁에서 몰아내야 한다.〉[116]

도밍고스의 관점은 AI 환상가들이 세상을 얼마나 단순하고 좁게 보는지에 대한 또 다른 증거다. 인간이 죽지 않는 전쟁은 더 이상 전쟁이 아니라 게임이다. 전쟁에서 비롯된 모든 위협과 위험은 옛일이 되고, 아울러 모든 형태의 위협적 기능은 물론 심지어 전쟁의 의미도 사라진다. 도밍고스의 비전은 현실과는 거리가 너무 멀다. 현실에서 킬러 로봇은 군대만 공격하는 것이 아니다. 킬러 로봇 스스로 위협적인 대상으로 지목한 인간도 죽인다. 게다가 전략적으로 중요한 민간인도 표적으로 삼고, 그와 함께 전쟁과 상관없는 사람들까지 죽일 수밖에 없다.

AI 환상가들은 전쟁을 근절하지도 못하고 전쟁으로 인한 희생자를 없애지도 못한다. 기술적으로 우월한 쪽의 입장에서는 가장 위험이 적은 전쟁이 약자의 입장에서는 가장 불공정한 전쟁이다. 만일 그런 기술력이 있다면 기존의 유도 미사일이나 드론과는 비교가 안 될 만큼 강력한 고도의 기술 전쟁이 펼쳐지지 않을까?

AI와 윤리에 관한 책을 펴낸 뤼트게와 그 동료들은 이 모든 문제에 관심이 없다. 오히려 그들은 이렇게 말한다. 윤리와 도덕을 두고 말이 많지만, 사실 〈로봇과 AI도 인간에게 항상 《Yes》라고만 말하지 않는다. 합당한 이유가 있다면 로봇도 《No》라고 말할 수 있다〉.[117] 하지만 문제는 그 합당한 이유를 누가 결정하느냐이다. 어쩌면 위원회의 철학자가 아니라 미국 대통령이 결정할 수도 있다. 도덕적 반박은 뤼트게와 그 동료들도 잘 알고 있기에 자신들의 판단에 대한 철학적 근거를 대지 못한다. 전쟁을 생명이나 부상의 위험 없이 자국의 이익을 위해 수행하는, 기술적 문제 해결 수단으로 보는 사람은 전쟁에 대한 윤리적 문턱을 낮추는 데 그치지 않는다. AI 시스템이 스스로 결정권자가 되어 윤리적 고민이나 양심의 가책, 또는 현실적 안목 없이 판단을 내리는 것을 감수할 수밖에 없다. 이로써 전쟁에서 절대적으로 냉혹한 감정의 스파르타-파시즘적 이상이 최상으로 구현된다. 국제 인도법에 따르면 민간인과 〈전투원〉, 즉 적극적인 전쟁 참가자는 엄격하게 구분되어야 한다. 그러나 자율 무기 체계의 프로그래머들은 그것을 구분할 능력이 없다. 패턴 인식은 사람의 정체성을 판단하는 기준이 될 수 없고, 기계적으로 내려지는 살인 결정은 섬세한 감정과는 거리가 멀다.

자신이 무기를 발사하는 대신 AI 프로그램에 그 일을 맡긴다면, 직접 방아쇠를 당기거나 버튼을 누를 때와는 비교가 안 되게 심적인 부담이 적다. 또 AI 프로그램을 작동시키거나 무인기를 출동시키는 것은 총칼로 사람을 찌르거나 도끼로 내리쳐 죽이는 것보다 한결 쉽다. 이 시스템이 고도로 기술화될수록 무기를 사용하는 과정만 간단해지는 것이 아니라 그것을 투입하는 사람의 마음도 더욱 가벼워진다. 게다가 무기가 전자동화되면 책임의 문제도 상대화된다. AI가 실수로 무고한 인간을 죽였다면 그 실수에 대한 법적·도덕적 책임은 누구에게 있을까? 제조업체, 최고 사령부, 아니면 현장 지휘관? 많은 사람이 관여할 수록 개인이 모든 책임을 지게 될 위험은 대폭 줄어든다.

완전 자율 주행차의 윤리적 프로그래밍과 마찬가지로 자율 무기도 인간성과 인간 존엄성을 심각하게 훼손한다. 킬러 로봇은 인간을 인간으로 보는 것이 아니라 하나의 〈문제〉로 여기고, 그 인간의 죽음을 〈해결〉로 생각한다. 이런 윤리적 허무주의는 기계의 원칙으로 변경할 수 없다. 나치의 강제 수용소에서 인간 존엄성을 말살하고 야만성을 표출한 〈기계적 살인〉만 떠올려 봐도 알 수 있다. 대량 학살을 순조롭게 만드는 완벽한 기계적 시스템은 비인간성의 가장 극단적인 형태다. 장차 사람이 아닌 기계가 인간의 생명 가치를 결정한다면 기본법 제1조는 한낱 휴지 조각이 되고 말 것이다.

제2조도 마찬가지다. 〈모든 사람은 타인의 권리를 침해하고 헌법적 질서와 도덕 법칙을 위반하지만 않는다면 자신을 마음껏 계발할 권리가 있다.〉 이 권리도 인공 지능의 시대에는 심각한 위험에 빠지지 않을까?

12   스마트한 매트릭스

아무 걱정 없는 매트릭스에서 사는 것은 프로그래머에게도 별
로 유쾌한 상상이 아닌 모양이다. 2018년 2월 나는 뮌헨에서
1,000명이 넘는 소프트웨어 개발자와 IT 전문가들 앞에서 강연
하면서, 〈체험 기계〉에 익숙해질 수 있는 사람이 누가 있겠느냐
고 물었다. 체험 기계는 미국 철학자 로버트 노직이 상상한 세
상처럼 그 안에 들어가는 사람은 누구나 가상으로 자신이 원하
는 모든 체험을 할 수 있는 매트릭스를 말한다.[118] 매일 행복이
가득하고, 위험은 존재하지 않고, 수고와 고통이 없는 세계다.
그런데 매트릭스 속에서 사는 것이 실제 삶보다 낫다고 여기는
IT 전문가는 10퍼센트가 되지 않았다.

　　　　이 결과는 설명이 필요하다. 확실성보다는 불확실성, 지
속적 행복보다는 우연과 삶의 위험을 선호하는 현상은 오늘날
디지털 콘체른이 고객에게 약속하는 것과는 대척점을 이룬다.
게다가 공리주의자들은 거세게 반발하겠지만, 이는 인간에게
행복보다 더 중요한 무언가가 있다는 것을 인상적으로 증명해
주는 것이기도 하다. 대부분의 사람에게 자율성과 자기 결정권
이 지극히 중요하다는 건 두말할 나위가 없다. 자신의 삶을 자

유롭고 독자적으로 결정하지 못하는 사람은 쉽게 의미의 결핍을 느낀다. 더구나 항상 자신이 승리하고 자신에게 나쁜 일이 일어나지 않으리라는 사실을 아는 사람은 지루함을 느끼고 많은 것에 싫증을 낸다. 비트겐슈타인의 말처럼, 우리는 이 지구에 왜 존재하는지 모른다. 행복하기 위해 존재하는 것은 분명 아니다. 인간의 뇌는 절대적 진리나 절대적 행복을 위해 선택적 압력으로 형성된 것이 아니다. 그보다 훨씬 더 지배적인 것은 〈자아〉의 형성이다. 그 결과는 자명하다. 우리에게 지극히 중요한 것은 우리가 경험하는 일이 실제 경험이어야 하고, 우리가 보고 듣고 냄새 맡고 맛보고 느끼는 것이 환상이 아닌 현실이어야 한다는 사실이다.

자유에 대한 많은 사람의 깊은 갈망은 사실 상당히 비합리적이다. 어쨌든 공리주의자들의 관점에서 보면 말이다. 가만히 입을 다물면 편히 살 수 있는 특권층이 왜 굳이 독재 정권에 시비를 걸고 반발할까? 그들은 고통받는 일이 전혀 없는데도 왜 독재자에 대한 암살을 감행할까? 밀만큼 이 모순의 매듭을 풀려고 애썼던 사람은 일찍이 없었다. 어릴 때 그는 벤담과 교분이 깊었던 아버지에게서 공리주의의 세례를 받았고, 이후 그 사고 방향을 충실히 지켰다. 그와 동시에 인간의 자유에 푹 빠졌다. 자유와 관련해서 벤담은 모순적인 태도를 보였다. 한편으론 시민의 자유를 옹호하면서도 다른 한편으론 국가에 절대적인 폭력과 전면적인 통제권을 부여한 것이다.

밀은 자유에 대한 인간의 욕구와 공리주의를 조화시키는

일에 평생을 바쳤다. 물론 성공하지는 못했다. 최대 다수의 행복이라는 공리주의적 원칙은 자유의 명제와 잘 맞아떨어지지 않았다. 칸트에 따르면 절대적 자유란 법을 위반하지 않는 한 인간에게 반드시 주어져야 할 무탈과 자율성의 권리를 의미한다. 반면에 공리주의적 자유는 필연적으로 수단이 될 수밖에 없다. 개인의 행복은 〈최대 다수의 행복〉에 종속되기 때문이다. 따라서 누구든 확고한 자유주의자인 동시에 철저한 공리주의자가 될 수는 없다. 개인의 자유가 아니면 보편의 행복이 중심에 서야 하고, 이 둘을 동시에 충족시키는 건 불가능에 가깝다.

이 딜레마를 이해하는 것은 중요하다. 왜냐하면 자유주의자들 중에는 공리주의적 프로그래밍이나 점점 커지는 데이터의 파워, 시민에 대한 강화된 통제를 문제로 보지 않는 사람이 많기 때문이다. 그러나 개인이 스스로 평가하고 결정 내릴 수 있는 가능성이 자유의 본질이라면, 디지털 시대에서 자유는 심각한 위협을 받을 수밖에 없다. AI가 타인에 의해 입력된 프로그램에 따라 가치 결정을 더 많이 내릴수록, 개인의 자유는 여지가 점점 줄어든다. 하지만 이것이 자유에 대한 공격이라는 사실은 간과될 때가 많다. 변화는 빠르게 이루어진다. 그것도 수많은 작은 단계를 통해 눈에 띄지 않게 진행된다. 이 지점에서 사회 심리학자들은 기준선 이동의 원칙, 즉 우리가 정상으로 받아들이는 것들의 점진적이고도 심중한 이동에 대해 말한다. 여기서 인간에 대한 가치 결정권자로서 인공 지능은 가치 창조자라기보다 가치 파괴자에 가깝다. AI는 자유 민주주의 사회의 핵심을 이루는 가치들, 즉 자유, 독립성, 자기 결정권, 사생활 같은 가치의 본질을 심각하게 훼손한다.

완전 자율 주행차의 〈사물 인터넷〉이나 피부 위 섬유를 통해 정보를 수집하는 행위는 그 어떤 형태보다 훨씬 더 완벽하게 인간을 염탐하는 방식이다. 제조업체와 광고업체는 종종 기본권을 침해하는 문제 많은 사업 모델을 원활하게 추진하려고 다들 잘 아는 트릭을 쓴다. 즉, 이것은 진화론적으로 이미 정해져 있는 인간 사회의 발전 과정이라는 것이다. 물론 이때 대안은 없다. 그들은 인간이 컴퓨터보다 결정을 내리는 면에서 훨씬 미숙하다고 가정함으로써, 르네상스와 계몽주의의 인간상을 부드럽지만 확실한 방식으로 공격한다. 게다가 지난 수년 사이 경제 심리학자와 행동 경제학자들까지 인간이 빠르게 결정을 내릴 때 발생할 수 있는 오류를 인상적으로 보여 준 책들을 출시하지 않았던가?[119] 만일 인간이 그 정도로 비합리적인 존재라면 완벽하게 합리적인 결정 시스템이 인간을 도와야 한다. 마치 글로벌 자산 운용사 블랙록의 슈퍼컴퓨터 알라딘이 매일 금융 시장에서 성공을 거두듯이 개인이 하루하루를 성공적으로 살려면 최상위 가치로서 합리성을 따라야 한다는 듯이 말이다.

인간이 기질적으로 나쁜 결정을 내리는 것이 사실이라면, 장차 인간에 대한 심판권을 기계에 맡기겠다는 명확한 결정도 당연히 나쁜 결정일 수 있다. 이는 모든 결과를 지능적으로 미리 계산하기에는 인간의 판단력이 모자라는 것에 대한 전형적인 증거이기도 하다. 더군다나 AI가 어떤 행위의 모든 결과를 미리 계산할 수 있다는 상상도 명백한 허상이다. 인공 지능을 둘러싼 유명한 신화에서는 체스와 바둑처럼 어느 정도 예측 가능한 환경에서 확인된 AI의 능력이 인간의 다른 모든 행위에도 적용된다고 말한다. 이런 신화가 없다면 형기를 마친 죄수의 재범률이나 구직자의 취업 가능성을 예측하려고 인공 지능을 투입할 생각을 하지 못할 것이다. 통계적 예측은 어차피 AI 저편의 영역이다. 만일 의사가 당신이 불치병에 걸렸고 통계적 기대 수명이 3년이라고 말한다면 다양한 의미로 해석될 수 있을 것이다. 이는 곧 당신은 3개월 뒤에 죽을 수도 있지만 20년을 더 살 수도 있다는 뜻이다. 엄청난 차이다. 그러니까 통계적 수치는 그저 수치일 뿐 당신의 삶에 아무 의미가 없다. 물론 당신이 그 수치 때문에 충격을 받아 미치지만 않는다면 말이다.

인간의 행동에 대한 통계적 예측도 마찬가지다. 내가 미래에 어떻게 행동할지는 통계적 확률로 계산할 수 있다. 하지만 거기엔 사실적 구속력이 없다. 내가 이 책 다음에 또 다른 책을 쓸 확률은 무척 높다. 벌써 열다섯 권의 책을 썼기 때문이다. 하지만 그조차 확실하진 않다. 많은 사람이 그리한다는 이유로 나도 장차 그리하리라고 예측하는 것은 그저 확률에 의한 기대일 뿐이다. 만일 통계 및 확률을 기반으로 작동하는 시스템이 추천 도서를 제시할 뿐이라면 문제가 될 것이 없다. 그러나 경찰이나 정보기관이 그 시스템을 사용한다면 상황은 달라진다. 일탈적 행동을 개인적 차이로 보는 것이 아니라 의심스러운 행동으로 낙인찍어 버리는 행위 규범이 은밀하게 싹트기 때문이다. AI에 의해 이미 파악된 사람이 기대대로 행동하지 않으면 즉시 눈에 띈다. 이건 자유주의 사회에서 결코 사소한 문제가 아니고, 그 사회의 토대를 이루는 원칙에 대한 위반이다.

자유주의 사회는 구성원의 자유를 제한하는 인간 독재자의 출현을 염려하지만 기계 독재자에 대해선 별 염려를 하지 않는다. 기계의 힘을 구체적으로 상상할 수 없어 적으로서 기계 독재자의 이미지가 떠오르지 않아서일까, 아니면 자유만 너무 걱정하다가 미래의 사업 모델 경쟁에서 뒤처질까 봐 불안해서일까? 혹은 테러 공격부터 범죄 퇴치, 모든 정보 저장에 이르기까지 사회 문제 전반을 효과적으로 해결할 수 없을 것 같아서일까? 서구 세계에는 중국의 사회 신용 시스템을 비판하는 목소리가 많다. 하지만 우리 사회 속으로 슬금슬금 스며드는 통제와 상시적인 염탐에 대해선 정치인과 경제학자, 로비스트들은 놀랄 정도로 태평하다.

컴퓨터 공학자 카타리나 츠바이크는 말한다. 〈세계의 어떤 실험실에서건 비과학적으로 여겨지는 행동을 기계가 버젓이 수행하고 있다는 사실이 적잖이 놀랍다. 관찰을 통해 가설을 만들고, 이 가설을 검증도 없이 다른 상황에 적용하는 행동 말이다. 만일 그 결정으로 인간의 삶이 심대하게 바뀔 수 있다면 충분히 검증하지 않은 상태에서 AI 시스템을 사용해서는 안 된다.〉[120] 하지만 AI 시스템의 중장기적인 사회적 영향은 믿을 만하게 검증할 수 없다. 자율 주행차, 킬러 로봇, 그리고 일상이나 직장에서 행해지는 인간의 행동에 대한 통계적 예측도 마찬가지다.

　　인간과 대화를 나누는 챗봇처럼 비교적 단순한 테크놀로지도 통제 불능에 빠지기 쉽다. 챗봇은 방대한 정보의 바다에서 인공 지능의 도움으로 적절한 대답을 찾아내는 전문(全文) 검색 기계다. 2016년 3월 마이크로소프트는 챗봇 테이를 트위터에 올렸다. 인공 지능이 얼마나 빨리 적절한 말을 습득하고 사용자의 프로필을 정확히 탐지해 내는지 확인하기 위해서였다. 그런데 얼마 뒤 그 시스템을 내려야 했다. 챗봇이 인종주의적이고 극단주의적인 트윗을 날렸을 뿐 아니라 히틀러를 예찬하고 유대인을 혐오한다고 고백하고, 세상의 모든 페미니스트에게 증오를 퍼부은 것이다. 그런 대화의 토양을 제공한 사람은 수많은 인종주의자와 극단주의자들이었고, 챗봇은 그런 〈정보〉를 받아들여 적응하는 법을 순식간에 배웠다.[121]

　　사전에 사람들이 좀 더 많은 시간과 비용을 들이고, 실험실에서 세상의 온갖 나쁜 것들로 테스트했더라면 미리 확인이 가능했을 문제다. 그러나 인간의 행동을 평가하고 미래의 행동을 예측한다는 AI 애플리케이션에 대한 사전 검증 절차는 빨리 끝났다. 컴퓨터는 계산과 저장 능력이 뛰어나고 지시를 정확하게 수행할 수 있지만, 복잡한 사회적 맥락이나 숨겨진 행간을 이해하지 못한다. 앞서 설명했듯이, 기계는 인간 사이의 암묵적인 규범이나 행동 규칙을 감지해 내는 섬세한 감각과 사회적 감각이 없다. 게다가 어떤 것이 사람들에게서 인정받고 어떤 것이 눈살을 찌푸리게 하는지도 이해하지 못한다. 계산적으로 행동하거나 스스로를 과시하는 사람은 대체로 인정받지 못한다. 대신 인간에게는 관심과 가치, 지위, 인간적 매력, 설득력 같은 것들이 중요하다. 이런 요소는 계산 능력을 높이고 더 많은 정보를 모은다고 해서 획득할 수 있는 것이 아니다.

점점 더 많은 정보가 축적되면 컴퓨터가 점점 인간적으로 변해 갈 거라는 신화가 만연하지만, 거기서 생겨난 새로운 사업 모델은 별 이득이 없다. 반면에 사회적 해악은 더 크다. 그 사이 자주 언급되는 데이터주의Dataism, 즉 인간보다 데이터를 숭배하는 신조는 우리 경제의 신흥 종교가 되었을 뿐 아니라 모든 사람의 사생활도 쉽게 무시해 버린다. 본인의 동의 유무와 상관없이 도처에 자신의 흔적을 데이터 형태로 남긴 사람은 이제 무수한 관찰자들이 자신의 사생활을 엿보는 상황을 피할 수 없다. 자신이 원하는 관찰자든 그렇지 않은 관찰자든 간에 말이다. 인터넷과 스마트폰, 그리고 급속히 증가하는 감시 카메라는 곳곳에서 개인 정보를 기록하고 수집한다. 수집된 정보의 대부분은 상품 판매 전략과 더 안전한 기획, 효율성 제고, 이익 극대화에 이용된다.

독일과 유럽의 입법자들은 현재 이루어지고 있는 정보 수집이 개인 정보 자기 결정권을 침해한다는 사실을 알면서도 상업적 데이터 수집가들에게 실질적으로 강력한 빗장을 채우길 주저한다. 그렇다면 형식적으로라도 높은 장벽을 설치해 그런 형태의 정보 수집을 어렵게 해야 한다. 유럽의 개인 정보 보호 규정이 그 예다. 그러나 그조차도 사용자가 제삼자에게 정보 수집에 관한 권리를 용인하는 순간 효과가 없어진다. 구글이나 페이스북에서 특히 자주 일어나는 일인데, 사용자들은 대개 별 생각 없이, 또는 순간적으로 다른 대안이 없어 그 버튼을 클릭하고 만다. 사방에 상시적으로 깔린 염탐 행위에서 벗어나려면 최상의 테크놀로지 지식을 갖추어야 하고, 모든 형태의 공격에 기술적으로 방어하려면 시간도 많이 들여야 한다. 다른 일에 신경 쓸 일이 많은 사람에게는 무리한 요구다. 그런 점에서 사용자의 경솔한 동의는 막을 수 없다. 또한 소수의 사람이 자신의 흔적을 의도적으로 지운다고 해도, 디지털 자본주의에서 자율성과 자기 결정권의 침해는 막기 어려워 보인다.

오늘날 광고 산업은 의도적인 사생활 염탐과 더 이상 분리할 수 없다. 상거래상의 감시 테크놀로지는 기준선 이동의 원칙에 따라 점점 수준이 높아지고 있다. 현재 미국에서 일어나는 일이 독일에서도 장차 실현될 것으로 보인다. 예를 들어 미국의 거대 식품 잡화점 월그린은 매장 곳곳에 설치한 카메라와 센서로 고객의 표정을 꼼꼼히 촬영하고 평가할 뿐 아니라 나이와 성별을 확인하고, 쇼핑 카트에 담긴 내용물을 스캔한다.[122] 심지어 시선을 추적하는 소프트웨어를 통해 고객의 시선을 일일이 파악해서 상품 공급자에게 그들의 상품이 고객의 눈에 띄는 빈도와 방식을 보여 준다. 그사이 독일의 내형 마트 레알도 비슷한 시스템을 실험했고,[123] 독일 우체국도 각 지점에서 얼굴을 인식하는 소프트웨어의 테스트를 주저하지 않는다.[124] 최근에는 소비자의 삶에 대한 정보를 제조사에 제공하는 조건으로 전자 제품을 몹시 저렴하게 파는 것이 인기다. 이른바 〈사생활 담보 사업〉이다.[125] 몇 년 전 아마존에서 개발한 알렉사가 선보였던 음성 인식 서비스는 그사이 다른 곳에서도 제공하고 있다.

하버드 경영 대학원의 경제학자 쇼샤나 주보프는 700쪽이 넘는 두꺼운 책에서 〈감시 자본주의〉가 인간 삶의 내밀한 영역으로 어떻게 침투하고 구매자를 어떻게 상품으로 만드는지 설명했다.[126] 여기서 고객의 행동을 예측하는 데는 인공 지능의 역할이 지대하다. 기업들이 그런 행동을 하는 이유는 군대나 정보기관의 논리와 다르지 않다. 심지어 콘체른과 군대의 테크놀로지는 동일할 때도 많다. 힘 있는 사람은 그 테크놀로지를 이용해 더더욱 이익을 취하려 하는 것이다. 그로써 강자는 더 강해지고, 정보량이 부족하고 최상의 프로그래머가 없는 약자는 밀릴 수밖에 없다. 매사추세츠 공과 대학교의 디지털 비지니스 센터장 에릭 브린욜프스는 말한다. 우리는 현재 AI와 같은 테크놀로지가 빈자와 부자 사이의 불평등을 상상 이상으로 심화시키는 〈승자 독식 현상〉을 목격하고 있다.[127]

사람들의 모순적 태도도 곳곳에서 목격된다. 자동차 구매자들이 사생활 보호를 이유로 차량에 선팅은 진하게 하면서도 정작 자신의 내밀한 삶과 개인 정보가 타인에게 그대로 노출되는 것은 수수방관한다. 보험사는 고객의 정보를 이용해서 보험 요율을 결정하고, 대리점은 같은 방식으로 신용도를 심사한다. 그뿐이 아니다. 미래의 스마트 홈은 가구와 램프, 난방 기구 생산업체만큼 거주자에 대해 속속들이 안다. 케어 로봇은 허약하거나 치매에 걸린 사람을 돕고, 그와 동시에 그들의 정보를 빼내 간다. 물론 이런 AI는 의심할 바 없이 인간에게 유익하고 이용자들의 삶을 편리하게 해준다. 그럼에도 벤담이 구상한 감옥 패놉티콘이나 노동 패놉티콘과 다르지 않다. 좀 더 호화로워졌다는 차이만 있을 뿐, 감시자와 운영자를 부자로 만들 목적으로 만들어진 것은 똑같다. 이용자와 소비자는 편리성과 안전, 예방, 예측에만 너무 집착한 나머지 자기 결정권을 잃고 있다는 사실을 알아채지 못한다. 물론 노직의 〈체험 기계〉는 모든 것이 그만큼 편리해졌다면 자기 결정권이 왜 필요하겠느냐고 되물을 수도 있다. 우리는 인류의 큰 발걸음으로는 편리함을 위해 자유를 팔지 않지만, 수천의 작은 발걸음으로는 기꺼이 그리한다. 그게 인간이다. 하지만 기술이 우리에게서 빼앗아 간 것은 영원히 잃어버리게 되고 다시는 되찾을 수 없다.

그럼에도 상황은 퍽 의아하게 돌아간다. 오늘날 많은 보수주의자와 자유주의자들은 비닐봉지나 SUV에 대한 통제를 두고는 〈자유의 박탈〉이니 〈전체주의적 발상〉이니 하면서 비판하면서도, 안전과 경제라는 명목으로 진행되는 이 거대한 통제는 대개 긍정적으로 바라보거나 아니면 그냥 어깨만 으쓱하고 만다. 요즘은 AI를 이용한 신기술이 하루가 다르게 쏟아진다. 예를 들어 온라인상에서의 행동만 보고 사용자의 우울증을 읽어 내는 AI가 스탠퍼드 대학교에서 개발되어 곧 핸드폰에 장착될 예정이고,[128] 외상 후 스트레스 장애(PTSD) 환자들은 랜덤 포레스트라는 AI 시스템의 도움으로 좀 더 정밀하게 분류되고,[129] 심지어 어떤 학생이 학교를 그만둘 확률이 높은지도 인공 지능이 찾아낸다.[130] 사람들은 인공 지능을 투입하면서 분명 그럴듯한 이유를 제시하겠지만, 거기엔 정말 심각한 위험이 도사리고 있다. 사실 어떤 사람의 우울증을 잘 아는 것은 핸드폰이 아니라 주변 사람들이고, 컴퓨터 테크놀로지보다 더 많은 의사들이 외상 후 스트레스 장애 환자들을 돌볼 수 있다. 또한 어떤 학생도 경주마처럼 성공이나 실패 확률로 줄을 세워서는 안 된다. 그 학생에게 치명적인 결과가 될 수 있기 때문이다. 만일 그런 순위가 버젓이 통용된다면, 전학할 때 학생의 인성이나 특정 교사와의 관계가 아니라 기계가 통계적 개연성을 토대로 계산한 확률을 제일 먼저 체크하지 않겠는가? 학교를 그만둘 확률이 높은 것으로 〈예측된 학생〉에게는 지울 수 없는 낙인이자 저주이다.

예전에는 인간적 공감과 감정 이입 또는 갖가지 고려가 중요했던 일을 기계가 떠맡게 되면, 장점은 빠르게 단점으로 변해 버린다. 알고리즘과 휴리스틱은 확고한 통계적 규범을 작성하고, 그 안에서 발생된 모든 일탈은 설명이 필요할 뿐 아니라 가끔은 위험하고 병리적이거나 치료가 필요한 행위로 분류된다. 이렇게 되면 그들이 입버릇처럼 말하는 차별은 없어지지 않고 오히려 강화된다. 츠바이크는 차별이 발생할 수 있는 다섯 가지 가능성을 다음과 같이 나열한다.[131] 첫째, 차별은 프로그래머가 무엇을 입력하느냐에 따라 의식적으로나 무의식적으로 실행될 수 있다. 둘째, 특정 정보를 빠뜨림으로써 특정 인물을 배제하는 차별이 생길 수 있다. 셋째, 가끔은 특정 집단의 일부 정보를 생략함으로써 차별이 생긴다. 넷째, 인간 행동을 표준화함으로써 인간이 개성이나 특정 문맥의 고려 없이 평가된다. 다섯째, 이것이 특히 나쁜데, 바로 테이에게서 일어난 일이다. 즉 누가 어떤 인풋을 제공하든 AI는 재빨리 적응하는 법을 배운다. 설령 최악의 인종주의일지라도 말이다.

인공 지능의 고삐 풀린 투입이 야기하는 인간의 자유와 자율성 침해 가운데 가장 논란이 많은 것은 차별이다. 통계적 상관성은 인간 세계에서 유의미한 것들을 제대로 담아 내지 못한다. AI의 결정은 백 퍼센트 객관적이지도 않고, 인간 욕구와 반드시 맞아떨어지지도 않는다. 개인은 특정 집단의 일부이기에 그 집단에 해당하는 것은 개인에게도 해당될 수 있다. 하지만 다른 측면에서 개인은 집단적 규범과는 다르고, 달라도 될 권리를 요구한다. 바로 이 토대 위에 자유가 서 있다. 규범에 따른 판단으로 인간을 차별하는 것은 단순한 프로그래밍 문제만이 아니다. 이는 컴퓨터 말고도 학교에서 신용 대출에 이르기까지 인간을 오직 성적이나 평균치, 확률에 따라 일률적으로 측정하는 모든 영역에 해당된다. 이 모든 것은 철저히 의도적으로 일어난다. 따라서 고전적 관료주의 역시 표준화 작업과 틀에 박힌 사고, 확고하게 정해진 해결 과정을 봉해 인간외 사안을 결정하는 반(半)인공 지능이라 할 수 있다. 그것도 공감과 재량은 물론이고 일반적인 지능도 투입되지 않은 반인공 지능이다. 법 앞의 평등이라는 중요한 계명은 인간성의 의도적인 배제로 얼은 중립성이다. 그렇게 보자면 행정에서 인공 지능은 어떤 면에서건 전혀 새로울 게 없다. 언제가 됐건 인공 지능으로 인해 일자리가 감소하며 극단적인 관료주의의 양상을 띨 것이다.

AI 프로그래밍의 큰 문제는 우리가 표준화되고 자동화된 결정에 어떤 이의도 제기할 수 없다는 점이다. AI 시스템이 어떤 판단을 내린다면 그건 합당한 이유가 있어서가 아니다. 그저 자신에게 주입된 프로그램에 따르는 것뿐이다. 이런 시스템이 적용된다면 윤리적으로 문제가 많은 판단 모델은 사회적으로 더욱 공고화된다. 바로 그 때문에 개인을 특정 규범에 따라 평가하고, 그로써 그들의 학업 성적과 직장 내 적응 가능성, 또는 사회적 위험성을 결정하는 일은 기계에 맡겨서는 안 된다. 그러려면 구속력 있는 규정과 명확한 법률이 필요하지만, 안타깝게도 여전히 요원해 보인다.

차별의 위험은 일부 문제에 지나지 않는다. 희한하게도 당사자와 윤리학자들이 이 문제에 대해서는 목소리 높여 항의하지만, 다른 문제에 대해서는 흥분하는 일이 드물다. 그로 인해 직접적으로 피해를 보는 사람이 거의 없기 때문이다. 민주주의의 미래와 관련된 문제가 있다. AI 프로그래밍은 장차 사회의 모든 분야에서 얼마만큼 표준화를 진행시키고, 그로써 민주주의의 토대를 얼마만큼 무너뜨릴까?

살아 있는 민주주의에 울타리를 치려는 노력은 현재 곳곳에서 볼 수 있다. 물론 의도는 좋다. 예를 들어 미래의 법과 계약을 프로그램으로 코드화하려고 애쓰는 사람은 법과 계약을 좀 더 객관적으로 만들고 싶을 뿐이다. 영국의 법체계인 관습법을 불명료함의 세계에서 해방시키고자 했던 벤담이 무척 기뻐할 일이다. 그러나 법은 그 엄밀함에도 불구하고 해석과 주관적 판단, 재량이 있어야 유지된다. 그렇지 않으면 판사나 변호사, 검사는 필요 없다. 법과 판결은 코드화와 맞지 않는다. 삶은 정해진 대로 흘러가지 않기 때문이다. 앞서 설명한 대로 AI는 항상 정해진 길을 따라 움직인다. 반면에 사회 현실은 한없이 넓고 무한하다. 완전하게 자동화된 결정은 다른 가능성을 허용하지 않을 만큼 항상 명확하다. 하지만 현실은 그렇지 않다.

　법을 프로그램으로 코드화하려면 일단 사회 현실을 그에 적합하게 만들어야 한다. 당연히 위험이 따른다. 트랜스휴머니스트들이 인간과 기계의 융합을 위해 인간을 컴퓨터와 점점 더 비슷하게 만들려고 노력하는 것처럼, 컴퓨터가 삶을 좀 더 적절하게 코드화할 수 있도록 삶을 단순화하려는 소망은 많은 영역에서 꿈틀거린다. 컴퓨터는 세계를 바라보는 우리의 시각을 바꾸고, 섬세한 점들로 세계를 더 선명하게 만든다. 그로써 많은 것이 우리의 시야 속으로 보다 정확하고 새롭게 들어온다. 하지만 그와 동시에 중요한 것과 중요하지 않은 것을 구분하고, 생략과 해석으로 관련성을 드러내는 디프 포커스deep focus는 사라질 때가 많다. 정보가 많아진다고 그만큼 더 똑똑해지는 것은 아니고 단지 초점만 바뀔 뿐이다. 게다가 우리보다 더 똑똑한 게 아니라 그저 우리와 다른 것뿐인데도, AI는 우리가 타협하고 적응할 거라는 전망 속에서 우리의 과제를 대신 떠맡는 일이 계속 늘어난다. 손목과 바지 주머니, 의자, 벽지, 의류에 부착된 AI 기기가 우리에게 적응하는 동시에 우리도 비슷한 수준으로 AI 에 적응할 것을 부드럽게 강요한다면, 자유롭게 결정을 내리는 횟수는 매일 조금씩 줄어들 수밖에 없다. 결국 우리는 아무도 그 결정에 대한 근거를 모르는 스마트한 대답의 세계 속에서 살아가게 된다.

브리들은 우리가 더 이상 스스로 무엇을 하고 있는지 제대로 알지 못하면서 일만 하게 될 직업군 목록을 나열했다.[132] 우버 운전자는 자율 주행차처럼 거의 자동으로 움직이는 차량에서 무작정 내비게이션상의 빨간 점을 따라가기만 한다. 아마존의 창고에 보관된 상품은 인간이 도저히 한눈에 알아볼 수 없을 정도로 복잡하게 배치되어 있어서 포켓 컴퓨터의 도움 없이는 관리가 불가능하다. 게다가 금융 시장은 이제 누구도 세세하게 이해하지 못하는 컴퓨터 논리로 조종되고 있다. 이는 2008년의 전 세계적인 금융 위기 때보다 폭발력이 훨씬 더 강한 폭발물을 안고 사는 것이나 다름없다.

당연히 이 모든 변화는 노동 세계에 막대한 영향을 미친다. IBM의 최고 기술 경영자를 지낸 군터 뒤크의 말처럼 이런 일상적 통제는 인간을 〈프로세스의 노예〉로 만든다.[133] 택배 기사는 하루 종일 통제되고, 모든 단계는 마치 과거의 컨베이어 벨트처럼 돌아간다. 직원들은 항상 연락이 닿아야 하고 끊임없이 이메일에 답하거나 화상 회의에 참석해야 한다. 신뢰 대신 통제가 노동 세계를 더 원활하고 효율적으로 만든다는 주장은 의심스럽다. 일관된 모니터링은 혁신이나 창의성에 도움이 되지 않는다. 반면에 전면적 통제가 일으키는 장기적 부작용, 즉 자유의 상실과 불만, 스트레스는 가늠하기 어려울 만큼 크다.

AI에 통제를 맡김으로써 예기치 않은 변수를 줄이려는 시도는 최소화하려고 했던 위험을 오히려 극단적으로 높일 수 있다. 한편으론 가늠하기 어려운 직원들의 싫증이 그렇고, 다른 한편으론 노동 과정에 대한 전면적인 통제력 상실이 그렇다. 왜냐하면 바로 이것이 사회적 문제에서 드러난 인공 지능의 변증법이기 때문이다. AI에 더 많은 통제권을 부여할수록 AI 자체는 점점 더 통제할 수 없게 된다. 물론 나쁜 의미에서 그렇다는 말은 아니다. AI의 나쁜 의도를 들먹이는 건 의인화된 과장이다. 이는 우리의 자유를 제한하고 우리가 그 논리를 이해하지 못하는 AI의 복잡성보다 더 위험하다. 우리는 우리의 지능을 자신이 무슨 일을 하는지조차 모르는 기계에 쉽게 넘긴다. 그런 점에서는 표면적 투명성도 큰 도움이 안 된다. 컴퓨터가 지하에 매장된 유전(油田)부터 얼굴 인식까지 눈에 보이지 않는 많은 것을 가시적으로 만들어 주는 것은 확실하다. 하지만 그로써 우리가 우리의 판단력을 점점 믿지 못하고 대신 기계를 더 신뢰하게 된다면, 우리는 이 모든 것으로 무엇을 할 수 있을까? 브리들이 보기에 몽매한 인간을 깨우친다는 〈계몽〉은 인공 지능을 통해 오히려 퇴보한다. 즉 인간적 성숙을 기계의 정밀함에 내주는 것이다. 우리는 테크놀로지를 통해 어떤 것도 자동으로 더 낫게 하지 못한다. 결국에는 〈세계에 대해 아는 것은 점점 많아지겠지만

그와 동시에 무언가를 바꾸기는 점점 어려워진다〉.[134]

　　통제력 상실은 총체적이고, 이미 오래전에 모든 통제의 끈을 놓친 초거대 하이테크 기업에도 해당된다. 코드가 서로 답변을 주고받고 기계가 다른 기계를 가르칠 만큼 점점 능력이 향상되고 게다가 수도 많아지는 인공 지능의 세계에서 실질적인 통제가 어떻게 가능하겠는가? 코드의 폭발적인 증가는 인간이 컴퓨터에게 무엇을 해야 할지 말하기보다 컴퓨터가 인간에게 무엇을 하라고 말하는 일이 점점 많아지는 삶의 세계를 만들어 낸다. 물론 그럼에도 인간의 모든 행동은 컴퓨터에 도로 영향을 끼치고, 그것은 슈퍼컴퓨터를 포함해 누구도 통제하지 못하는 거대한 아날로그 프로세스를 가동시킨다.

　　우리가 현실이라 여기는 것들이 그사이 점점 디지털 세계의 도구로 이루어지고 있다. 스마트폰으로 셀프 카메라를 찍거나 걸음 수를 체크함으로써 정체성과 건강을 지키는 사소한 일에서부터 시작된다. 내비게이션이 자동차 전면 유리창으로는 알 수 없는 교통 정체를 알려 주고, 많은 사람이 더는 내비게이션과 자신의 눈 중에서 무엇을 더 믿어야 할지 모르는 상황에 이르면 더더욱 진척된다. 이 경우에는 아직 두 가지 현실이 경쟁하고 있다면 다른 경우에는 〈옛〉 현실은 이미 완전히 새로운 현실로 대체되었다. 그 예로 구글 검색기는 지도나 백과사전 같은 고전적 방식으로 세계를 표현하는 것이 아니라 컴퓨터 논리로 배열된 하나의 세계를 만들어 준다. 이때 컴퓨터 논리는 새로운 〈현실〉이라는 특정 표현 뒤로 완전히 숨어 버린다. 구글 검색기는 현실 모사가 아니라 글로벌하게 사용 가능한 지식의 형태로 나타난다. 이런 의미에서 미국 과학사가 조지 다이슨은 〈아날로그 혁명〉에 대해 이야기한다. 컴퓨터 과학자의 모델은 더 이상 모델이 아니다. 〈처음에는 의미의 색인화로서 인간을 개념이나 사물에 종속시키던 것이 이제는 그 의미까지 정의 내리고 인간의 사고를 통제하기 시작한다. 인간의 사고 내용을 카탈로그나 색인처럼 단순히 목록화하는 데 그치지 않고서 말이다.〉[135]

이 게임은 쌍방향으로 이루어진다. 한편으론 디지털 기술이 우리의 지각과 사고를 점점 강하게 형성하고 규정하지만, 다른 한편으론 디지털 미디어의 현실도 수십억 명의 이용자에 의해 매일 바뀌고 그로써 이용자들에 대한 통제력이 점점 줄어든다. 왜냐하면 AI가 가공 처리하는 소셜 네트워크와 검색기의 지식 세계, 또는 실제 도로 교통을 인간들이 각자의 행동으로 함께 구축해 나간다면 디지털 세계가 영향을 받는 독자적인 아날로그 세계가 탄생할 것이기 때문이다. 그로써 인공적으로 조직된 세계는 급속하게 복잡해지기만 하는 것이 아니라 동시에 점점 더 조종할 수 없게 된다.

독점적 민영 시장에서 통제자 없이 움직이면서 아날로그와 디지털의 경계를 완전히 허무는 디지털 시스템은 완전히 새로운 형태다. 이 시스템은 모형으로 작업하는 시뮬레이션 사회에서 모형과 현실이 일치하는 사회로의 변화를 이끈다. 이런 삶의 세계는 심지어 그 시스템을 운영하는 회사까지도 더 이상 통제할 수 없다.

인간의 현실 감각은 인공 지능의 정밀성을 통해 날카로
워지지 않는다. 다만 내면의 깊은 곳에서 표면으로 이동할 뿐이
다. AI에 전적으로 의존한다는 것은 세계와 다른 방식으로 관계
를 맺고, 다른 논리를 따르고, 건강한 오성 및 자신의 고유한 생
각과 작별하는 것을 의미한다. 그로써 우리는 이제 자기 자신을
비롯해 상호 간의 규칙과 논리를 찾는 대신 기계 논리가 제시해
주는 것을 믿는다. 사회 곳곳에서 볼 수 있는 감시 카메라와 얼
굴 인식 소프트웨어, 자동화된 드론과 차량, 무기에서 분명히
드러나는 것은 서구 사회도 인간과 인간의 운명, 심지어 인간의
생사에 대한 판단을 기계에 맡길 준비가 되어 있다는 사실이다.
실용적 이득이 사회적 의심과 충돌하면 현재는 분명 전자가 승
리를 거둔다. 감시 카메라의 이득은 눈에 선명하게 보이고 설득
이 쉬운 반면에 자유의 박탈 같은 권리의 침해는 점진적이고 당
장 눈에 잘 보이지 않는다. 이로써 사회적 판단의 논리는 기계
의 판단을 닮아 가고, 경찰과 정보기관, 기업은 공리주의적 시
스템 논리를 따른다. 자신의 목표와 관련해서 사회적 권리와 이
익, 이 둘 중에 자신에게 더 이로운 것은 무엇일까? 설득력이 강
한 이 공리주의적 논리를 좀 더 거대한 사회적·철학적 맥락 속
에서 따지는 것은 그들의 일이 아니다.

따라서 미래에 AI를 다루는 문제는 무엇보다 교육의 문
제다. 독일에서는 앞으로 프로그래머가 더 많이 필요할 것이다.
하지만 그보다 훨씬 더 많이 필요한 사람이 있다. 프로그래머가

직업적 한계 때문에 보지 못하는 것을 보게 하는 사람들이다. 어떤 프로그래밍이 사회적으로 옳고 그른지를 판가름하는 것은 컴퓨터 공학자의 일이 아니다. 한마디로 우리는 컴퓨터를 좀 더 지능적으로 다루고, 그 강점과 약점을 정확히 파악하고, 그 것의 투입 영역을 명확히 확정 짓고, 그 가능성과 위험을 분명히 인식하는 법을 배워야 한다. 자가 학습 프로그램이 우리 자신을 비롯해 우리의 사회적 삶을 더 많이 결정할수록 개인적 결정 및 의미 창조의 여지는 줄어들기 때문이다. 센서가 수면 데이터와 바이오리듬, 심장 박동 수 등을 매일 파악해서 그날 하루의 권고 사항을 말해 준다면 스스로에 대해 생각하는 일은 점점 줄어든다. 물론 AI 옹호론자들은 남는 시간을 〈다른 데〉쓸 수 있으니 얼마나 좋으냐고 말한다. 하지만 대체 그 다른 일이라는 게 무엇인가? 게임, 아니면 소비? 사회학자 하르트무트 로자가 적절히 지적했듯이 시간은 자원이 아니고 그래서 〈아낄〉수가 없다.[136]

점점 노회해지는 AI가 곳곳에서 인간의 사고를 박탈해 가는 세계에서 인간은 동물원의 동물처럼 지루해할 것이다. 삶의 안전과 기대가 높은 수준으로 충족된 사회는 실존론적 자유와 대치할 수밖에 없다. 물론 동물원 원장은 동물원의 동물은 자연에서보다 더 오래 살고, 더 안전하게 번식하고, 병에 걸릴 확률은 낮고, 다치는 일도 적고, 자연과 동일한 환경에서 자연과 동일한 놀잇거리로 즐겁게 산다고 반박할지도 모른다. 하지만 과연 동물원이 우리 종에 맞는 올바른 세계일까? 많은 사이언스 픽션 세계 속의 우울한 분위기만 떠올려 봐도 아니라는 점을 알 수 있다. 예를 들어 「스타트렉」에서 스팍과 그 일행은 만일 클링온과 보그처럼 불완전한 존재가 없다면 병원 같은 그런 삭막한 환경에서 대체 하루 종일 무엇을 하며 살겠는가?

현재 우리는 수천의 작은 발걸음으로, 정확히 그 방향을 향해 가고 있다. 점점 가속도가 붙는 변화, 파괴적 혁신, 그리고 자유의 대가로 얻은 투명성과 정밀함, 이 모든 것의 이면에는 바로 둔감한 인간과 항상 모든 것이 즉각 충족되길 원하는 게으른 소비자가 존재한다. 그 길에 동참하는 것은 자유로운 결정이 아니라 강요나 다름없다. 일상과 직장에서 감시 표준과 소통 표준에 적응하지 못하는 사람은 그 벌로 많은 것들에 접속이 차단되고, 점점 기술화하고 자동화하는 세계에서 방향을 잃는다. 반박은 원칙적으로 불가능하다. 낡은 운영 체제는 더 이상 서비스되지 않고, 기술 표준은 지속적인 적응을 요한다. 은행은 온라인 뱅킹에 자리를 내주고, 언젠가는 스마트폰 대신 현금으로 계산하는 것이 불가능할 수 있다. 그런 시대가 오면 우리 모두는 기기를 포기할 수 없고, 그와 함께 스파이웨어는 상시적인 동반자가 된다.

베이징의 공공연한 독재자건 실리콘 밸리의 은밀한 독재자건, 동서양의 모든 사회 신용 독재자들은 이런 발전 양상을 보며 기뻐할 것이다. 정보가 많아지면 사회의 투명성만 높아지는 것이 아니라 통제되지 않은 권력과 가시적 결정권자가 없는 결정도 늘어난다. 소수 콘체른에 의해 개발된 인공 지능은 머잖아 전 세계 정치인에게 선거 전략을 가르쳐 줄 수도 있다. 수백 수천만 명의 유권자를 특정 정치적 견해로 설득하려면 어떤 선거 전략을 짜야 하는지에 대해서 말이다. 그뿐이 아니다. 다른 정치적 사안도 일단 컴퓨터에 물어보고 대답을 구한다. 정치인들은 컴퓨터라는 전문가의 감정을 따르는 것이 현명하다고 여긴다. 그렇다면 정치인은 대체 왜 필요할까? 치밀한 계산에 따라 움직이는 AI는 정확하고, 부패하지 않고, 게다가 그들 말로는 객관적이기까지 하다. 어떤 인간도, 어떤 정치인도 그에 맞설 수 없다. 인간은 어차피 이미 오래전부터 전문가적 기질이 없는 존재로 여겨져 왔다. 헬무트 슈미트 이후 독일에서는 선거에서 큰 그림을 그리는 전문가로서의 정치인이 나타나지 않았다. 그렇다면 컴퓨터가 행하는 정치에서 민주주의는 장차 어떤 의미가 있을까? 컴퓨터가 진짜 프로 정치인이라면 아마추어 인간을 뽑아야 할 이유가 있을까?

　　과거의 콩트처럼 진보를 숭배하는 실리콘 밸리의 실증주의자들은 현재 자발적으로건 시스템적으로건 서구 민주주의를 장기적으로 기술 사회로 대체하는 방향으로 나아간다. 이는 낙원의 모습으로 가장한 사이버네틱스 독재의 길이다. 지금 그 길을 가장 노골적으로 거침없이 달려가는 국가는 중국이다. 콩트로부디 비롯된 제목처럼 보이는 중국의 〈인민 개조 계획〉은 권리 대신 의무, 자유로운 개성 대신 복종, 개인 대신 거대한 전체만 안다. 정신적 권력은 공산주의이고, 세속적 권력은 산업이다. 오늘날 역사상 실증주의적 정신에 가장 근접한 나라는 프랑스

나 브라질이 아닌 바로 중국이다. 콩트 방식의 〈소시오크라시 Sociocracy〉의 목표는 자유가 아니라 통제이다. 서구 세계에서는 이 통제가 은밀하다면 중국에서는 공공연히 진행된다는 차이만 있을 뿐이다.

　이 모든 것은 자동으로 일어나지 않는다. 그것은 최소한 민주주의 사회에서는 멈출 수 있다. 민주주의의 원동력은 정치에 대안이 존재하고, 사회 현실이 날씨처럼 그저 주어지는 것이 아니라 의지에 따라 얼마든지 바꿀 수 있다는 점이다. 제1차 기계 시대가 사회 복지 정책의 도움으로 자본주의적 착취의 가장 추악한 폐단을 줄이려고 점점 더 강력한 국가적 조치와 법을 요구하고, 사회 보험 제도를 도입하고, 임금 인상을 촉구한 것처럼, 인공 지능이 주도하는 제2차 기계 시대도 정당과 정치인들의 열성적인 노력을 기다리고 있다. 다만 우리는 그들이 19세기 때처럼 대량 빈곤과 사회적 불안, 첨예한 이데올로기 대립 같은 거대한 사회적 해악을 보면서 뒤늦게 인식을 바꾸는 데 그치지 않고, 인류사에서는 드문 일이지만 선제적으로 행동하기를 기대한다. 1차 산업 혁명 초기와 절정기에 노동자들이 아무 권리 없는 가축 취급을 당했던 것처럼 사용자로 전락해 버린 21세기 시민들도 사방에서 착취당하는 정보 가축이 되어서는 안 된다. 그건 전체 사회 질서를 심각한 위험에 빠뜨리는 일이다.

13 우주에서

인간의 우주는 지구다.[137] 외부 공간으로서의 지구는 인간이 기나긴 고난의 진화 과정에서 특정한 공기와 기후, 그리고 자신에게 맞는 식량에 적응한 서식지다. 반면에 내부 공간으로서의 지구는 인간이 감각적으로 경험하고, 의식 속에서 세계의 모형을 만들고, 감정과 감각으로 즐거운 것과 유익한 것, 소중한 것과 아름다운 것, 공통적인 것과 개별적인 것을 탐지해 내는 내적 세계다. 인간에게 다른 우주는 태생적으로 주어져 있지 않다. 인간은 지상에 하늘을 만들 수 없듯이 하늘에 두 번째 지구를 만들 수 없다. 많은 사람이 황량하고 드넓은 레반트* 지역이나 칸트의 쾨니히스베르크 들판에서 별이 총총한 하늘을 동경했더라도 그리로 길을 떠나는 것은 하늘의 숭고함을 망쳐 버리는 일이다. 우주 정거장이나 낯선 행성에서의 삶은 황폐하고 공허하다. 탐험가 라인홀트 메스너의 말에 따르면 높은 산봉우리에는 자잘한 돌조각만 무성하다고 한다.

오늘날 우리의 서식지는 호모 사피엔스가 지상에 등장한 이후 그 어느 때보다 심각한 파괴의 위험에 노출되어 있다. 환경

* 그리스와 이집트 사이의 동지중해 연안 지역을 이르는 말.

연구가 셀른후버가 말한 인간의 〈분신 자살〉[138]을 막고 방대한 파괴를 멈추려면, AI를 신기술과 재생 에너지, 저장 시설의 개선, 전기 절약에 적극적으로 투입해야 하는 것이 아니라 지구를 다른 방식으로 다루는 문화를 비롯해 총체적 인식 변화가 요구된다. 그렇다면 여전히 상상력이라고는 조금도 없이 완강한 자세로 밀어붙이기만 하는 더 빨리, 더 높이, 더 멀리의 경제적 구호와 결별해야 한다. 부유한 산업 국가의 사람들은 자신들의 생활 방식에 문제가 있고, 환경 파괴의 주범이 바로 자신들이라는 사실을 이미 오래전부터 알고 있다. 천연자원의 소비는 삶의 토대를 빠르게 파괴하지 않고는 모두가 누릴 수 없다. 배부른 사람들도 이제야 드디어 이대로는 예전처럼 계속 살 수 없음을 어렴풋이 깨닫고 있다.

이런 상황은 기술과 테크놀로지의 역할에 막대한 영향을 끼친다. 자연은 지난 몇 세기처럼 〈인간의 질서 설계를 위한 재료〉로 환원될 수 없다.[139] 니체가 말했듯이 인간의 가장 높은 진화는 세계의 가장 높은 진화가 아니라 오히려 세계의 멸망이다. 멸망을 진보로 볼 수 있는 사람은 냉소주의자뿐이다. 진화의 명령에 따른 숙명적인 발전으로 인해 인간은 세계를 철저하게 기술화할 수밖에 없다는 커즈와일의 생각은 오늘날 더는 통하지 않는다. 그를 통해 인간이나 인류가 더 완벽해질 거라는 계몽적 기능은 설득력을 상실한 시대착오적 상상에 지나지 않는다. 그렇게 보자면 오늘날의 방향 상실은 기술자의 관점에서 나온 말이다. 그들이 인공 지능의 새로운 기계 시대를 천명한다면 그들의 땅은 심각하게 흔들린다. 급속하게 부풀어 오른 생태적 재앙은 명확한 언어로 말한다. 기술자들이 상상하는 〈인류〉의 더 나은 삶을 위해 우리가 치러야 하는 대가는 지상에 실제로 존재하는 대부분의 인간에게는 두말할 필요 없이 더 나쁜 삶이다.

이러한 비전의 변경은 기술뿐 아니라 우리 사회의 운영 체제인 〈자본주의〉에도 최대의 도전이다. 엄청난 구조적·문화적 변화를 부른 제1차 산업 혁명만큼이나 말이다.

19세기 공장주들은 당시 노동 운동과 노동조합이 요구한 경제의 사회적 혁명에 줄기차게 폭력적으로 대응했다. 그런 상황에서 정말 오랫동안 거부되어 온, 맨체스터 자본주의에서 사회적 시장 경제로의 대변혁이 이루어진 것은 수억 명의 인간에게는 크나큰 축복이었다. 오늘날 지속 가능한 사회적 시장 경제로의 노선 수정도 그 시급성과 도전의 크기 면에서 결코 과거보다 덜 중요하지 않다. 그런데 자유주의자뿐 아니라 사회주의자까지 19세기 공장주들이 사회적 자본주의에 대해 그랬던 것처럼, 노선을 수정하는 것을 거대한 모순처럼 생각한다. 많은 자유주의자들은 현재의 〈기후 위기〉를 한없이 과장된 언론의 습관성 주제라고 여긴다. 왜냐하면 기후 위기는 그들이 도저히 심리적으로 받아들일 수 없는 근본적인 생각의 변화를 강요하기 때문이다. 반면에 많은 좌파는 그린 딜*로 자본주의를 신속하게 제거할 완전히 새로운 형태의 경제를 꿈꾼다. 그러나 자본주의는 사회에서 따로 떼어 내어 교체할 수 있는 부품이 아니

* Green Deal. 2050년까지 역내 탄소 중립 달성을 목표로 하는 유럽 연합의 정책.

고, 그렇다고 기능이 뛰어난 다른 적합한 대안이 있는 것도 아니다. 지금 필요한 것은 타협이 더 이상 가능하지 않다는 사실을 꿰뚫어 보는 생존 실용주의와 현실 정치다. 인간의 생존 문제에서 올바른 해결책은 중간쯤에 있지 않다. 물론 서구 민주주의자들은 그 사실을 받아들이기 어려워한다. 그들이 가장 아끼는 정치적 가치가 〈중간〉과 〈타협〉이기 때문이다. 그러나 지구에 균열이 짙어지는 마당에 무슨 중간과 타협이 있겠는가? 생태적 상황과 인공 지능의 제2차 기계 시대는 기성 궤도로 움직이는 정치를 요구하지 않는다. 오히려 산업 사회의 문화적·경제적 운영 체제에 근본적인 의문을 제기할 것을 요구한다. 이젠 새로운 답을 찾아야 할 때다.

획기적인 구조의 변화는 사고와 문화, 의식을 비롯해 인간의 내적 세계가 대폭 바뀌어야만 가능하다. 인간은 자신에게 맞는 소비재와 직장에서의 성공, 여가와 취미 활동의 확대, 그리고 적잖이 자본주의적 논리로 움직이는 파트너 선택을 통해 스스로를 끊임없이 최적화해야 한다는 사실과 인생에서 가장 중요한 것이 자본을 최대한 축적하고, 지위와 관심, 인정을 얻는 일이라는 사실을 뇌리에 깊이 각인시키는 데 200년이 걸렸다. 게다가 오늘날 인간의 한계를 계속 허물고, 파괴적 혁신을 환영하고, 새로운 소비 세계로 들어가도록 사람들을 설득하는 데도 오랜 시간이 걸렸고, 앞으로 또 긴 시간이 필요하다. 사람들은 체질적으로 낯선 길로 들어가거나 옛것을 파괴하는 것을 좋아하지 않는다. 따라서 인간의 한계를 무너뜨리는 것이 팽창적 경제의 묵시적인 근본적 사명이라고 설득하는 과정이 필요했다. 설령 나중에 약속의 땅에 이르지 못하고 항상 다시 새로운 한계에 도달하더라도 말이다.

반면에 우리의 새로운 사명은 다르다. 한계를 인정하는 법을 배우자는 것이다. 이 생각은 사실 받아들이기 쉽지 않다. 고대 그리스인들의 목표는 주체적인 자족이었다. 그들에게 최적화는 현실에서 평정심을 유지하는 것이었다. 그사이 우리는 그런 태도에서 얼마나 멀어졌을까? 익숙하고 친숙한 것이 아닌 항상 새로운 것에서 행복을 찾고, 늘 순간적인 쾌락이나 도전에서 행복을 느낀다면 말이다.

사실 우리는 현재 도처에서 한계를 만나고 있다. 인간의 자유를 속박하는 엄청난 양의 기술을 소비하지 않고는 더 이상 살아갈 수 없는 물리적 세계에서도 그렇고, 제한된 자원의 관점에서도 그렇고, 지구의 생물적·비생물적 요소의 민감한 상호작용에서도 그렇고, 우리가 저지른 생태적 파괴와 정말 강력한 파괴적 혁신에서도 그렇다. 이게 끝이 아니다. 더 나아가 우리는 우리의 사고에서도 한계를 발견한다. 다른 사유 방식과 문화, 다른 경제를 상상하지 못하는 사고의 한계이자, 분주하고 불확실한 현재를 한층 더 느긋한 과거와 연결시켜 좀 더 인간적인 유토피아를 발명하지 못하는 사고의 한계이기도 하다 물론 진보와 휴머니즘, 미지의 것과 전통적인 것을 대안 없는 세상 너머에서 새롭게 관련시키는 것은 결코 가벼운 과제가 아니다. 하지만 코로나 바이러스가 산업 국가들에 뜻하지 않게 만들어 준 세상의 일시적 정지 상태는 부산하고 소란스러운 기존의 생활 방식을 숙고할 기회를 주고 우리를 일깨워 줄지 모른다.

미래는 우리에게 그저 〈오는〉 것이 아니라 우리 손으로 만들 수 있다. 우리는 그런 미래에 초점을 맞추고 생각을 정리하는 법을 배워야 한다. 미래의 테크놀로지에 대해선 특히 더 그렇다. 인공 지능은 구원의 마법사도 악마의 작품도 아니다. 프로그래밍을 하는 사람이나 그것을 사용하는 기업과 기관, 국가의 의도에 따라 좋을 수도, 나쁠 수도 있다. 여기서 중요한 것은 행복이 아니다. 왜냐하면 다들 알다시피 일상의 모든 기술은 빠르게 당연시되고 그로써 급격히 가치가 떨어지기 때문이다. 이제 도로에서 운전을 하거나 하늘에서 비행기를 타는 것을 짜릿하고 행복한 일로 받아들이는 사람이 몇 안 되듯이 인터넷에 접속하고 스마트폰으로 통화하거나 영상을 보내는 행위에서 행복을 느끼는 사람은 많지 않다. 신기술에 대한 흥분은 반감기가 엄청나게 짧다. 그렇다면 테크놀로지에서 지속적인 행복을 말할 수는 없다.

기술의 임무는 유용성이다. 행복 증진이나 의미 창출은 결코 앞자리에 서지 못한다. 그건 인공 지능에도 해당된다. 지속 가능한 유용성은 단기적 사업 이익보다 한결 중요하다. AI의 무해한 사용 영역과 위험한 사용 영역은 지금까지보다 훨씬 정밀하게 구분되어야 한다. 이 책은 AI 환상가들의 해석 방식과 미래 구상을 다루었고, 그들을 따르는 기업 전략가와 정치인들의 태도도 함께 다루었다. 또한 이미 들어섰지만, 좋은 미래로 이어질 것 같지 않은 인공 지능의 길을 선명하게 보여 주려고 노력했다. 그러다 보니 무엇보다 위험하고 불길해 보이는 인공 지능의 사용에 큰 비중을 둘 수밖에 없었다. 이유는 분명하다. AI는 인간 조건Conditio Humana을 더 나은 것으로 대체하는 대신 기형화하거나 인간의 자유를 실존적으로 위협하기 때문이다. 이 책은 문제성 많은 인공 지능의 투입에 집중했다. 인생의 의미에 영향을 끼치지 않는, 문제가 없고 긍정적인 사용에 대해서는 이따금 스쳐 지나치듯이 다루었다. AI가 공장에서 기계의 자동화를 담당하는 것은 당연히 반대할 일이 아니다. 물류 과정을 총괄하고, 물자 소비를 계획하고, 품질 관리와 검사를 돕는 것도 유익하다. 물론 AI가 그 과정에서 직원들을 전면적으로 감시하지 않아야 한다. 프로세스 최적화와 제어에 투입되는 디지털 지원 시스템도 유익하다. 또한 로봇이 산적(散積) 화물이나 쓰레기를 처리하고, 지금까지 인간이 담당하던 조립 과정을 대신 떠맡는 것도 좋다. 어떤 형태로든 개인 정보를 수집하지 않기 때문이다. 순수 과학적·수학적 목적과 카라얀이나 고흐를 모방하는 AI도 마찬가지다. 고흐의 실제 작품에 더 깊은 의미가 담겨 있다고 하더라도 말이다.

특히 의학 영역은 인공 지능의 긍정적인 역할을 말할 때 자주 거론되는 분야로, 개인 정보에 대한 안전이 보장되는 한 AI의 활용은 원칙적으로 환영할 일이다. 그런데 의료 데이터에 대한 실리콘 밸리의 막대한 관심과 최근에 벌어진 정보 유출 사건을 고려하면 간단하게 받아들일 문제는 아니다. 게다가 모든 형태의 검색기를 통해, 그리고 언어와 얼굴, 필체 인식을 통해, 특히 데이터 마이닝*을 통해 개인 정보가 시스템적으로 작성된다면 문제는 더 심각해진다. 여기서 당연히 의문이 제기된다. 누가 무슨 목적으로 얼마나 오랫동안 데이터를 저장해도 되는지에 관한 규정이 필요하지 않을까? 이는 독일에서 헌법적으로 보장된 개인 정보 자기 결정권과 관련이 있다. 외국 콘체른에 대한 유럽 연합 사법 재판소의 느슨한 대응은 이미 잘 알려져 있다. 이제는 바뀌어야 한다. 인공 지능이 인간의 운명을 결정하고, 그를 통해 단점과 위험이 명백해진 모든 애플리케이션은 엄격하게 금지되고 추방되어야 한다. 유럽 연합 차원에서 예외 없는 투명한 법 규정이 시급한 때다.

다행히 여기서 문제되는 영역은 독일이 경제의 몰락을 걱정하며 포기할 수 없는 사업 분야가 아니다. 독일은 산업 데이터 네트워크 분야의 글로벌 선두 주자로, AI의 윤리적 한계를 설정하는 문제에서 가장 영향을 적게 받을 것이다. 반면에 기차역에서부터 슈퍼마켓에 이르기까지 어디서건 볼 수 있는 얼굴 인식 시스템은 전체적으로 볼 때 결코 경제적 이득이 아니다. 이는 기껏해야 소수 기업에만 득이 되고 다른 기업들에는 손해를 끼친다. 어차피 외국 기업이 앞서가는 완전 자율 주행차 분야도 마찬가지다. 개인 정보를 이용한 사업은 생산성을 높이는 것이 아니라 많은 시장 참여자의 매출과 이익을 극소수 기업,

* 많은 데이터에 숨겨진 유용한 상관관계를 찾아내어 미래에 실행 가능한 새로운 정보를 추출해 내는 작업.

그러니까 데이터를 가장 많이 보유하고 뛰어난 분석과 예측 시스템을 갖춘 기업들로 몰아줄 뿐이다. 국민 경제적으로 볼 때 이러한 발전 양상은 지극히 염려스럽다. 〈중산층의 붕괴〉라는 말까지 거론하는 것은 다소 과장이지만 근본적으로 틀린 말은 아니다.

한편으론 사회적으로 받아들일 수 있는 AI의 투입 영역을 명확히 정해야 한다. 다른 한편으론 AI가 노동 시장에 끼칠 파장을 따져 보아야 한다. 사실 이 문제에 대한 현실적인 우려는 무척 크다. 인공 지능에 관한 공개 토론에서는 늘 일자리 상실에 대한 걱정이 빠지지 않는다. 우리가 AI에 필수적인 윤리적 장벽을 세워도 AI의 대규모 투입이 무수한 해고로 이어지는 것은 자명하다. 일자리 상실에 대한 토론은 꽤 오래전부터 진행되어 왔다. 그런데 정치권과 노동조합은 현재의 노동 세계를 지금 같은 규모, 지금 같은 형태로 유지하는 것이 가장 바람직한 것처럼 말한다. 하지만 정말 바람직할까? 사무실이나 공장에서 늘 똑같은 일을 천편일률적으로 반복하는 것이 바람직할까? 1950년대처럼 건강을 해치고 수명 단축의 위험까지 안으면서 수십만 명의 광부와 철광 노동자가 여전히 독일 사회에서 일하는 것이 좋을까? 노동조합은 정말 수십 년 안에 콜센터 상담원과 보험사 피해 접수원이 사라지는 것을 슬픈 일이라고 생각하는 것일까?

인생의 의미는 본질적으로 아침 9시부터 오후 5시까지 회사에서 돈을 벌려고 일하는 것과는 아무 상관이 없다. 사실

임금 노동을 인생의 의미와 연결 지으려는 생각은 오래되지 않았다. 부모 세대에서는 소수의 예술가나 기업가만 인생의 의미를 물을 만큼의 여력이 있었다. 오늘날 기업가가 많은 젊은이를 고용하는 현실은 분명 진보이자, 복지 사회가 가져온 아름답고 해방적인 결과다. 그러나 대형 제과점과 택배 서비스 또는 슈퍼마켓 계산대에서 이루어지는 노동은 그것과 거리가 멀다. 의미에 대한 질문이 고전적인 임금 노동 사회로 더 깊이 침투할수록 이 둘은 점점 어긋난다. 낡은 것, 그러니까 전통적인 성과 사회와 임금 노동 사회에 집착하는 대신 이제 도전적인 질문을 던져 볼까 한다. 현재의 임금 노동 사회보다 더 바람직한 미래의 활동 사회*는 어떤 모습이어야 할까?

한편으로 인공 지능은 일하는 사람을 〈프로세스의 노예〉로 만들 잠재력이 있지만, 다른 한편으론 그다지 의미 없는 노동에서 인간을 해방시킬 막대한 자유의 잠재력도 있다. AI의 투입이 빈부 격차를 가속화하고 수백만 명의 낙오자를 양산할지, 아니면 다른 사회 보장 제도와 다양한 사회적 인정 시스템을 갖춘 완전히 새로운 활동 사회를 만들어 낼지는 프로그래머가 아닌 정치인의 손에 달려 있다. 게다가 민간 시장을 몇몇 IT 콘체른에 맡길지, 또는 지속 가능한 사회적 자유 시장 경제를 만들

---

　* Tätigkeitsgesellschaft. 빈곤 퇴치, 금융 시스템의 엄격한 재편, 녹색 경제, 노동 사회의 사회 복지적 쇄신을 목표로 삼은 공정한 연대 사회를 가리킨다. 여기서는 사회적 부를 생업 노동과 자본으로만 축적된 국민 총생산과 동일시하지 않고 가사 노동, 이웃 간의 도움, 자원봉사처럼 지금껏 사회적 부로 잡히지 않았던 모든 비경제적 활동까지 포함한다. 그런 점에서 생업 사회 및 노동 사회의 개념과 상반된다.

지 결정해야 하는 사람도 바로 그들이다. 우리가 활동을 줄이고 태만하고 모든 경제 정책을 무시할수록 향후 정치인들이 결정해야 할 일은 점점 줄어든다. 하이테크 선두 기업의 AI 시스템이 미래에 점점 더 통제가 불가능한 상태가 되면(이런 일이 일어날 가능성은 높아 보인다) 경제 정책의 문제는 규제와 법을 통해 해결되어야 한다. 지금 강력하게 손을 쓰지 않으면 미래에는 더 이상 손을 쓸 수 없을 정도로 악화된다는 점에서 상황은 기후 재앙과의 싸움과 비슷하다.

　　미래에 관한 운명론은 합당한 근거가 부족할 뿐 아니라 그것으로 우리가 미적거릴 시간도 없다. 미리 정해진 것은 없다. IT 구루들이 내세운 기하급수적인 그래프와 진화적 필연성이 허황한 신화로 밝혀지는 순간, 각 사회의 구성원들은 이제야 서로 자기 자신과 가치, 목표에 대해 진정으로 소통하고 점검할 여지가 생긴다. 그런데 인공 지능은 우리의 한계만 보여 주는 것이 아니라 우리의 강점도 보여 준다. 인간 심장으로의 짧은 여행은 실존하는 인간이 세계를 얼마나 틀에 매이지 않고 풍부한 감성과 판타지의 눈으로 보고 있는지 잘 보여 준다.

　　그에 반해 효율성을 숭배하는 IT 전문가와 경제학자들은 매출과 이윤에 대해서만 알 뿐, 인생을 인생답게 만드는 것에 대해서는 아는 것이 거의 없다. 풍자 예술가 하겐 레테르는 경제적인 강자는 사회적인 약자라고 말한다. 실리콘 밸리와 관련시켜 보면 별로 틀린 말이 아니다. 인생의 의미는 행복을 조금 늘리려고 모든 자원을 끊임없이 착취하고 가차 없이 확장하는 데 있지 않다. 그 의미는 삶 자체에 있다. 물론 생물학적 의미가 아닌 실존론적 의미에서 말이다. 자연과 인류에게 확고하게 정해진 방향은 없다. 천박한 장사꾼과 거짓 예언자만 그렇게 방향을 제시할 따름이다. 인간을 조금이라도 이해하는 사람이라면 기술과 그 사용을 순수 생물학적 관점이 아닌 문화적 차원에서 바라본다.

인간의 삶과 공존은 기술로 이해하고 모사할 수 있는 것보다 문화에 의해 규정되는 것이 훨씬 많다. 그렇다면 AI 프로그래머를 비롯해 그것을 투입하려는 사람은 문화로부터 많은 것을 배워야 한다. 단순히 우리의 인지 능력을 AI에 아웃소싱한다고 해서 삶이 더 행복해지는 것은 결코 아니다. 저술가 위르겐 고이터는 말한다. 〈디지털화가 소프트웨어 세계로의 접근을 열어 준 것과 마찬가지로 이제는 디지털의 사회화가 추진되어야 한다. 인간의 안녕을 위해 원활한 소통 능력을 갖춘 휴먼 네트워크로서 디지털 삶을 구축해야 한다는 말이다.〉[140]

AI는 자신의 투입을 사회적인 측면에서 숙고하거나 자신의 한계를 스스로 끌어낼 만한 지능이 없다. 아마 영원히 불가능할 것이다. 인생의 의미를 모르는 프로그래밍이 지닌 원천적 한계이며 이게 바로 AI의 맹점이다. 그러나 AI를 개발하고 투입하는 기업들은 그런 문제에 신경 쓰지 않는다. 눈앞의 이익밖에 모르는 사람에게는 더 큰 차원의 의미가 보이지 않는다.

이 문제를 비롯해 기술 발전의 일방성은 이미 19세기 전환기에 적절히 포착되었다. 문화 철학자 막스 베버에게 인간 사회에서 이루어지는 합리화는 양날의 검이었다.[141] 처음에 그는 합리화 과정을 경제와 사회, 과학, 기술, 법의 정연한 체계화로 보며 환호했지만, 나중에는 점점 수상쩍게 생각했다. 도덕과 문화, 예술은 물론이고 심지어 섹슈얼리티 영역도 이미 오래전에 〈합리화되지〉 않았던가? 믿음과 비밀이 없고, 일상적 신화와 비합리성이 배제된, 완전히 객관화된 세계가 정말 살아갈 가치가 있을까? 베버의 동료 게오르크 지멜도 『돈 철학*Philosophie des Geldes*』에서 비슷한 양가감정을 토로한다. 합리화는 인류 전체를 아우르는 거대한 탈주술화 과정이다. 천체 물리학에서 첫 성공을 거둔 합리성은 사회의 미시 물리학이 되어 사회를 뒤집어엎는다.[142] 이후 가치가 있던 곳에 돈의 가치가, 믿음이 지배하던 곳에 기대가, 친밀함이 숨 쉬던 곳에 돈이 흐른다.

사실 기술의 〈객관적인 문화〉는 인간을 해방시켜야 한다. 인간을 자연과 자연의 제약으로부터 해방시켜 좀 더 독립적으로 만들어야 한다. 그러나 그것을 위한 지능적인 수단인 돈과 기술은 인간을 해방시키지 않는다. 그것들은 어느 순간 자기만의 삶을 얻더니 예전과는 완전히 다른 방식으로 인간을 구속시킨다. 기술은 인간에게 옴짝달싹 못 하도록 마법을 건다. 인간은 더 이상 기술 없이는 할 수 있는 게 없고, 기술은 그런 인간을 점점 더 높은 기술적 단계로 내몬다. *그로써 인간은 기술을 이끄는 존재가 아닌 기술에 쫓기는 존재로 전락한다.* 결국 기술은 돈과 마찬가지로 우상으로 치켜세워지고, 가치 그 자체가 된다. 그전까지 인간에게 중요했던 가치의 상실에 대해서는 한 치의 고민도 없이.

그사이 우리는 이런 현실에서 무언가를 배웠을까? 아니면 장차 피해가 눈으로 확연히 보여야만 비로소 깨달을까? 정말 그때까지 기다려야 할까? 인공 지능이 일상과 직장, 주식 시장에서 우리가 감당하지 못할 만큼 통제에서 벗어나 악의적 의도 없이 스스로 판단할 수 있을 때까지? 그래서 기계가 인간 삶에 어떤 가치가 있는지 판단하고, 인간에 대해 아무것도 모르면서 개인의 운명을 결정할 때까지? 그러다 우리의 민주주의적 토대가 무너져 내릴 때까지?

AI는 인간의 자기 이해를 바꾸고, 인간의 진정한 욕구가 무엇인지 좀 더 정확히 알게 해준다. 그 때문에 인공 지능의 미래를 프로그래머의 능력과 투자자의 의지에 맡겨서는 안 된다. 이런 인식적 진보는 변증법적이다. 우리가 AI로부터 배워야 할 가르침은 분명하다. 인간은 기계처럼 합리적인 존재가 될 수 없고, 오히려 합리성이 할 수 없는 일이 무엇인지를 분명히 깨달아야 한다는 것이다. 기계와 비교할 때 오늘날 인간은 한층 더 선명하고 명확하게 묘사될 수 있다. 우리는 기계와의 공존을 숙고하는 대신 동식물과의 공존을 모색해야 한다. 인간은 수백만 년의 진화 끝에 이 행성의 생활 조건에 꽤 잘 적응해 왔다. 그런데 태동한 지 수십 년도 안 된 AI가 인간에게 어쩌면 낙원이 아닌 지옥을 선사할지 모른다.

성공적인 인간 존재의 이미지는 포스트휴머니스트와 트랜스휴머니스트들이 내세우는 겉만 번드르르한 영혼 없는 이념에서는 찾을 수 없다. 그건 지금 여기, 우리의 우주에 해당하는 이 지구에서 찾을 수 있다. 미래의 도상에는 아직 많은 인식적 진보가 눈앞에 있고, 우리는 많은 대담한 일을 시작할 수 있다. 그러나 초지능과 우주 탐사를 통해 인간의 한계를 극복하겠다는 약속은 무탈한 지구라는 매력적인 목표에 비하면 한없이 시시하다. 우리는 지금껏 초거대 콘체른의 입맛에나 맞는 예정된 방향이나 객관적 발전 양상을 들먹이며 얼마나 자연을 쉽게 왜곡해 왔던가!

양손의 동화『무민의 겨울*Winter im Mumintal*』에서 신화적 존재 트롤은 생물학적 법칙에 맞지 않게 6개월의 겨울잠에서 너무 일찍 깨어난다. 세상은 눈의 마법에 걸려 하얗게 뒤덮였고 예전의 모습은 찾을 길이 없다. 이제 무민에게는 모든 것이 낯설고, 어디에도 친숙하게 느껴지는 것은 없다. 그전까지 알지 못하던 생경한 존재들이 주변에 어슬렁어슬렁 돌아다니며 자신과 똑같은 긍지와 권리를 요구한다. 매혹은 원래 늘 친숙하고 가까운 것들 속에 있는 법이다. 지금 우리는 무민의 겨울을 목전에 두고 있다. 우리가 늦지 않게 깨어나기만 바랄 뿐이다.

주

Förderantrag. Memento des Originals vom 30. September 2008 im *Internet Archive.*

David Gugerli: *Wie die Welt in den Computer kam. Zur Entstehung digitaler Wirklichkeit,* Fischer 2018, S. 103.

https://www.fr.de/wirtschaft/miteinemhurrikankannmannicht-verhandeln12272668.html. Siehe auch Lotfi Belkhir undAhmed Elmeligi: »Assessing ICT global emissions footprint: Trends to 2040 & recommendations«, in: Journal of Cleaner Production, Vol. 177, 2018, S. 448-463; https://doi:10.1016/j.jclepro.2017.12.239.

https://brighterworld.mcmaster.ca/articles/how-smartphones-areheating-up-the-planet/]

https://www.welt.de/wissenschaft/article13391627/WiedasInternetzumKli makillerwird.html. Siehe auch: https://nachhaltig.digital/index. php?menuecms=2830&id=139.

Nick Bostrom: *Superintelligenz. Szenarien einer kommenden Revolution,* Suhrkamp 2018, 3. Aufl., S. 365.

Ebda., S. 364.

Herbert A. Simon: *What Computers Mean for Man and Society:* »Perhaps the most important question of all about the computer is what it has done and will do to man's view of himself and his place in the universe.« (Übersetzung R. D. P.); https://pdfs.semanticscholar.org/a9e7/33e25ee8f67 d5e670b3b7dc4b8c3e00849ae.pdf.

Ich benutze diese Formulierung in Anlehnung an Kant, der von den Leidenschaften und dem Begehren des Leibes, dem Unschicklichen und dem Unlogischen als »dem Anderen der Vernunft« sprach.

0 Zit. nach Bostrom, a. a. O., S. 31.

11 Siehe dazu den bahnbrechenden Aufsatz von Thomas Nagel: »What Is It Like to Be a Bat?«, in: *The Philosophical Review*, Vol.83, Nr. 4, 1974, S. 435–450; organizations.utep.edu PDF; 196 kB, JSTOR: 2183914, https://doi:10.2307/2183914.

12 Jakob Johann von Uexküll: *Umwelt und Innenwelt der Tiere*, Springer 1909; ders.: *Theoretische Biologie*, Springer 1928, 2. Aufl.

13 Ian Bogost: *Alien Phenomenology, or What It's like to Be a Thing*, University of Minnesota Press 2012.

14 Timothy Morton: *The Ecological Thought*, Harvard University Press 2010.

15 Levi Bryant: Onticology: A Manifesto for Object-Oriented Ontology, Part 1, *Larval Subjects*, Retrieved 2011.

16 Gegen solche Gegensatzpaare wendet sich der vom französischen Poststrukturalismus inspirierte »kritische Posthumanismus«. Ihm sei, nach der Philosophin Janina Loh, »nicht mehr primär an ›dem‹ Menschen gelegen, sondern er hinterfragt die tradierten und zumeist humanistischen Dichotomien wie bspw. Frau – Mann, Natur – Kultur sowie Subjekt – Objekt, die zu der Entstehung unseres gegenwärtigen Mensch- und Weltbildes maßgeblich beigetragen haben. Der Posthumanismus überwindet ›den‹ Menschen, indem er mit konventionellen Kategorien sowie dem damit einhergehenden Denken bricht. So gelangt der Posthumanismus hinter oder nach (›post‹) ein für die Gegenwart essenzielles Verständnis vom Menschen. Auch der kritische Posthumanismus hat eine Vision vom Posthumanen, die allerdings nicht in einer verbesserten Variante des jetzigen Menschen zu sehen ist wie im Transhumanismus, sondern in einem neuen Verständnis vom Menschen.«; https://www.philosophie.ch/philosophie/ highlights/ philosophie-aktuell/transhumanismustechnologischer-posthumanismus-kritischer-posthumanismus. Allerdings sei gegenüber der radikalen Kritik an vermeintlich »humanistischen« Dichotomien angemerkt, dass der »kritische Posthumanismus« diese Gegensatzpaare als Negativfolie braucht, ohne die er sich selbst nicht formulieren kann. Deshalb arbeitet aucher vielfach mit Gegensatzpaaren, nicht zuletzt jenem von »altem« »Humanismus« und »neuem« »kritischem Posthumanismus«.

17 Dorothy L. Cheney und Robert M. Seyfarth: *Wie Affen die Welt sehen. Das Denken einer anderen Art*, Hanser 1990.

18 Hubert Dreyfus: *What Computers Can't Do: The Limits of Artificial*

Intelligence, Harper & Row 1972; ders.: *Mind Over Machine: The Power of Human Intuition and Expertise in the Era of the Computer*, Free Press 1986; ders.: *What Computers Still Can't Do: A Critique of Artificial Reason*, MIT Press 1992.

19 Einen klugen und beachtenswerten Versuch, eine Ethik des Digitalen auf Max Schelers Wertphilosophie aufzubauen, unternimmt Sarah Spiekermann: *Digitale Ethik. Ein Wertesystem für das 21. Jahrhunderts*, Droemer 2019.

20 Vgl. Christoph Antweiler: *Heimat Mensch. Was uns alle verbindet*, Murmann 2009.

21 Martin Seel: *Theorien*, Fischer 2009, S. 63.

22 So der KI-Forscher Jürgen Schmidhuber in meiner Sendung *PRECHT* vom 20. Oktober 2019; https://www.zdf.de/gesellschaft/precht/precht-206.html. Minute 15.28.ff.

23 Armin Nassehi: *Muster. Theorie der digitalen Gesellschaft*, C.H. Beck 2019; Dirk Baecker: 4.0 oder Die Lücke, die der Rechner lässt, Merve 2018.

24 Pedro Domingos: The Master Algorithm. *How the Quest for the Ultimate Learning Machine will Remake our World*, Penguin 2015, S. 16.

25 Dass digitaler Kapitalismus zu »privatisierten Märkten« geführt hat, ist die kluge Analyse von Philipp Staab: *Digitaler Kapitalismus. Markt und Herrschaft in der Ökonomie der Unknappheit*, Suhrkamp 2019.

26 MEW, Bd. 23, S. 788. Oder MEGA² II/6, S. 680/6.

27 Giannozzo Manetti: *Über die Würde und Erhabenheit des Menschen(De dignitate et excellentia hominis)*, Meiner 1990.

28 Giovanni Pico della Mirandola: *Oratio de hominis dignitate / Rede über die Würde des Menschen*, Reclam 1997.

29 Vgl. Tanja van Hoorn: »Leibhaftige Menschheitsgeschichte. Georg Forsters physiologischer Blick auf den Menschheitskörper«, in: Maximilian Bergengruen, Johannes Friedrich Lehmann und Hubert Thüring (Hrsg.): *Sexualität - Recht - Leben: die Entstehung eines Dispositivs um 1800*, Fink 2005.

30 https://www.lingq.com/ko/learn-german-online/courses/93786/erster-teil-zarathustras-vorrede-3-249255/.

31 James Bridle: *New Dark Age. Der Sieg der Technologie und das Ende der Zukunft*, C. H. Beck 2019.

32 https://www.itespresso.de/2015/06/26/steve-wozniak-menschenwerden-

haustiere-superschlauer-roboter/.

33   Bostrom, a. a. O., S. 64 und S. 69.

34   Ebda., S. 71.

35   Siehe dazu die scharfe Analyse von Mark Siemons: https://www.faz.net/ aktuell/feuilleton/debatten/kuenstliche-intelligenz-wircyborgs-16316404. html.

36   Jürgen Schmidhuber: »True Artificial Intelligence will change everything«, TEDxLakeComo; https://www.youtube.com/watch?v=-Y7PLaxXUrs.

37   Zit. nach Tomasz Konicz: »Künstliche Intelligenz und Kapital«, auf: https:// www.streifzuege.org/2017/kuenstliche-intelligenz-undkapital, der einen sehr guten Überblick und eine schonungslose Analyse trans- und posthumanistischer Visionen und Geschäftsinteressen leistet.

38   Zur Analyse des Verhältnisses von Sinn und Nutzen im Trans- und Posthumanismus (u. a. im Anschluss an Hannah Arendt) siehe die umfassende Analyse von Janina Loh: *Trans- und Posthumanismus zur Einführung*, Junius 2018, insbes. S. 79-91.

39   Ray Kurzweil: *Die Intelligenz der Evolution. Wenn Mensch und Computer verschmelzen*, Kiepenheuer & Witsch 2016, S. 461.

40   Günther Anders: *Die Antiquiertheit des Menschen. Über die Seele im Zeitalter der zweiten industriellen Revolution*, Bd. 1, C. H. Beck 1988, 7. Aufl., S. 265.

41   David Hume: *Ein Traktat über die menschliche Natur*, xenomoi 2004, S. 419.

42   https://www.untergrund-blättle.ch/gesellschaft/sinn_und_nutzen_ selbstvernutzung_des_menschen_2830.html.

43   Immanuel Kant: Akademie-Ausgabe, IV. Bd., S. 429.

44   Spiekermann, a. a. O., S. 161.

45   Søren Kierkegaard: *Unwissenschaftliche Nachschrift*, Bd. 1, *Gesammelte Werke und Tagebücher*, Grevenberg 2003 f., S. 111.

46   Vgl. Loh, a. a. O., S. 84 ff.

47   Kurzweil, a. a. O., S. 36.

48   Ebda., S. 37.

49   Ebda.

50   Ebda., S. 43.

51   Zum Begriff siehe: https://de.wikipedia.org/wiki/Alternativlos.

52   »So bedeutungsvoll der Kampf um die Existenz gewesen ist, so sind doch, soweit der höchste Theil der menschlichen Natur in Betracht kommt, andere

Kräfte noch bedeutungsvoller; denn die moralischen Eigenschaften sind entweder direct oder indirect viel mehr durch die Wirkung der Gewohnheit, durch die Kraft der Überlegung, Unterricht, Religion u. s. w. fortgeschritten, als durch natürliche Zuchtwahl.« Charles Darwin: *Die Abstammung des Menschen*, Fourier 1992, 2. Aufl., S. 700.

53 »Die moralische Natur des Menschen hat ihre jetzige Höhe zum Theil durch die Fortschritte der Verstandeskräfte und folglich einer gerechten öffentlichen Meinung erreicht, besonders aber dadurch, daß die Sympathien weicher oder durch Wirkungen der Gewohnheit, des Beispiels, des Unterrichts und des Nachdenkens weiter verbreitet worden sind.« Ebda., S. 693.

54 Richard Dawkins: *Das egoistische Gen*, Rowohlt 1996, S. 243 ff.

55 Kurzweil, a. a. O., S. 39 f.

56 Bostrom, a. a. O., S. 9.

57 Ebda.

58 Ebda., S. 133.

59 Anders, a. a. O., S. VII.

60 In einem persönlichen Gespräch in Lübeck am 10. August 2019.

61 Siehe hierzu Tomasz Konicz: »Künstliche Intelligenz und Kapital«, auf: https://www.streifzuege.org/2017/kuenstliche-intelligenz-undkapital.

62 Stuart Russell: *Human Compatible: AI and the Problem of Control*, Viking 2019.

63 Zitiert nach Konicz: »KI und Kapital«. Siehe auch: Stuart Russell: *Provably Beneficial Artificial*, auf https://people.eecs.berkeley.edu/~russell/papers/russell-bbvabook17-pbai.pdf.

64 »What if there was an AI programmed to want to pick as many strawberries as possible, and so it cultivated nothing but strawberries on all of Earth's land? Then it would be Strawberry Fields Forever!«; https://twitter.com/clonmusk/status/1225372729991421953.

65 Siehe Bostrom, a. a. O., S. 151.

66 Ebda., S. 137.

67 Ebda., S. 140.

68 Ebda., S. 160.

69 Ebda., S. 162.

70 Wilhelm Dilthey: Gesammelte Schriften, Bd. I, S. XVIII.

71 Seel, a. a. O., S. 151.

72 Bostrom, a. a. O., S. 158.

73 I Robot - Protect against his will: https://www.youtube.com/watch?v= 5n2pEJiDuhE.

74 Thomas Metzinger: *Benevolent Artificial Anti-Natalism (BAAN)*; auf https:// www.edge.org/conversation/thomas_metzingerbenevolent-artificial-anti-natalism-baan.

75 James Lovelock: *Novacene: The Coming Age of Hyperintelligence*, Allen Lane 2019.

76 Domingos, a. a. O., S. 286.

77 https://www.youtube.com/watch?v=-Y7PLaxXUrs.

78 Kierkegaard, GWT, Bd. 2, S. 51.

79 Dilthey, GS, Bd. VIII, S. X.

80 Ebda., S. 86.

81 Albert van Helden und Thomas Hankins (Hrsg): *Osiris*, Bd. 9, Instruments, University of Chicago Press 1994.

82 https://hub.jhu.edu/2019/03/22/computer-vision-fooled-artificialintelligence/.

83 Bostrom, a. a. O., S. 197.

84 Isaac Asimov: *Meine Freunde, die Roboter*, Heyne 1982, S. 67.

85 Jonathan Haidt: »The Emotional Dog and Its Rational Tail: A Social Intuitionist Approach to Moral Judgement«, in: *Psychological Review*, Vol. 108, Nr. 4, 2001, S. 814-834.

86 Jonathan Haidt, Silvia Helena Koller und Maria G. Dias: »Affect, Culture, and Morality, or Is It Wrong to Eat Your Dog?«, in: *Journal of Personal and Social Psychology*, Vol. 65, 1993, S. 613-628.

87 Christoph Bartneck, Christoph Lütge, Alan R. Wagner und Sean Welsh (Hrsg.): *Ethik in KI und Robotik*, Hanser 2019, s. v.

88 https://tytopr.com/german-tyto-tech-500-power-list-2019/.

89 So Katharina Zweig: *Ein Algorithmus hat kein Taktgefühl. Wo künstliche Intelligenz sich irrt, warum uns das betrifft und was wir dagegen tun können*, Heyne 2019.

90 Bartneck, Lütge u. a., a. a. O., S. 48.

91 Bostrom, a. a. O., S. 266.

92 Ebda., S. 263.

93 Bartneck, Lütge u. a., a. a. O., S. 47.

94 Eine lobenswerte Ausnahme ist Katharina Zweig, die sich entschieden dafür einsetzt, dass KI nicht über Menschen richten darf.

95 Bartneck, Lütge u. a., a. a. O., S. 54.

96 Johann Peter Eckermann: *Gespräche mit Goethe in den letzten Jahren seines Lebens*, in: Johann Wolfgang Goethe: *Sämtliche Werke. Briefe, Tagebücher und Gespräche*, Bd. 12, Frankfurt am Main 1999, S. 715; http://www.zeno.org/nid/20004867432.

97 Bostrom, a. a. O., S. 267.

98 Ebda., S. 268.

99 Evgeny Morozov: *Smarte neue Welt. Digitale Technik und die Freiheit des Menschen*, Blessing 2013.

100 Bostrom, a. a. O., S. 365.

101 https://www.gesetze-im-internet.de/gg/BJNR000010949.html.

102 David Collingridge: *The Social Control of Technology*, Palgrave Macmillan 1981.

103 https://www.handelsblatt.com/technik/forschung-innovation/mobilitaet-autonom-durch-die-megacity-tokio-testet-robotertaxis-im-stadtverkehr/25451850.html?ticket=ST-3449628-fRcMsQF3rhMr.

104 Bartneck, Lütge u. a., a. a. O., S. 49.

105 Ebda., S. 133.

106 Ebda., S. 134.

107 https://www.bmvi.de/SharedDocs/DE/Publikationen/DG/berichtder-ethik-kommission.pdf?__blob=publicationFile.

108 https://www.bundesverfassungsgericht.de/SharedDocs/Entscheidungen/DE/2006/02/rs20060215_1bvr035705.html.

109 Ebda.

110 So Valentin Widmann auf: https://www.heise.de/tp/features/Autonomes-Fahren-Warum-wir-Leben-verrechnen-duerfensollten-4569564.html.

111 In einer Google-Beilage des Spiegels, 42/2018.

112 https://www.dw.com/de/kein-verbot-autonomer-waffen-insicht/a-50101336.

113 https://futureoflife.org/open-letter-autonomous-weapons/?cnreloaded=1.

114 https://www.manager-magazin.de/digitales/it/kuenstlicheintelligenz-elon-musk-zu-ai-verbot-bei-waffen-a-1219015-2.html.

115 https://www.theguardian.com/technology/2018/apr/05/killerrobots-south-

korea-university-boycott-artifical-intelligencehanwha.

116 Domingos, a. a. O., S. 281.

117 Bartneck, Lütge u. a., a. a. O., S. 54.

118 Robert Nozick: *Anarchie, Staat, Utopia*, Olzog 2011.

119 Vgl. u. a. Nassim Nicholas Taleb: *Der Schwarze Schwan. Die Macht höchst unwahrscheinlicher Ereignisse*, Hanser 2008; Dan Ariely: *Denken hilft zwar, nützt aber nichts. Warum wir immer wieder unvernünftige Entscheidungen fällen*, Droemer 2008; Gerd Gigerenzer: *Bauchentscheidungen. Die Intelligenz des Unbewussten und die Macht der Intuition*, Goldmann 2008; Daniel Kahneman: *Schnelles Denken, langsames Denken*, Siedler 2012.

120 Zweig, a. a. O., S. 264.

121 Vgl. https://de.wikipedia.org/wiki/Tay_(Bot).

122 https://www.theatlantic.com/technology/archive/2019/01/walgreens-tests-new-smart-coolers/581248/.

123 https://www.welt.de/wirtschaft/article165075236/Supermarktkette-Real-laesst-Gesichter-von-Kunden-analysieren.html.

124 https://www.sueddeutsche.de/digital/videoueberwachungaktivisten-wollen-real-und-post-wegen-gesichtserkennunganzeigen-1.3539324.

125 So die Formulierung von Adrian Lobe: https://www.sueddeutsche.de/digital/ueberwachungskapitalismusnsasmarttv1.4314299. Zu digitaler Datenmacht und allgegenwärtiger Kontrolle siehe auch Lobes Buch: *Speichern und Strafen. Die Gesellschaft im Datengefängnis*, C. H. Beck 2019.

126 Shoshana Zuboff: *Das Zeitalter des Überwachungskapitalismus*, Campus 2018.

127 »Multi-Billionen-Dollar-Frage«. Der Ökonom Erik Brynjolfsson sieht die Welt dank künstlicher Intelligenz vor einer glänzenden Zukunft-vorausgesetzt, die Politik wacht endlich auf, in: *Der Spiegel*, 6/2020; S. 68-70.

128 https://www.heise.de/tr/artikel/KI-erkennt-Depression-4271725.html.

129 https://www.medicaldevice-network.com/news/artificialintelligence-ptsd/.

130 https://doi.org/10.1016/j.nedt.2007.07.012.

131 Zweig, a. a. O., S. 220.

132 Bridle, a. a. O., S. 123 ff.

133 »Sklaven der Prozesse«, Interview mit Gunter Dueck, in: *Der Spiegel*, 7/2020.

134 Bridle, a. a. O., S. 217.

135 George Dyson: https://www.nzz.ch/feuilleton/george-dyson-aufdiedigitale-folgt-die-analoge-revolution-ld.1450197.

136 Hartmut Rosa: *Beschleunigung und Entfremdung. Entwurf einer kritischen Theorie spätmoderner Zeitlichkeit*, Suhrkamp 2013.

137 Hier lässt sich tatsächlich vom »Menschen« sprechen, denn das gilt für alle Menschen.

138 Hans Joachim Schellnhuber: Selbstverbrennung. *Die fatale Dreiecksbeziehung zwischen Klima, Mensch und Kohlenstoff*, C. Bertelsmann 2015.

139 So die Formulierung Hans Blumenbergs für die Rolle der Technik, in: ders.: *Geistesgeschichte der Technik*, Suhrkamp 2009, S. 105.

140 https://www.zeit.de/digital/internet/2018-11/digitalisierungmythen-kuenstliche-intelligenz-ethik-juergen-geuter/komplettansicht.

141 Besonders deutlich und kritisch in Max Weber: *Gesammelte Aufsätze zur Religionssoziologie* (1920), Bd. 1., Mohr 1988.

142 Georg Simmel: *Philosophie des Geldes* (1900), Anaconda 2009.

옮긴이의 글

인공 지능의 타자로서 인간

　　인공 지능을 빼놓고는 미래를 애기할 수 없는 시대가 되었다. 아니, 다들 인공 지능의 시대가 오리라 믿는다. AI가 단순히 인간의 노동을 보조하는 역할을 넘어 모든 영역에서 인간의 일을 대체하고 사회를 전반적으로 통제하는 시대 말이다. 심지어 일각에선 AI가 스스로 사유 능력을 갖춰 인간을 지구에서 완전히 제거하려는 계획을 세우지 않을까 염려하면서 이런 AI에 지배당하지 않으려면 과학 기술로 인간의 정신적·육체적 능력을 기계에 버금갈 정도로 향상시켜야 한다고 말하고, 다른 일각에선 똑똑한 AI에 아예 지배권을 넘겨 더 나은 인간 사회를 만들자는 주장까지 한다. 얼마나 근거 있는 이야기일까? 설령 거기에 일말의 진실이 담겨 있더라도 그게 정녕 우리가 가고 싶은 미래일까?

　　인공 지능에 대해서는 많은 오해가 있다. AI는 말 그대로 인공으로 만든 지능이다. 이는 인간의 본래적인 지능과는 다르다. 지능이란 어떤 상황이나 문제를 합리적으로 해결해 나가는 지적 능력을 가리키는데, 인간의 지능에는 감정과 직관, 자발성, 공감, 연상 같은 것들이 함께 작용한다. 인간은 논리적·합리적으로만 행동하지 않는다. 아니, 어떻게 보면 지극히 비합리적인 존재다. 실용적인 문제에서만 합리적이고자 노력할 뿐 진정 자신이 좋아하는 일에서는 한없이 비합리적이다. 생각해 보라. 인간이 어떤 일에서 행복을 느끼는지.

　　우리는 쓸모없는 일을 할 때 즐거워한다. 일을 하면서 행복감을 느끼는 사람은 극소수다. 대부분의 사람은 놀고, 게임하고, 가까운 친구를 만나고, 스포츠를 즐기고, 맛있는 것을 먹고, 연애하고, 사랑을 나누고, 여행하고, 아무 생각 없이 쉴 때 만족감을 느낀다. 모두 돈이 안 되는 쓸데없는 짓이다. 결국 인간은 노동의 동물이 아닌 게으름의 동물이다. 생업 노동에서 인생의 의미를 찾지 않는다는 말이다. 그러면서도 지루함은 참지 못한다. 노는 게 지루해지면 다른 일을 기웃거리고, 그조차 지루해지면 또다시 게으름을 동경한다. 여기에 무슨 합리성이 있을까?

　　기계는 우리가 소중히 여기는 가치를 모른다. 사랑, 우정, 존경, 자유, 진실 같은 가치를 기계가 알까? 터무니없는 소리다. 설사 프로그램 입력을 통해 그 뜻은 알지언정 그 진정한 가치는 모른다. 그건 몸으로 직접 겪고, 감각으로 충분히 느껴야 알 수 있다. 알파고와 인간의 바둑에서 보았듯이 인간은 중간중간에 괴로워 머리를 쥐어뜯지만, 인공 지능은 고통을 모른다. 패배와 승리라는 개념도 그의 사전엔 없다. 자신이 무엇을 하고 있는지 모르고, 왜 이것을 하는지도 모른 채 그저 입력된 정보에 따라 연산만 수행해 나간다. 감정과 의미를 느낄 몸이 없기 때문이다. 결국 인공 지능은 인간의 지능에서 논리적 연산 능력만 따로 떼어 내어 그 가능성을 최대한 증폭시킨 것에 불과하고, 항상 합리성의 길 위에서만 움직이고, 인간과 삶을 단순화시킨다. 그러나 인간과 삶은 정해진 대로 흘러가지 않는다. 효율성과 합리성으로만 움직이지도 않는다. AI는 우리보다 똑똑한 것이 아니라 우리와 다를 뿐이다. 세상이 아무리 디지털화되고, 인공지능이 아무리 고도로 발달하더라도 인간은 디지털화할 수 없는 존재다. 그저 파란 하늘을 보면 가슴 뛰고, 향긋한 차 한 잔에 흐뭇해하고, 사랑하는 이를 생각하면 행복감에 젖는, 그런 오감을 가진 존재다. 그런 의미에서 우린 자연의 타자가 아니라 인공 지능의 타자다. 그런 AI에게 우리를 맡기자고? 인간을 이해하지 못하는 기계에 인간의 미래를 맡기자고?

기술이 개발되면 항상 그것을 쓰려는 자가 생기고, 그것은 항상 돈과 연결된다. 영화 「쥐라기 공원 3」에서 공룡이 동물 우리를 탈출해서 인간들을 해치자 투자자는 말한다. 누가 저런 괴물을 만들라고 했느냐고. 그러자 기술자가 답한다. 당신들이 그러지 않았느냐고. 더 크고 더 강하고 더 잔인한 공룡을 만들라고. 그들은 돈의 명령에 따랐을 뿐이다. 인공 지능도 마찬가지다. 기술이 자본의 이익에 종속되면 어떤 괴물이 나올지 모른다.

늘 인간 사회의 바람직한 미래와 흰안에 대한 고민을 풀어놓는 철학자 프레히트는 이번엔 기술 문명의 무한 진보에 의문을 표하고, 자본과 기술의 결탁에 문제점을 제기하고, 더 나아가 생태계 파괴와 기후 위기를 걱정하고, 그와 연결해서 인간 존재의 본질 및 삶의 의미를 규명한다. 그런 가운데 인공 지능 환상가들의 논리적 허점을 파고들며 우리가 정녕 어디로 가고 싶은지, 그리로 가려면 어떻게 해야 하는지 묻는다. 코로나가 뜻하지 않게 선사한 이 일상의 정지 속에서 우리는 저 파란 하늘을 보며 지금까지의 부산하고 소란스러웠던 삶을 한 번쯤 돌아봐야 하지 않을까?

2022년 9월

박종대

찾아보기

게이츠, 빌 10, 131, 135
고이터, 위르겐 260
괴테, 요한 볼프강 폰 189
구테헤스, 안토니오 218

노직, 로버트 225, 235
니체, 프리드리히 빌헬름 14, 72~73, 125,
   142, 250

다브로크, 페터 210
다윈, 찰스 35, 71, 107, 114~116, 148
다이슨, 조지 243
데카르트, 르네 82
도밍고스, 페드로 52, 78, 146, 220~221
도킨스, 리처드 116~117
뒤크, 군터 240
드레이퍼스, 휴버트 37
딜타이, 빌헬름 138, 156

라이트, 천시 148~149
라이프니츠, 고트프리트 빌헬름 45
러브록, 제임스 144~145
러셀, 스튜어트 78, 133, 135, 140
렘, 스타니스와프 62

로, 야니나 94
로자, 하르트무트 245
루소, 장 자크 67
뤼트게, 크리스토프 176, 205, 221~222
린, 데이비드 125

마네티, 지아노초 66~67, 76
마르크스, 카를 61, 113
머스크, 일론 81~83, 89, 95, 132~133,
   135~136, 158~159, 219
메스너, 라인홀트 249
메칭거, 토마스 143~145
모로조프, 예브게니 192
모턴, 티모시 36
몰레스호트, 야콥 151
미드, 조지 허버트 171~173, 182
밀, 존 스튜어트 17, 60, 189~190, 226

배럿, 제임스 131~132
베버, 막스 260~261
베이컨, 로저 65
베이컨, 프랜시스 65
베인, 알렉산더 148~149
베조스, 제프 136, 142
벤담, 제러미 186~190, 192, 198, 226,
   235, 239

벨, 피에르 67
보고스트, 이안 36
보스트롬, 닉 25, 79~80, 83, 89, 92,
　95~96, 100, 103, 124, 127, 131~137,
　139~141, 164~165, 178, 190~192
보우소나루, 자이르 49
뷜, 하인리히 59
브라이언트, 레비 36
브레히트, 베르톨트 169
브리들, 제임스 75, 240~241
브린욜프슨, 에릭 234
비트겐슈타인, 루트비히 156, 226
빈지, 버너 17, 120, 131~132

샤터, 스탠리 172
세, 장 바티스트 69
셀러, 막스 39, 152
셸른후버, 한스 요아힘 13, 250
슈미트, 카를 92
슈미트후버, 위르겐 83~84, 150
슈타프, 필립 55
슈피커만, 사라 96
슐레이만, 무스타파 219
스미스, 애덤 83, 116, 186
스위프트, 조너선 185~186
스탈린, 이오시프 190
스펜서, 허버트 114
스피노자, 바뤼흐 67
실러, 프리드리히 67

아시모프, 아이작 143, 145, 166~167, 218
아인슈타인, 알베르트 150
안더스, 귄터 90, 128~129
얀손, 토베 165, 263
울브리히트, 발터 83
워즈니악, 스티브 20, 77~78, 83~84, 89,
　95, 219

위너, 노버트 156
윅스퀼, 야콥 폰 35

잡스, 스티브 20
제임스, 윌리엄 44, 149~150, 157
젤, 마르틴 46, 139
주보프, 쇼샤나 234
지멜, 게오르크 261

츠바이크, 카타리나 230, 236

칸트, 이마누엘 33, 36, 67, 94, 138,
　171~172, 184, 187, 198, 208, 227, 249
커누스, 도널드 31, 45
커즈와일, 레이 75, 78, 80, 83, 88~89, 95,
　100, 106~109, 111~114, 120, 122,
　131~132, 163, 250
콜린그리지, 데이비드 204~205
콩도르세, 니콜라 드 69
콩트, 오귀스트 70~71, 74, 77, 161,
　247~248
쿠스토, 자크 121
큐브릭, 스탠리 121, 131
클라크, 아서 찰스 121
키르케고르, 쇠렌 96~98, 125, 152

트럼프, 도널드 49, 141

퍼스, 찰스 샌더스 149
페스팅거, 레온 172
페일리, 윌리엄 114
페티, 윌리엄 185~186
푸리에, 샤를 17

피아제, 장 32
피코 델라 미란돌라, 조반니 66~67, 76

하이데거, 마르틴 37
하이트, 조너선 167~168, 173, 182

핸킨스, 토머스 158
헬든, 앨버트 반 158
호킹, 스티븐 131, 135, 219
흄, 데이비드 91, 139, 167~168, 173, 182, 186, 198

옮긴이 **박종대** 성균관대학교 독어독문학과와 동 대학원을 졸업하고 독일 쾰른에서 문학과 철학을 공부했다. 사람이건 사건이건 겉으로 드러난 것보다 이면에 관심이 많고, 환경을 위해 어디까지 현실적인 욕망을 포기할 수 있는지, 그리고 어떻게 사는 것이 진정 자신을 위하는 길인지 고민하는 제대로 된 이기주의자가 꿈이다. 리하르트 다비트 프레히트의 『세상을 알라』, 『너 자신을 알라』, 『사냥꾼, 목동, 비평가』, 『의무란 무엇인가』를 포함하여 『콘트라바스』, 『승부』, 『어느 독일인의 삶』, 『9990개의 치즈』, 『데미안』, 『수레바퀴 아래서』 등 100권이 넘는 책을 번역했다.

인공 지능의 시대, 인생의 의미

발행일   2022년 10월 25일 초판 1쇄

지은이   리하르트 다비트 프레히트
옮긴이   박종대
발행인   홍예빈·홍유진
발행처   주식회사 열린책들

경기도 파주시 문발로 253 파주출판도시
전화 031-955-4000 팩스 031-955-4004
www.openbooks.co.kr